EVANS-WENTZ
MILAREPA TIBETS GROSSER YOGI

EVANS-WENTZ

MILAREPA
TIBETS GROSSER YOGI

OTTO WILHELM BARTH VERLAG

Einzig berechtigte Übertragung aus dem Englischen nach der 1937 im Verlag Oxford University Press, London, erschienenen Originalausgabe: »Tibet's Great Yogi Milarepa«.

2. Auflage der bearbeiteten Neuausgabe 1985. Copyright © 1971 und 1978 by Scherz Verlag Bern–München–Wien für Otto Wilhelm Barth Verlag. Alle Rechte der Verbreitung, auch durch den Funk, Fernsehen, fotomechanische Wiedergabe, Tonträger jeder Art und auszugsweisen Nachdruck, sind vorbehalten.

INHALTSVERZEICHNIS

VORWORT — 7

EINLEITUNG — 9

EINFÜHRUNG

DIE LEBENSGESCHICHTE MILAREPAS
von Rechung, dem Schüler Milarepas — 21

ERSTER TEIL DER PFAD DER FINSTERNIS

Abstammung und Geburt
Rechungs Traum, der zum Schreiben dieser Lebensgeschichte führte, Milarepas Abstammung und Geburt — 27

Der Geschmack der Sorge
Tod und letzter Wille von Milarepas Vater; die unrechtmäßige Aneignung des Besitzes durch den Onkel und Tante väterlicherseits und daraus Sorgen, die Milarepa, seine Mutter und Schwester ertragen müssen — 36

Die Ausübung der Schwarzen Magie
Jetsüns Guru und seine Beherrschung der Schwarzen Kunst. Jetsün vernichtet fünfunddreißig seiner Feinde und die reiche Gerstenernte der anderen durch Magie — 43

ZWEITER TEIL DER PFAD DES LICHTS

Die Suche nach dem heiligen Dharma
Jetsüns Abschied von seinem Guru in der Schwarzen Kunst – wie er seinen Guru in der wahren Lehre, Marpa, den Übersetzer, fand — 64

Prüfung und Buße
Jetsün gehorcht seinem Guru Marpa und muß dabei seltsame Prüfungen und große Trübsal erdulden. In seiner Verzweiflung verläßt er dreimal Marpa, um einen neuen Guru zu suchen, kehrt aber immer wieder zurück — 71

Die Einweihung
Die Vollendung der Prüfungen; Jetsüns Einweihungen und Marpas
Vorhersagen über ihn 103

Die persönliche Führung des Guru
Die Früchte von Jetsüns Meditation und Studien. Marpas letzte Reise
nach Indien. Jetsüns prophetische Träume und Marpas Erklärung.
Marpas persönlicher Auftrag an jeden seiner Schüler 108

Der Abschied von meinem Guru
Durch einen Traum geleitet, verläßt Jetsün seine Einsiedelei und erlangt die Erlaubnis seines Guru, an seinen Geburtsort zurückzukehren. Die letzten Lehren und Ermahnungen des Guru; der schmerzvolle Abschied und Jetsüns Ankunft in Tsa 123

Die Entsagung
Die Enttäuschung, die Jetsün bei seiner Heimkehr erlebte. Sein Gelübde, ein asketisches Leben zu führen und in der Einsamkeit die
Versenkung zu üben 135

Die Versenkung in der Einsamkeit
Jetsüns Meditation in der Bergeinsamkeit. Äußere Erfahrungen und
psychophysische Ergebnisse – seine Hymnen aus diesem Erleben 143

Der Dienst an den lebenden Wesen
Jetsüns Schüler und Meditationsorte; sein Dienst an allen lebendigen
Geschöpfen 186

Das Nirvana – Berichte der Schüler über den Tod ihres Meisters
Jetsün nimmt vergiftete Milch von der Geliebten Tsaphuwas. Die
letzte Versammlung der Schüler Jetsüns, und die Wunder, die dabei
geschahen, Jetsüns Rede über Krankheit und Tod. Seine fünf Reden
als letzter Wille. Tsaphuwas Bekehrung, Jetsüns Testament, sein Hinübergleiten in den Samadhi und die übernatürlichen Erscheinungen
die daraus entsprangen. Rechungs spätes Erscheinen, sein Gebet an
Jetsün und dessen Antwort. Die wunderbaren Ereignisse bei der Verbrennung und die Reliquien. Die Ausführung von Jetsüns letztem
Willen. Seine Schüler 189

ANMERKUNGEN 239

VORWORT

In Einleitung und Anmerkungen zu dem vorliegenden Werk versuche ich wie in dem »Tibetanischen Totenbuch« der westlichen Welt einige Seiten der höheren oder transzendentalen Mahayana-Lehren mitzuteilen und niederzuschreiben, die mir hierzu von dem Übersetzer, dem verstorbenen Lama Kazi Dawa-Samdup, meinem tibetischen Guru, übergeben wurden.

Für alle Fehler, die Kritiker in meiner Übertragung entdecken werden – und ich kann nicht hoffen, allem Irrtum entgangen zu sein – trage ich allein die volle Verantwortung.

Es ist mein größter Wunsch, dem Abendland auch durch dieses Buch zu der Erkenntnis zu verhelfen, daß die Völker des Ostens von denselben Impulsen wie die ganze Menschheit getrieben werden, und an religiösen Idealen festhalten, die ihrem Wesen nach die gleichen sind wie ihre eigenen; daß menschlich gesehen, die ganze Menschheit eine Familie ist, und äußere Unterschiede aus erbmäßigen und rassischen Merkmalen, aus Farbe und äußerer Umgebung wirklich nur oberflächlicher Natur sind. Zu lange durfte die alte Scheidung aus der vorurteilsreichen und mangelhaften Erkenntnis des Mittelalters Berechtigung behalten. Wenn endlich die Wissenschaft diese Scheidung der Völker aufgehoben haben wird, dann wird für die Führer der Völker die Stunde gekommen sein, um mitzuwirken am großen Zusammenschluß der Welt und der Wahrheit, die allen Religionen zugrunde liegt. Kein Wort kann dieses Vorwort besser beschließen als ein Ausspruch des Übersetzers:

»Möge diese Übersetzung der Lebensgeschichte Milarepas dazu beitragen, daß er auch in anderen Ländern so geachtet und verehrt werde als in seinem Vaterland. Das ist der

einzige Wunsch, der mich bei dieser Aufgabe bewegte und bleibt meine dringendste Bitte, wenn ich die Feder aus der Hand lege.«
Jesus-College, Oxford, 21. Juni 1928.

W. Y. Evans-Wentz

EINLEITUNG

Milarepa (1052–1139 n. Chr.) – Zauberer, Einsiedler und Sänger

Die Gestalt Milarepas ist in der tibetischen Kultur, die sich ja weit über die Grenzen der tibetischen Völkerschaften hinaus ausdehnt, bis in unsere Tage eine der bekanntesten und beliebtesten Persönlichkeiten. Dies ist um so erstaunlicher, als Milarepa vor neun Jahrhunderten lebte und im Machtgefüge seiner Zeit keine irgendwie nennenswerte Rolle spielte. Ja, die äußeren Umstände seines Lebens waren so alltäglich, daß sie sich in nichts Faßbarem vom Schicksal ungezählter anderer Tibeter unterschieden. Als um die Mitte des vorigen Jahrhunderts einige Gelehrte aus dem Westen sich anschickten, die tibetische Kultur, und hier vor allem den Buddhismus, zu erforschen, stießen sie schon bald auf die Gestalt Milarepas. Und die Versuche, diesen schillernden, bizarren Charakter zu erfassen, dauern bis heute an, obschon allein die sprachliche Bewältigung der Quellen große Schwierigkeiten bereitet.

Was fasziniert die Menschen, gleichgültig welchem Jahrhundert und welcher Kultur sie angehören, an diesem Mann aus dem fernen Tibet einer längst entschwundenen Zeit? Worin liegt der Anreiz, sich mit der Lebensgeschichte dieses Mannes zu befassen?[1]

Die Persönlichkeit Milarepas ist, wenn man sie zunächst von außen betrachtet, durch ein Zusammenwirken von gegensätzlichen, ja, sich normalerweise sogar ausschließenden Charakterzügen geprägt. Da ist der liebevolle Sohn, der seiner jung verwitweten Mutter nahezu bedingungslos ergeben ist, der ihre Rachepläne nur zu bereitwillig in die Tat umsetzt. Mit den Künsten der Schwarzen Magie verfolgt er schonungslos die habgierige Verwandtschaft, die seine Mutter um ihr Erbe betrog, bis »Wolken von Rauch und Staub den Himmel verdunkelten, die Leichen von Männern, Frauen, Kindern und Pferden unter den Trümmern begraben wurden«. Diese Taten sollten für ihn später der Anlaß seiner Reue und inneren Umkehr werden. Die innige Bindung an die Familie durchzieht die ganze Lebensgeschichte. Wann immer Milarepa, selbst nach Jahren der Trennung, seine Schwester wiedersieht, bricht er in Tränen aus. Auch sein Leben als weltabgewandter Yogi in der Einsamkeit ändert nichts an dieser zärtlichen Verbundenheit der Familienmitglieder untereinander, die in der tibetischen Gesellschaftsstruktur verankert ist und die in dieser Hinsicht bis in unsere Zeit kaum einem Wandel unterlag.

Als Milarepa schließlich fortzieht, um den inneren Konflikt, in den er durch seine Rache geraten ist, zu lösen, muß er sich von seiner Familie trennen. Diese Zeit der äußersten Isolation, der Verlassenheit, wird noch erschwert durch immer neue Prüfungen, die ihm sein Lehrer, Marpa, auferlegt, der ihm zudem die Einweihung in das tantrische Denken vorenthält. Auf diesem Weg zur Reife wird nicht nur sein Leib zerschunden, sondern auch sein Geist. Die totale Selbstaufgabe, das bedingungslose Sichfallenlassen scheint der einzig denkbare Ausweg zu sein. Nur so ist Milarepa reif, die Lehren zu empfangen, die Marpa ihm nun vollständig eröffnet.

Als er später seinen Meister verläßt, um sich in der stillen Bergeinsamkeit, nahe dem Mount Everest, der Meditation hinzugeben, treten die ihn bestimmenden Charakterzüge noch deutlicher hervor. Alle menschlichen Maßstäbe der Beurteilung von Menschen und Situationen scheint er abgestreift zu haben. So empfängt er einige Räuber, die ihn nachts in seiner Höhle überfallen, nahezu freundschaftlich und fordert sie auf, doch nachzusehen, ob sie nichts Eßbares fänden, denn er habe schon bei Tage vergeblich danach gesucht. – Als seine Schwester ihn endlich wiedersieht und ihm Stoff bringt, damit er seinen nackten Körper vor der Kälte schützen kann, zerschneidet er die Stoffbahn, und näht daraus Hüllen für die Nase, die Finger, die Zehen, die Geschlechtsteile. Seine Schwester schilt ihn ob seines schamlosen Benehmens. Milarepa aber erwidert, seine Eltern hätten ihm diesen Körper gegeben und der habe nun einmal diese Gestalt, da sei doch nichts zum Schämen. Zahllos sind die Episoden, in denen ein ähnlich absurdes Verhalten sichtbar wird.

Darin drückt sich nicht nur ein individueller Charakterzug Milarepas aus, sondern auch ein festgeprägtes Verhaltensschema, das für gewisse Gruppen der tibetischen Gesellschaft bis in unsere Zeit typisch blieb. Einsiedler, Mystiker und Yogi, aber auch inspirierte Sänger und Barden bezeichneten sich oft selbst als »Narren«. Zum einen drückte sich darin eine ironische Selbsteinschätzung aus, zum anderen war diese Bezeichnung durchaus konkret gemeint und sollte auf den religiösen, von der Erfahrung des Absoluten trunkenen Narren hinweisen, dessen Augen nur in den gleißenden Glanz des Seins starren und der darüber, zumindest scheinbar, den Maßstab für das sogenannte normale Leben verloren hat. Ein ähnliches Verhalten bestimmter, aus der Alltäglichkeit herausgehobener Gruppierungen läßt sich in den meisten Religionen nachweisen. Auch der tantrische Buddhismus in Indien besaß mit den *siddhas* Menschen, die sich gern das Kleid des Narren überstreiften. In Tibet aber wurde dieses Verhalten von der Gesellschaft weithin gebilligt, ja, teilweise sogar institutionalisiert. So trugen die Nachfolger Milarepas bis in unser Jahrhundert oft den Beinamen »der Narr«.

Die kulturelle Umwelt

Um die Persönlichkeit Milarepas zu verstehen, muß man zumindest ein wenig von der geschichtlichen und kulturellen Situation wissen, die Tibet im 11. Jahrhundert kennzeichnete.[2] Bis ins 7. Jahrhundert n. Chr. verharrten die tibetischen Stämme im Dunkel einer weitgehend schriftlosen Vor- und Frühgeschichte. Dies änderte sich schlagartig, als zu Beginn des 7. Jahrhunderts der Prinz Songtsängampo im jugendlichen Alter von dreizehn Jahren das Erbe seines Vaters antrat und eine Konföderation der tibetischen Stämme als geeintes Königreich übernahm. Durch Heirat verband er sich den Herrscherhäusern Nepals und Chinas. Beide Gemahlinnen brachten als fromme Buddhistinnen Kultbilder ihrer Religion mit nach Tibet, für die die ersten Tempel im Lande errichtet wurden.

Der König war offenbar beeindruckt vom Reichtum der indischen und chinesischen Kultur. In Anlehnung an das indische Alphabet ließ er eine tibetische Schrift entwickeln, gründete die neue Hauptstadt – Lhasa, den »Ort der Götter« –, und errichtete auf dem Roten Berg eine Burg, die im 17. Jahrhundert vom fünften Dalai Lama zum Potala umgebaut wurde. Die Vorstellung eines sakralen Königtums, wie es für viele alten Kulturen bestimmend war, prägten die Herrschaftsideologie des jungen tibetischen Reiches, das immer weitere Gebiete Innerasiens eroberte.[3]

Nach der einheimischen Überlieferung wandte sich der König bald voll Vertrauen der neuen Religion des Buddhismus zu und soll sie tatkräftig gefördert haben. Dennoch blieb das tibetische Leben, auch das der führenden Kreise am Hof, von den Leitgedanken der präbuddhistischen Religion bestimmt, die man mit dem Namen *bön* bezeichnet. Die folgenden Jahrhunderte sind von einem immer aufs neue entfachten Kampf dieser Bön-Religion gegen den wachsenden Einfluß des Buddhismus gekennzeichnet. Als ein Bruderzwist die Herrschaft der zentraltibetischen Dynastie beendete, trug die Bön-Religion zunächst den Sieg davon.

Um die Jahrtausendwende vollzog sich, zuerst kaum merklich, ein alles mit sich reißender Kulturwandel.[4] Einzelne Tibeter wurden nun von der Lehre des Buddha innerlich ergriffen und nahmen jede Entbehrung, jede Gefahr auf sich, um sie im eigenen Leben zu verwirklichen und ihr in Tibet eine dauernde Heimat zu bereiten. Die Verbreitung des Buddhismus war nun nicht länger nur ein Anliegen der Könige, sondern von engagierten Idealisten fürstlichen Geschlechts.

In diese Zeit des geistigen Aufbruchs wird Milarepa hineingeboren. Auch er praktiziert zunächst die Zauberriten der Bön-Religion, doch sucht er die Wandlung, das Heil, in der Lehre des Buddha. Wann immer er Anhängern der Bön-

Religion begegnet, versteht er es geschickt, die äußeren Formen ihrer Religion aufzugreifen, um sie dann mit buddhistischem Sinn zu erfüllen. Einige dieser Begegnungen sind in den *Hunderttausend Liedern* Milarepas erhalten.

In dieser an Innovationen so reichen Zeit revidierte man die früher angefertigten Übersetzungen buddhistischer Texte, begann man, die zum Teil als verschollen geltende Literatur zu sammeln und zu kommentieren. Neue Lehrmeister wurden aus Indien eingeladen, Tibeter pilgerten ins Land des Buddha, wo seine Lehre zwar noch bestand, aber schon unter den ersten Vorstößen mohammedanischer Truppen ins Wanken geraten war. Als Folge entstanden in Tibet nicht nur neue Zweige der Überlieferung, sie wurden vor allem institutionalisiert als sogenannte Schulen oder Sekten. Diese sollten die Geschichte Tibets weitgehend mitbestimmen. Eine dieser neuen Schulen wurde der Zweig der Kagyüpa, »die das Wort überliefern«, genannt, und Milarepa ist einer jener Männer, die ihren Geist wesentlich prägten. Ihre Überlieferung führt diese Schule, die bis heute existiert, auf den indischen Yogi und Mystiker Tilopa zurück, der wohl gegen Ende des ersten nachchristlichen Jahrtausends in Nordindien gelebt hat. Sein Schüler war Naropa, der wiederum den Tibeter Marpa, den Lehrer Milarepas, in die geheimen Lehren des Großen Siegels *(mahamudra)* einführte. (Auf diese typische Lehre der Kagyüpa wird weiter unten noch genauer eingegangen werden.)

Alle die genannten indischen Meister waren sogenannte *mahasiddhas,* Große Vollendete. Meist der Brahmanenkaste angehörig, beschritten sie in ihrer Jugend eine glänzende Laufbahn als Gelehrte, bis sie an einem bestimmten Punkt ihres Lebens plötzlich alle bisherigen Bindungen, Ehren, Konventionen und Normen abstreiften und ein Verhalten an den Tag legten, das ihre Umwelt mit Ekel und Abscheu erfüllte. Es muß heute allerdings mehr denn je bezweifelt werden, ob diese Erzählungen realistisch zu verstehen sind oder nicht vielmehr allegorisch.[5] Die Biographien der *mahasiddhas* sind metaphorische Erzählungen, angesiedelt im Bereich der mystischen Erfahrung, die allem gelehrten, analytischen Denken entzogen ist und so die Unmittelbarkeit des Erlebens mit der des sprachlichen Ausdrucks anzudeuten sucht.

So muß auch die Biographie des Milarepa in vielen Punkten als metaphorische Erzählung gelten – etwa in der Beschreibung seiner Beziehung zu seinem Lehrer Marpa. Jede einzelne Episode bedürfte eigentlich einer genauen Interpretation, deren Ziel es sein müßte, die metaphorische Ausdrucksweise ihrer Bildhaftigkeit zu entkleiden und das Gemeinte sichtbar zu machen. Aber dieses Erschließen und Aufschließen der buddhistisch-tibetischen Metaphorik muß hier ein unerfüllbarer Wunsch bleiben, denn der beschränkte Platz einer knappen Einleitung würde dafür nicht ausreichen, auch sind unsere Kenntnisse auf diesem Gebiet vorerst noch recht bescheiden. So lebensnah manches in der Biographie erscheinen mag, und vielleicht auch wirklich ist, so muß man sich doch immer vor Augen halten, daß manches, und zwar oft das, wovon man es am wenigsten erwarten würde, bloße Metaphorik ist.

Zu den realistischen Passagen der Biographie dürfen sicher die Mitteilungen über das soziale Leben jener Zeit gezählt werden. Doch schon die Behauptung, daß Milarepa als Halbwaise aufwuchs, erregt Verdacht. Zu häufig lesen wir in den Biographien der großen tibetischen Mystiker, daß sie als Waisenkinder ein hartes Los hatten. So zum Beispiel Rechungpa, der Schüler Milarepas, der diese Biographie nach den Erinnerungen seines Lehrers niederschrieb, aber auch Jo-mo-sman-mo, eine Mystikerin und Zeitgenossin Guru Chos-dbangs (1212–1270).

Es wäre denkbar, daß sich hinter dem »Dasein als Waise« bereits ein Hinweis auf die später zu vollziehende »Hauslosigkeit« des künftigen Heiligen verbirgt, ein literarischer Topos also. Auch die Habgier von Onkel und Tante, die die Halbwaisen und ihre Mutter um das ihnen zustehende väterliche Erbe bringen, ist in manchem zu drastisch dargestellt, um als Schilderung der Wirklichkeit gewertet zu werden. Was jedoch fast nebenbei erzählt wird, das scheint ein unmittelbares Zeugnis der Lebensumstände jener Zeit zu sein. Etwa, daß fortwährend Gerstenbier *(chang)* als Trank angeboten wird und nicht etwa Tee. Aus entlegenen Randzonen der tibetischen Kultur wissen wir, daß bis in unsere Tage Gerstenbier und Schnaps die einzigen bekannten Getränke waren.

Auffällig ist, daß sowohl die betrügerischen Manipulationen von Onkel und Tante wie auch die durch schwarzmagische Praktiken herbeigeführten Todesfälle keine Gerichtsbarkeit auf den Plan rufen. In Tibet wurde zwar ein Gesetz bereits in der Zeit der alten Königsdynastie verkündet und die Stammesfürsten und Beamten fungierten als Richter, doch davon weiß unsere Biographie nichts zu erzählen. Allein das Empfinden der Dorfbevölkerung stellt ein Regulativ dar, das denn auch von den streitenden Parteien jeweils geschickt gehandhabt wird. Diese »öffentliche Meinung« schuf eine Art von Gewohnheitsrecht, das eines amtlichen Richters in alltäglichen Fällen wohl entbehren konnte.[6] Wie denn überhaupt in der ganzen Biographie sich kaum Hinweise auf eine irgendwie geartete Herrschaftsstruktur finden, woraus jedoch nicht geschlossen werden darf, daß es eine solche damals nicht gegeben hätte.

Aus den zahlreichen erhalten gebliebenen Dokumenten, Chroniken und Inschriften der Jahrhunderte vor Milarepa wissen wir, daß Tibet schon damals eine vielschichtige Verwaltungsstruktur besaß, in der die Bürokratie bedeutenden Raum einnahm. Fürsten saßen bereits in jenen Tagen auf ihren Burgen und forderten aufgrund von Steuerlisten Dienstleistungen und Abgaben in Naturalien von ihren Untertanen.

Bemerkenswert ist die freie Stellung der Frau. Köstlich, wie die Frau von Marpa stets versucht, diesem jungen Schüler, Milarepa, der von Marpa scheinbar so verständnislos und zu Unrecht geschunden wird, doch noch zu seiner ersehnten Einweihung zu verhelfen! Sie macht dabei nicht einmal vor dem Erhabensten halt, stiehlt sie doch die heiligen Unterpfänder, die Marpa von seinem Lehrer, Naropa, in Indien erhalten hatte! Der sonst so jäh aufbrausende Marpa nimmt dies aber ziemlich gelassen hin. Ein Sprichwort der Tibeter sagt, daß »der Vater das Haupt, die Mutter aber die Grundlage« des Hausstandes sei; als solche verwaltet sie denn auch das Vermögen der Familie.

Die Biographie als literarisches Werk

Die vorliegende Biographie Milarepas ist in eine Rahmenhandlung eingebettet, deren Hauptfigur Milarepas Schüler, Rechungpa, ist. Der äußeren Form nach ist er auch der Verfasser dieser Biographie.[7] Aufgeschreckt durch einen Traum, wird Rechungpa bewußt, daß das Leben des Meisters zu Ende gehen könnte und so bittet er ihn, doch die Stationen seines Erdenwandels im einzelnen »zum Heile aller künftigen Schüler« zu erzählen. Milarepa entspricht dieser Bitte und erzählt sein Leben.

Damit ist die Biographie in ihren wesentlichen Teilen aus autobiographischen Schilderungen zusammengesetzt. Sie soll künftige Schüler ermutigen, gleich ihrem Meister den Weg der inneren Wandlung, der einsamen Meditation zu beschreiten, um das Zentrum der Person, den Geist, jeder begrifflich wahrnehmbaren Zutaten zu entkleiden, so daß seine ursprüngliche lichte Natur alles überstrahlt. Unter diesem Gesichtspunkt werden auch die Härten, die Milarepa, vor allem während seiner Studienjahre bei Marpa, ertragen muß, betrachtet – es sind notwendige Prüfungen, um den Weg der Läuterung überhaupt erst betreten zu können. In der jeweils konkreten Situation dürfte Milarepa selbst dies jedoch noch nicht eingesehen haben. Die wiederholten Versuche, aus der harten Zucht Marpas auszubrechen, zeugen auch davon, daß Milarepa die Behandlung durch seinen Lehrer zunächst als sinnlos empfindet. Auf diese Weise wird jedoch die Biographie, die in Wahrheit eine Autobiographie ist, ein Mittel der religiösen Didaktik.

Bei genauer Lektüre zeigen sich auch Spuren einer oder mehrerer Überarbeitungen. So werden etwa Orte, die mit dem Wirken Milarepas verbunden sind, bereits im Bericht Milarepas selbst mit Namen genannt, die ihnen erst später – nämlich aufgrund seines Wirkens dort – zuteil wurden. Auch dürften einzelne Passagen später eingeschoben worden sein. Dennoch deutet der ganze Stil, die Unmittelbarkeit der Erzählung darauf hin, daß die Biographie in viel geringerem Maße idealtypischen Mustern folgt, als sonst in der tibetischen Literatur üblich ist.

Einer der wesentlichsten Punkte in der Biographie des

Milarepa ist die totale Transzendenzbezogenheit. Die Welt, wie sie normalerweise vom Menschen erfahren wird, ist für den geschulten und wissenden Schüler Buddhas gleich dem »Spiegelbild des Mondes im Wasser«, einem »Traum«, einer »Fata Morgana« – alles Metaphern, die in den Texten wiederholt verwendet werden, um den Mangel an substantieller Realität auszudrücken. Die vordergründige Realität der Sinneserfahrung wird dabei keineswegs in Abrede gestellt. Dieses Abrücken von den konventionellen Normen und Denkschemata des Menschen seiner Zeit ermöglicht Milarepa die Öffnung seines Denkens hin auf eine bizarr wirkende Irrealität, in der jedoch eine subtile und höhere Realität unmittelbar aufscheint. Daß in der Vielfalt der Sinneserfahrung und der begrifflichen Welterfassung unmittelbar und »gleich einem Blitz« eine Realität aufleuchtet, die jenseits aller Definitionsversuche liegt und deshalb als »Leere« bezeichnet wird: dies ist das »Große Siegel« *(mahamudra),* womit der Kern jener Lehren benannt wird, die Milarepa von Marpa erhält und die fortan zum Überlieferungsgut der Kygyüpa gehören.

So hat Milarepa als »göttlicher Narr« alles Denken in Gegensatzpaaren aufgegeben: die Gegensätze von Du und Ich, von Objekt und Subjekt sind ihm entglitten, womit das Gebäude der Welt, der Kultur, ihm zusammenbricht. Diese Nacktheit des Geistes, die dahinter sichtbar wird, dort, wo das bloße Sein ist, frei von allen kategorisierenden, interpretierenden Aktivitäten des Geistes, übt in seiner unbegreiflichen Fremdheit eine letztlich unerklärbare Anziehungskraft aus. Milarepa ist der ganz andere, der jeder menschlichen Vertrautheit Enthobene und Entrückte. So weist sein Leben Archetypisches auf, das sich im Leben vieler großer Heiliger und Mystiker, gleich welcher Religion oder Kultur sie angehören, finden läßt. Milarepa – das ist ein Menschheitstraum, verwirklicht an einem der entlegensten Flecken der Erde, am Fuße ihres höchsten Berges, am Thron der Götter.

Ein lebendiges Bild von der Persönlichkeit Milarepas geben die Gesänge, die in einem eigenen Werk, den *Hunderttausend Liedern,* gesammelt sind, sich zum Teil aber auch in der Biographie finden. In ihnen fließen mehrere Stilelemente zusammen.[8] Religionshistorisch gesehen sind diese Gesänge von den *doha* genannten Liedern der bengalischen Mystiker abzuleiten. Die Verfasser dieser *doha* waren eben jene *siddhas*, die als die ersten Lehrer der Kagyüpa-Schule gelten, der ja auch Milarepa angehörte. Zum anderen griff er sowohl Motive wie auch formale Gestaltungselemente des tibetischen Volksliedes auf, die sich manchmal bereits in den ältesten schriftlichen Zeugnissen aus dem achten und neunten Jahrhundert n. Chr. nachweisen lassen.

In Milarepas Liedern treten erstmals einige jener Tiere auf – wie etwa der Schneelöwe mit seiner Türkismähne, der Adler, der goldäugige Fisch –, die im späteren tibetischen Volkslied eine entscheidende Rolle spielen. So schuf Milarepa in seinen Liedern ein Werk, das sowohl dem indischen Erbe der *doha* wie auch dem Liedgut des tibetischen Volkes verpflichtet ist. Dies ist gewiß einer der Gründe dafür, daß seine Lieder bis heute im Volk verwurzelt sind und nicht nur geistiger Besitz der gebildeten Oberschicht blieben. Dieser Zug im Werk Milarepas, der ganz im Gegensatz zum größeren Teil der tibetisch-buddhistischen Literatur steht, mag nicht zuletzt erklären, warum Milarepa über alle Zeiten und Kulturgrenzen hinweg die Menschen anspricht.

Die Nachfolger

Auch wenn die Überlieferung Marpa und Milarepa als die tibetischen Gründer der Kagyüpa-Schule betrachtet, so deutet im Leben der beiden Meister noch kaum etwas darauf hin, daß sie eine organisierte religiöse Institution ins Leben rufen wollten. Wohl war Marpa immer besorgt, wer denn die kostbaren Lehren, die er unter großen persönlichen Opfern aus Indien nach Tibet gebracht hatte, bewahren und weitergeben werde, doch daraus läßt sich noch kein Wille zur Gründung einer Schule ableiten. Dieses geschah erst durch Gampopa, den bedeutendsten Schüler Milarepas.[9]

Aus vornehmer Familie stammend, studierte er zunächst Medizin. Der jähe Tod seiner jungen Frau ließ ihn unvermittelt die Brüchigkeit menschlichen Lebens erfahren, so daß er in der Religion nach einer Lösung dieses existentiellen Problems suchte. Schließlich fand er Milarepa, seinen Lehrer. Doch im Gegensatz zu diesem, der als Einsiedler und Tantriker niemals die Mönchsgelübde abgelegt hatte, wurde Gampopa buddhistischer Mönch. In seinem grundlegenden Werk, *Edelsteinschmuck der Befreiung*[10], versuchte er die scholastische Darlegung der buddhistischen Heilswege mit der mystischen Erfahrung zu verbinden.

Zeitgenossen und Schüler von Gampopa gründeten im Laufe der folgenden Jahre eine Reihe von Klöstern. Zunächst waren es bescheidene Ansammlungen von Asketen- und Eremitenhütten, doch schon bald entwickelten sich diese Niederlassungen, aufgrund der Zuwendungen von vermögenden Gönnern, zu respektablen Klöstern, deren Oberhäupter rasch großes Ansehen gewannen. Jedes dieser Klöster wurde zum Ausgangspunkt einer eigenen Ritualüberlieferung, die zwar alle in die Lehren der Kagyüpa-Schule eingebunden waren, aber doch ihre Besonderheiten aufweisen.

In einigen Fällen stellten mächtige Adelsfamilien als »Gabenherrn« solcher Einsiedlerklöster auch den weltlichen Verwalter desselben, während sein Bruder als religiöses Oberhaupt das Kloster leitete. Der Sohn des Verwalters folgte seinem Onkel als Herr und Oberhaupt des Klosters. So war die religiös-monastische Erbfolge in einer ständigen Abwechslung von Onkel und Neffe gegeben. Andere Klöster wiederum, wie Tshurphu, das Stammkloster der Karmapa, entwickelten die Institution der Wiedergeburt, um die Nachfolge auf dem Thron des Klosterherrn zu sichern. Jahrhunderte später ermöglichte diese Institution die Herrschaft der Dalai Lamas, die als buddhistische Mönche auf eine natürliche Erbfolge von Vater und Sohn verzichten mußten.

Einige dieser Zweige der Kagyüpa haben auch heute unter den Tibetern im Exil eine hervorragende Bedeutung, so vor allem die Karmapa und die Dugpa Kagyüpa. Der Karmapa-Zweig zeichnete sich stets durch große Yogi aus, die von einflußreichen Gönnern, früher unter anderem von den chinesischen Kaisern, auf das großzügigste gefördert wurden. Diese großzügige Förderung durch Laien blieb dieser Schule erhalten, auch nachdem sie zusammen mit einem großen Teil des tibetischen Volkes 1959 ihre Heimat verlassen mußten, da das kommunistische China Tibet annektierte.

Heute gibt es in fast allen westlichen Ländern Zentren der Karmapas, wo die alten und doch so jungen Lehren des Milarepa einer völlig neuen Zuhörerschaft vermittelt werden. Erst die Zukunft wird zeigen, ob und inwieweit es der Kagyüpa-Schule gelingen wird, die alten Überlieferungen, die bis auf die bengalischen Mystiker zurückgehen, so zu vermitteln, daß moderne junge Menschen darin eine Antwort auf ihre Lebensfragen finden. Zu seiner Zeit war auch Milarepa ein unruhiger junger Mann, vom damaligen Establishment zur Magie, zur Durchsetzung vordergründiger, weltlicher Ziele gezwungen; doch er brach aus seinem Milieu aus und wählte einen ganz und gar unkonventionellen Weg. Hierin liegt die Aktualität wie auch die allgemein menschliche Dimension dieser Biographie.

Ein Wort muß noch zu dieser Ausgabe gesagt werden. Die deutsche Übersetzung fußt auf der englischen Fassung von Evans-Wentz, die aber keine Übersetzung des tibetischen Originals ist, sondern eine mehr oder minder freie Nacherzählung, die freilich eines gewissen Reizes nicht entbehrt. Hieran etwas zu ändern, erschien nicht opportun. Lediglich die Anmerkungen wurden unter Berücksichtigung neuerer Erkenntnisse revidiert.

München 1978 *Eva K. Dargyay*

EINFÜHRUNG
DIE LEBENSGESCHICHTE MILAREPAS

Von Rechung, dem Schüler Milarepas

Verehrung dem Guru!

Die Geschichte eines großen Guru will ich erzählen, der in diesem schneeverwehten Hochland Tibets lebte. Von frühester Jugend an war er von der unvergänglichen und wandelbaren Natur aller weltlichen Seinszustände, von Leid und Elend, in die er alle Wesen verstrickt sah, tief beeindruckt. Ihm erschien das Leben wie ein riesiger Feuerofen, in dem alle lebenden Geschöpfe braten müssen. Diese Erkenntnis erfüllte sein Herz mit solch innerstem Weh, daß er keinen Neid über die himmlische Glückseligkeit eines Brahma und Indra, noch viel weniger über die irdischen Freuden und Wonnen weltlicher Größe empfinden konnte.

Dagegen war er so tief erfüllt von der Schau unbefleckter Reinheit und keuscher Schönheit, die er in dem Zustand vollendeter Freiheit und Allwissenheit des Nirvana fand, daß es ihm gleichgültig war, ob er sein eigenes Leben auf dem Weg, den er suchte, verlieren sollte. So stark und groß war sein Glaube, so scharf sein Verstand, und sein Herz so übervoll von allerfüllender Liebe und Hingabe.

Er war ein Mensch, dem das Glück zuteil ward, heilige und weise Lehrer zu finden, und der von ihren Lippen das lebensspendende Elexier trank und es allein in köstlicher Zurückgezogenheit und in der Einsamkeit der Berge genoß. So erreichte er die Befreiung von den Mühsalen der Unwissenheit, der Samen der Erfahrung und Inspiration ging in ihm auf und wuchs zu voller Reife heran.

Er hatte alle weltlichen Erwartungen und Bequemlichkeiten, allen weltlichen Rang und Ruhm verworfen und sich mit aller Entschlossenheit dem einen Ziele hingegeben, das Banner der geistigen Entwicklung so hoch zu erheben, daß es zum Wegweiser für spätere Anhänger des Pfades würde, ein Zeichen, das sie aus der Weltlichkeit und Saumseligkeit auf den Pfad zur Höhe anspornen sollte.

In Gnade angenommen von dem Yi-dam und Dakini[1] siegte er über die Schwierigkeiten des Pfades und gewann übersinnliche Überlegenheit in der geistigen Wahrheit und solche Tiefe an Wissen und Erfahrung, daß religiöse Andacht ihm zur zweiten Natur wurde.

Durch seine tiefe Ehrfurcht vor den früheren Gurus dieser Überlieferung und seinen wahrhaften Glauben an sie empfing er ihre Gnade und geistige Hilfe. Er wurde als ihr Nachfolger in der Verbreitung der geistigen Wahrheiten anerkannt und offenbarte übernatürliche Kräfte und Zeichen von ungewöhnlicher Art und unverkennbarer Bedeutung.

Er war ein Mensch, der durch die Kraft seiner großen, glühenden, aufrichtigen und selbstlosen Liebe und um seiner Barmherzigkeit willen die Macht und Gabe besaß, selbst gottlose, weltliche, in der Sünde verhärtete, skeptische Spötter und Ungläubige mit ungewollter Erregung und die Seele aufrüttelndem Glauben zu erfüllen. Jedes Haar ihres Körpers sträubte sich in erschauernder Ekstase, und die Tränen stürzten übermächtig aus ihren Augen. Dabei ward der Samen zu künftiger Befreiung und Erleuchtung in sie hineingelegt, und er ging in ihren Herzen auf, wenn sie nur seine Geschichte, seinen Namen hörten. So hatte er die Kraft, sie aus den Leiden und Schrecken übler Daseinsformen herauszureißen, zu befreien und zu beschützen.

Nach Beherrschung des mystischen Wissens erfuhr er von den Dakinis das ununterbrochene Erleben der vier seligen Zustände in der ekstatischen Vereinigung,[2] die sein geistiges Wachstum verstärkte.

Er befreite sich schließlich von der zweifachen Befleckung und erhob sich in das Reich des Geistes, bis er das Ziel erreichte, in dem alle Lehren in der Ver-ein-ung versinken.

Er besaß Allwissenheit, allerfüllendes Wohlwollen, glühende Liebe, verbunden mit übernatürlichen Kräften und Tugenden und wurde so zum selbsterlösten Buddha, erhaben über alle widerstreitenden Meinungen wie der höchste Edelstein, der das Siegesbanner schmückt.

Er beschritt den Pfad des höchsten Vajrayana[3] und wurde in seinen Bemühungen nie müde. So erreichte er die Gipfel geistiger Erfahrung und Erkenntnis.

Sein ungewöhnlich ruhmreiches Verdienst, von Heroen und Dakinis besungen, erfüllte die zehn Richtungen des Weltalls[4] mit dem wehenden Banner des Ruhmes und dem Widerhall des Lobgesangs.

Sein Leib wurde bis zu den Zehenspitzen von der absteigenden Seligkeit durchflutet und von der aufsteigenden bis zum Scheitel, so sich beide Ströme in der »Wonne der Frucht« auflösten. Dabei wurden die drei Lebensbahnen und die vier Zentren geläutert und in ihrem Wesen zur zentralen Lebensbahn verwandelt.[5]

Er besaß die Fähigkeit, Sinn und Gedanken der zwölf Sutra-Sammlungen und der vier Tantra-Sammlungen fließend zu erklären und sie in rhythmischen Versen wiederzugeben.

In allen Phänomenen leuchtete ihm das wahre Sein auf und entfernte so die Täuschung der Zweiheit.[6]

Wohlbewandert in geistigem Wissen und Verstehen las er in den äußeren Erscheinungen wie in einem Buche. Selbst stumme Tiere erweichte er durch seine Predigt und führte sie zur Befreiung.

Über die notwendige Befolgung weltlicher Regeln, künstlicher Verträge und Schmeicheleien hinausgewachsen, wurde er von allen vernünftigen Wesen, Göttern und Menschen, in tiefem Gehorsam ehrfürchtig verehrt, während er gelassen voll Würde und Aufmerksamkeit blieb.

Voll Eifer und Ausdauer in der Betrachtung über den tiefsinnigen Pfad überragte ihn keiner der großen Yogi und Bodhisattvas[7] seiner Zeit; denn er war selbst größer als sie, die wohl in gleicher Seligkeit wie er, ihm doch ihre Verehrung brachten.

Mit dem donnernden Brüllen des Löwen verkündete er die Wahrheit von der erfahrbaren Tatsache des trugvollen Ich. In der vollen Gewißheit dieser Erfahrung erschreckte und überwältigte er Wesen und Geschöpfe von böser, selbstsüchtiger Natur und genoß die Freiheit des unbegrenzten Himmelsraumes wie ein ungezähmter Löwe, der frei durch Bergeshöhen streift. Nachdem er vollkommene Beherrschung der Bewußtseinszustände und -fähigkeiten im Innern erlangt hatte, überwand er alle Gefahren von äußeren Elementen und lenkte sie zu eigenem Nutzen und Gebrauch.

Nach Erlangung übersinnlicher Erkenntnis von der himmlischen und geistigen Natur des Bewußtseins vermochte er diese durch freies Schweben im Himmelsraum, durch Gehen, Ruhen und Schlafen in der Luft unter Beweis zu stellen. Er konnte auch Feuerflammen und Wasser aus seinem Leibe hervordringen lassen und seinen Körper willkürlich in irgendeinen gewünschten Gegenstand verwandeln. Dadurch überzeugte er die Nichtgläubigen und führte sie zu wahrem religiösem Streben.

Die vier Einweihungen vollendete er im höchsten Maße; so war er imstande, seinen Geistleib zu projizieren, daß er als oberster Yogi gleichzeitig in allen 24 heiligen Orten zugegen war, an denen sich Heroen und Dakini wie Wolken versammeln.

Furchtlos im Wissen um die Unzerstörbarkeit der geistigen Natur, war er imstande, die acht verschiedenen Arten von Göttern, Titanen und Dämonen zu beherrschen und ihnen Befehle zu geben, die sie sofort in der Erfüllung der vier Pflichtordnungen ausführten.[8]

Er war wohl bewandert in der Darlegung des Wissens von der reinen Leere des Geistes, in der alle Formen und Dinge Ursache und Ursprung haben.

Er war ein erfahrener Arzt, wohl geübt in der Kunst, die fünf Griffe des unerleuchteten Bewußtseins durch das Heilmittel der fünf göttlichen Weisheiten[9] zu heilen.

Er war ein vollkommener Kenner der guten und bösen Bedeutungen der Töne, die allen äußeren und inneren Elementen zugrunde liegen; dabei erkannte er, daß jeder Ton in sich leer ist.

Er war ein Logiker, der seinen eigenen Bewußtseinszustand der unwandelbaren Ebene des Nicht-Ich anzugleichen vermochte, während er die innersten Geheimnisse und Winkel im Bewußtsein der Anderen kannte.

Er war ein bedeutender Gelehrter, der wußte, daß der Geist über allem Erörtern als Anfang und Ende aller sichtbaren Erscheinungen geistiger wie stofflicher Art steht, und seine Strahlen sich durch ihre eigene innere, freie Kraft ungehemmt in die dreifache Offenbarung des universellen göttlichen Seins entwickeln.[10]

Er war ein vollendeter Meister in übernatürlichem Wissen und Können. All die unzähligen heiligen Paradiese und Himmel der Buddhas konnte er durchqueren und erschauen; und die Buddhas und Bodhisattvas, die darin thronten, gaben ihm dank seiner allbefreienden Taten wohlwollend Lehren über den Dharma und hörten ihm selbst zu, so daß er die himmlischen Welten durch seinen Besuch ehrte und dort verweilte.

Er erschien den Geschöpfen der sechs Daseinsbereiche[11] bei verschiedenen Gelegenheiten in geeigneten und besonders angenommenen Formen und Gestalten und lehrte sie, ihren karmischen Voraussetzungen entsprechend, geistige Wahrheiten, die ihren Verstandesfähigkeiten entsprachen. Er kleidete diese Wahrheiten in Parabeln und Gleichnisse, die der Absicht des Buddha entsprachen, und verschaffte ihnen durch seine Lehren Befreiung.

Kurz, er war ein Wesen, das in einem Leben die vier Seinsweisen[12] erwarb und die fünf Weisheiten, damit hatte er den Zustand des Vajradhara verwirklicht.[13]

Seine immerwährende Gnade und Barmherzigkeit strömte auf die unzählbare Menge lebender Wesen, für deren Heil er das unvergleichliche Rad der Wahrheit in Bewegung setzte, um sie von der unaussprechlichen Angst und Qual des Sangsara zu erlösen.

Er gelangte zur Stätte der großen Befreiung, in der jeder in unbeschreiblicher Glückseligkeit lebt und gleichzeitig die vier Seinsweisen empfängt und entwickelt. Solcher Gestalt war das große Wesen, das am hellsten unter allen großen Wesen erstrahlte, und das der ruhmreiche Jetsün-Mila-Zhadpa-Dorje[14] hieß, der Strahlende, dessen Taten und Name wie Sonne und Mond erglänzten.

Wenn auch der innerste Wert seiner übernatürlichen Verdienste, die er allen, die er traf, erwies, weder beschrieben noch begrenzt werden kann, so habe ich doch versucht, ein kurzes Loblied auf seine verschiedenen Taten zu singen. Die Biographie oder Lebensbeschreibung zerfällt in zwei Teile: in die Beschreibung seiner weltlichen und jene seiner religiösen Laufbahn von Anbeginn bis zum Erlangen der Nirvana.

Zu Beginn einige eigentümliche Betrachtungen über seinen Beinamen Mila, über seine Herkunft, seine Vorfahren und die Begleitumstände seiner Geburt. Dann will ich den Verlust seines Vaters in seiner Kindheit berichten, der seine Verwandten zu Feinden machte, der die Witwe und die Waisen ihres ganzen väterlichen Erbes beraubte und sie in tiefes Leid brachte, so daß in Milarepas Herz die Wahrheit von dem unauslöschlichen Schmerz erwachte. Zuletzt will ich von seinem Studium der schwarzen Kunst berichten, das ihm die Fähigkeit gab, seine Feinde mit Zustimmung der Mutter zu töten.

Von diesen drei Dingen will ich nun reden, wenn auch manchmal vielleicht ein wenig ausschweifend, wie bei den Einzelheiten seiner Geburt und Abstammung.

ERSTER TEIL
DER PFAD DER FINSTERNIS

Abstammung und Geburt

Dieses habe ich vernommen. Einst lebte der große Yogi, dieses Kleinod aller Yogis, Jetsün-Mila-Zhadpa-Dorje, eine Zeitlang in der bauchförmigen Höhle von Nyanam,[15] einem heute hoch geheiligten Ort der Pilgerfahrten. Hier lebten auch Rechung-Dorje-Tagpa, Shiwa-Wöd-Repa, Ngan-Dzong-Repa, Seban-Repa, Khyira-Repa, Bri-Gom-Repa, Lan-Gom-Repa, Sangyay-Kyap-Repa, Shan-Gom-Repa, Dampa-Gya-Phupa und Tönpa-Shakya-Guna, seine berühmten Schüler der ersten Ordnung, die alle, in Yogaübungen erprobt, zur Ruhe des Bewußtseins gelangt waren. Ebenso gehörten die weiblichen Novizinnen Lesay-Bum und Shen-dormo dazu und eine große Anzahl gläubiger Laien, Frauen und Männer. Auch waren die fünf Schwestern des langen Lebens[16] und Dakinis, die mit ihrem Regenbogen-Leib am Himmel wandeln konnten, dort, ferner verschiedene hochbegabte männliche und weibliche Yogi, menschliche und übermenschliche mit höheren Kenntnissen begabte Wesen. Inmitten dieser Versammlung setzte Jetsün das Rad des Mahayana-Buddhismus in Bewegung.

Eines Nachts, als er in der Betrachtung versunken in seiner Zelle saß, hatte Rechung folgenden Traum:

»*Ich wanderte durch Urgyan, das westliche Land der Dakinis, das von unbeschreiblicher Schönheit war. Die Häuser und Paläste waren aus Gold, Silber und köstlichen Steinen. Ich schritt durch die Hauptstadt dieses Landes und sah die Bewohner in Seide gekleidet, behängt mit Juwelen-Kränzen und wertvollem Schmuck aus Metall und Elfenbein. Und jeder war von edelster Schönheit. Sie alle sahen mich lächelnd und beifällig an. Doch keiner wagte, mit mir zu sprechen.*

Unter ihnen war Bharima, die ich in Nepal als Schülerin meines Guru Tiphupa getroffen hatte. In Rot gekleidet beherrschte sie diese Versammlung und begrüßte mich mit den Worten: ›Sehr erfreut bin ich über dein Kommen, Neffe.‹ Darauf führte sie mich in ein palastartiges Gebäude voll kostbarster Schätze, in dem ich reichlich bewirtet wurde. Dann sagte sie mir: ›Der Buddha Akshobhya[17] predigt gerade die Lehre in diesem Land Urgyan. Willst du, mein Neffe, ihn hören, dann will ich seine Erlaubnis einholen.‹ ›Es wäre sehr freundlich von dir‹, gab ich zur Antwort. Denn ich war begierig, ihn reden zu hören.

Ich begleitete sie in die Mitte der Stadt, in der ein riesiger Thron aus kostbaren Metallen und Edelsteinen stand. Darauf saß der Buddha Akshobhya in der Schönheit und Erhabenheit seiner Herrlichkeit. Weit übertraf er das Bild meiner Vorstellung, über das ich zu meditieren gewohnt war. Er sprach über den Dharma zu einer unübersehbaren großen Versammlung. Dieser Anblick erfüllte mich mit solch ekstatischer Begeisterung und Seligkeit, daß ich mich kaum aufrecht halten konnte. ›Bleibe hier – sagte Bharima – bis ich die Erlaubnis des Buddha empfangen habe.‹ Diese wurde im Augenblick gewährt, und die Frau kehrte zurück, um mich in die geheiligte Gegenwart zu führen. Hier brachte ich dem Buddha meine Huldigung dar und empfing seinen Segen. Ich setzte mich nieder und lauschte der religiösen Unterweisung, und eine Zeitlang ruhte der Blick des Heiligen lächelnd und voller Güte in unendlicher Liebe auf mir.

Er sprach über Abstammung, Geburt, Taten und Ereignisse aus dem Leben der verschiedenen Buddhas und Bodhisattvas der Vergangenheit, und die Erzählung erfüllte mich mit tiefer Gläubigkeit. Zuletzt erzählte er die Lebensgeschichten von Tilopa, Naropa und Marpa – viel ausführlicher, als ich sie gewöhnlich von Jetsün hörte, um jeden der Anwesenden mit Bewunderung und Glauben zu erfüllen. Er beendete seine Erzählung mit dem Versprechen, die Geschichte von Jetsün Milarepa zu berichten, die an Wunderbarem alles Vorhergegangene übertreffe und lud uns alle ein, ihr zuzuhören.

Einige der Anwesenden warfen ein, nichts könne wunderbarer sein als das Gehörte; oder es müsse etwas ganz Unerhörtes sein. Andere aber sagten: ›Die Lebensgeschichten, die wir bisher hörten, erzählten von Menschen, die in verschiedenen Leben ihre schlechten Taten aufgehoben und Verdienst erlangt haben. Milarepa aber empfing Verdienst und Erleuchtung, die denen der anderen nicht nachstehen, in einem einzigen Leben.‹ Andere wieder: ›Ist diese Lebensgeschichte wirklich so einzigartig, dann wäre es sündhaft, wenn wir, die Schüler, sie nicht hörten und nicht darum bäten, daß sie zum Segen aller Wesen berichtet würde. Wir müssen mit allen Mitteln versuchen, sie zu erfahren.‹ Einer fragte: ›Wo ist Milarepa jetzt?‹ Ein anderer gab die Antwort: ›Im 'Og-min oder Ngön-gah.‹[18] Ich, Rechung aber dachte: Was sprechen sie da? Milrepa lebt doch in Tibet. Diese Menschen aber wollen mir scheinbar den Wink geben, daß ich Milrepa selbst um die Erzählung seines Lebens bitte, und das will ich gewiß tun. Da nahm Bharima meine Hand und drückte sie beglückt mit den Worten: ›Hast du verstanden, Neffe?‹«

Dann wachte ich, Rechung, in der frühen Dämmerung auf. An diesem Morgen war mein Bewußtsein ganz klar und meine Andacht innig und aufrichtig. Ich erinnerte mich an meinen Traum, dachte darüber nach, und es schien mir von guter Vorbedeutung, daß ich im Traum im Urgyan-Land war und der Predigt des Buddha Akshobhya gelauscht hatte. Ich glaubte mit Recht darüber frohlocken zu können, daß ich Jetsün Milarepa im wirklichen Leben begegnet war. Auch daß ich jetzt den Reden Buddhas lauschen durfte, wenn auch nur im Traum, glaubte ich der Gnade Jetsüns zu verdanken. Ich warf mir Mangel an wahrem Glauben und geistiger Schau vor, wenn ich mich an die Gedanken erinnerte, die mir einfielen, als es hieß, daß Jetsün in 'Og-min oder Ngön-gah sei. Ich sah ein, daß mich unehrerbietige Gefühle der Vertrautheit zu meinem Guru veranlaßt hatten, ihn rein als menschliches Wesen zu betrachten, das in Tibet lebte. Was war ich doch für ein Tölpel! Ich hätte wissen müssen, daß Jetsün vollkommen erleuchtet und in Wahrheit ein Buddha war, der sich in unendlich vielen Gestalten offenbaren konnte. Und wurde nicht überdies jeder Ort, an dem Jetsün lebte, heilig und geweiht, ja gleichsam zu 'Og-min oder Ngön-gah? Ich nahm diesen Traum als einen göttlichen Befehl, die Lebensgeschichte Jetsüns zu schreiben, und war fest entschlossen, Jetsün zu bitten, mir alle Ereignisse seines Lebens selbst zu erzählen. In dieser geistigen Verfassung erfüllte mich ein tiefes und erhabenes Gefühl des Vertrauens zu meinem Guru, dem ich in glühenden Gebeten Ausdruck gab. Dann ließ ich mein Bewußtsein eine Zeitlang im Zustand der Ruhe verharren. So fiel ich wieder in Schlaf und träumte von neuem, wenn auch nicht so lebendig wie zuvor. Jetzt waren es fünf schöne Jungfrauen aus dem Urgyan-Land in weißem, blauem, gelbem, rotem und grünem Kleid, die vor mich hintraten. Eine von ihnen sprach zu mir: »Morgen wird die Lebensgeschichte Milarepas erzählt. Wir wollen hingehen und sie hören.« Eine andere fragte: »Wer wird bitten, sie zu erzählen?« Darauf gab die dritte zur Antwort: »Jetsüns liebste Schüler werden darum bitten.« Dabei warfen alle von der Seite lächelnd Blicke auf mich. Eine erhob die Stimme und sagte: »Das wird eine so hervorragende Rede sein, daß wir alle glücklich sein werden, sie zu hören. Sollten wir nicht auch darum bitten, daß sie uns verkündet wird?« Eine andere erwiderte: »Es geziemt den Schülern, für das Ziel zu beten, und es wird Pflicht und Freude sein, den Glauben zu verbreiten.« Nach diesen Worten verschwand alles wie ein Regenbogen. Als ich erwachte, stand die Sonne schon hoch am Himmel, und ich wußte, daß der Traum ein Zeichen der Fünf Schwestern des langen Lebens war.

Nachdem Rechung in dieser glücklichen Gemütsverfassung sein Frühstück eingenommen hatte, suchte er seinen Guru Jetsün auf und fand die Schar seiner Schüler und Anhänger schon um ihn versammelt. Rechung warf sich in Verehrung Jetsün zu Füßen und mit gefalteten Händen fragte er nach seinem Befinden und richtete die Worte an ihn: »Möge unser gnädiger Herr und Lehrer uns die Gunst gewähren, die Ereignisse seines Lebens zu berichten, zum Segen der hier Versammelten und als Beispiel für künftige Schüler und Anhänger. Auch die Buddhas der Vergangenheit hinterließen Berichte ihrer zwölf großen Taten[19] und andere Erzählungen zum Segen derer auf Erden, die zur Verbreitung und dem Gedeihen des buddhistischen Glaubens beitrugen. Tilopa, Naropa, Marpa und viele andere große Heilige haben durch das Hinterlassen ihrer Lebensgeschichte der Entwicklung ihrer beglückten Anhänger gnädig geholfen. Und so würde auch deine Lebensgeschichte, oh Gebieter Jetsün, beitragen zu der

Entwicklung von vielen. Deshalb bitten wir unseren Herrn, daß er die Gnade habe, uns mit dem Bericht seines ereignisvollen Lebens zu erfreuen.«

Jetsün lächelte zu dieser Bitte und antwortete: »Rechung, du kennst mein Leben und seine Geschichte. Doch da du mich zum Segen der anderen bittest, will ich dir willfahren. Ich stamme aus dem Josays-Geschlecht und dem Khyungpo-Stamm, und mein eigener Name ist Mila-Repa. In meiner Jugend wirkte ich schwarze Taten, im reifen Alter weiße; jetzt aber habe ich alle Unterscheidung von schwarz und weiß beiseite getan. Da ich die größere Aufgabe erfüllt habe, brauche ich mich in Zukunft nicht mehr zu mühen. Müßte ich die Ereignisse meines Lebens ausführlich beschreiben, dann würden einige Erzählungen Tränen hervorrufen, andere Fröhlichkeit. Darum erlaube mir altem Mann, in Frieden zu verharren.«

Wieder erhob sich Rechung, neigte sich tief zur Erde und flehte: »Gnädiger Herr, wichtig und nützlich für alle, die von gleicher Hoffnung und gleichem Streben erfüllt sind, ist die Erzählung, wie du zuerst die übernatürlichen Wahrheiten empfindest, welche großen Leiden und Opfer es dich kostete, und wie du unaufhörlich darüber meditiertest, bis du die wahre Natur der ewigen Wahrheit beherrscht und so das höchste Ziel aller geistigen Erkenntnis erlangt hast. Und wie du die Kraft erzieltest, dich über das Netzwerk des Karma zu erheben und die Entstehung von künftigem Karma zu verhüten. Da dein Stamm die Khyungpo sind und du vom Geschlecht der Josays stammst, wie kommst du da zu dem Beinamen Mila? Wie kamst du zu den bösen Taten in deiner Jugend und was führte dich später zu weißen Taten? In welcher Zeit liegen die Ereignisse, von denen du sagst, daß sie Lachen hervorrufen, andere aber so schmerzvoll sind, daß sie zu Tränen rühren? Es wäre von unschätzbarem Gewinn für künftige Generationen, dies alles zu wissen. Aus Mitleid mit mir und meinen Mitschülern sei gütig, Herr, und laß ab von deinem Bedenken. Neige dich gnädig herab, uns alle Einzelheiten zu erzählen. Ich bitte meine Freunde und Brüder im Glauben, mit mir in diesen Wunsch einzustimmen.«

Hierauf erhoben sich alle Anwesenden, verneigten sich mehrere Male und sprachen: »Auch wir fügen unsere Bitten *denen des ehrwürdigen Rechung hinzu und flehen dich an, Herr, das Rad des Dharma in Bewegung zu setzen.«**

Da sprach Jetsün: Wenn ihr es alle so dringend wünscht, will ich eure Bitte erfüllen, da es nichts in meinem Leben zu verheimlichen gibt.

Was nun meinen Stamm und mein Geschlecht betrifft, so lebt inmitten eines großen Weidebezirkes, im Norden von Ü[20], der Stamm der Khyungpo. Der Sohn des Lama Josay, eines Tantrikers der Ningmapa-Sekte, war selbst ein Yogi und von seiner »Inneren Gottheit« gerührt, hatte er die Kraft des Mantra erlangt. Von einer Pilgerreise aus Khams zurückgekehrt, begab er sich nach Chungwachi, im Norden der Provinz Ober-Tsang. In dieser Gegend unterwarf er Dämonen und Geister. Die Kraft seines Segens war sehr wirkungsvoll, und da er das Heil mehrte, wuchs die Schar seiner Schüler und die Bedeutung seiner Taten.

An diesem Orte, in dem er einige Jahre verbrachte, wurde er unter dem Namen Khyungpo-Josay (edler Sohn aus dem Adlerstamm) bekannt, und wenn irgendeiner krank oder von einem bösen Geist geplagt wurde, rief man ihn herbei. Eine Familie an diesem Orte aber wollte nicht an ihn glauben, und es geschah, daß sie eines Tages von einem bösen Geiste geplagt wurde, der es nie gewagt hatte, sich Khyungpo-Josay zu nahen, doch von keinem anderen ausgetrieben werden konnte. Die gequälte Familie rief andere Lamas herbei und bat sie, Riten zur Austreibung vorzunehmen, aber der Dämon widersetzte sich allen Versuchen, ihn auszutreiben. Er hielt die Familie zum Narren und quälte sie, bis sie die Anstrengungen aufgaben, die sich doch nur als machtlos erwiesen.

Zuletzt gaben Verwandte dieser ungläubigen Familie den Rat, Khyungpo-Josay zu rufen und erinnerten sie an das Sprichwort: Nimm selbst das Fett eines Hundes, wenn es die Wunde heilt. Das Oberhaupt der Familie stimmte willig zu. Josay näherte sich dem Dämon und rief dreimal mit wilder Stimme: »Ich Khyungpo-Josay komme, um das Fleisch von euch Dämonen zu essen und euer Blut zu trinken. Wartet!

---

* Die Rahmenerzählung wird durch Kursivdruck von den Erzählungen Milarepas abgesetzt.

Wartet!« Und zugleich stürzte er vorwärts. Der Dämon wurde von Entsetzen erfaßt, noch ehe Khyungpo-Josay sich ihm genähert hatte und schrie »Vater, Mutter! Mila! Mila!« Und als Josay sich ihm nahte, rief er: »Mila, ich wäre niemals dorthin gekommen, wo du bist. Rette mein Leben!« Mila nahm ihm den Eid ab, daß er fortan keinen mehr quälen würde und ließ ihn gehen. Darauf kam der Dämon zu einer Familie, die ihn verehrte und sprach zu ihnen: »Mila, Mila! Noch nie habe ich so leiden müssen wie heute.« Auf ihre Frage, wer denn dies Leiden verursacht habe, sagte er ihnen, daß Khyungpo-Josay solch marternde Pein über ihn verhängt habe, daß sie ihn fast getötet hätte, und daß er ihm zuletzt einen Eid abgerungen habe. Seit diesem Tage hieß Josay Mila[21] zum Lobpreis seiner wunderbaren magischen Kräfte, und so wurden auch seine Nachkommen mit dem Beinahmen Mila genannt. Als nun alle sahen, daß der Dämon keinen mehr belästigte, nahmen sie an, er sei getötet oder eher noch in eine andere Daseinsform übergegangen.

Nun nahm sich Khyungpo-Josay eine Frau, und sie gebar ihm einen Sohn, der wieder zwei Söhne hatte, von denen der älteste Mila-Dotun-Senge (Mila, der Löwe, der die Sutras lehrt) hieß. Dessen ältester Sohn wurde Mila-Dorje-Senge (Mila, der diamantene Löwe) genannt. Seither wurde die Familie bekannt, weil sie nur einen männlichen Nachkommen in jeder Generation hatte.

Dieser Mila-Dorje-Senge wurde ein erfahrener und leidenschaftlicher Spieler, der gewöhnlich beträchtliche Einsätze gewann. Nun geschah es, daß es in diesem Landstrich einen Mann gab, der noch kundiger im Spiel war und viele Verwandte und Bekannte väterlicherseits hatte. Dieser Mann kam zu Mila-Dorje-Senge, um seine Geschicklichkeit zu erproben und forderte ihn zu einigen Spielen mit geringem Einsatz auf, wobei er bald die Stärke seines Spielens herausfand. An diesem Tage spielte der Mann, als ob das Glück selbst ihm zur Seite stand und gewann eine Menge Einsätze von Mila-Dorje-Senge. Dieser konnte es nicht ertragen und bat den anderen um Revanche am nächsten Tag, womit er einverstanden war. Die Einsätze wurden erhöht, und der schlaue Spieler verlor dreimal, um Dorje zu locken. Dann verlangte er Genugtuung, und Dorje stimmte zu, nachdem sie die Höhe des Einsatzes festgesetzt hatten. Dieser sollte in dem ganzen Besitz liegen, den jeder an Land, Haus, Geld und Inventar besaß. Ein Vertrag wurde unterzeichnet, damit keiner durch Bitten und Drängen von seinen Verpflichtungen entbunden werden konnte. Sie spielten, und das Ende war vorauszusehen: Milas Gegenspieler gewann. Seine männlichen Verwandten nahmen sofort den ganzen Besitz Milas an Land und beweglichen Gütern in ihre Hände, und beide Milas, Vater und Sohn, Dotun-Senge und Dorje-Senge mußten alles zurücklassen. So wanderten sie nach der Provinz Gungthang (in Tibet an der Grenze von Nepal) und kamen an einen Ort, der Kyanga-Tsa heißt. Hier ließen sie sich nieder.

Der Vater Dotun-Senge verbrachte seinen Tag meist mit dem Lesen heiliger Schriften. Er führte auch Riten aus, um Hagelwetter zu verhüten, bereitete Zaubermittel zum Schutze der Kinder, und tat noch vieles andere dieser Art. So wurde er bekannt als ein Lama, der Zeremonien auszuführen verstand. Sein Sohn Dorje-Senge handelte meist mit Wolle und verbrachte den Winter im Süden, und den Sommer auf den nördlichen Viehweiden. Er machte auch kleine Reisen zwischen Mang-Yül und Gungthang, und so verdienten sich Vater und Sohn viel Geld.

Zu dieser Zeit geschah es, daß Dorje-Senge die Lieblingstochter aus einer der dort wohnenden Familien traf, und beide entbrannten in Liebe zu einander. Aus ihrer Ehe stammte ein Sohn, den man Mila-Sherab-Gyaltsen (Mila, das Siegeszeichen der Weisheit) nannte. Als der Junge aufwuchs, starb sein Großvater und wurde mit großem Prunk bestattet.

Mila-Dorje-Senge, der weiter seinem Handel nachging, erwarb sich mehr Wohlstand als je zuvor. Für einen guten Preis in Gold und Waren aus Nord und Süd kaufte er sich ein fruchtbares Feld in der Form eines Dreiecks, das in der Nähe von Kyanga-Tsa lag. Er erwarb es von einem Mann, der Worma hieß und nannte es nach diesem: »Worma-Tosoom (Worma-Dreieck).« Am Rande dieses Feldes lag ein alter Häuserplatz, der dem Nachbar gehörte. Auch diesen kaufte er und baute darauf ein großes Haus. Als er zwanzig Jahre alt war, heiratete Mila-Sherab-Gyaltsen ein Mädchen aus einer der ersten Familien in Tsa, das aus dem königlichen Geschlecht von Nyang stammte und Kargyen (weißer Schmuck) hieß. Sie war ein ganz bezauberndes Mädchen mit klarem Kopf und voll Energie, die es verstand, Freunde und Feinde nach Gebühren mit Liebe oder Haß zu behandeln. Sie wurde deshalb weißer Schmuck von Nyang genannt. Mila-Dorje-Senge baute sich ein zweites Haus mit drei Stockwerken, Nebengebäuden und Küche, das auf vier Säulen und acht Pfeilern stand. Es war eines der schönsten Häuser in Kyang-Tsa und hieß: »Das Haus der vier Säulen und acht Pfeiler.« In diesem Hause lebte er mit seiner Frau und seinem Vater in großem Reichtum. Inzwischen hörten Mila-Dotun-Senges alte Verwandte, die in Chungwachi lebten, von seinem und seines Sohnes Wohlergehen in Tsa. Da verließ ein Vetter von Mila-Dorje-Senge Yungdung-Gyaltsen mit seiner Familie und einer Schwester Khyung-tsa-Palden seinen Wohnsitz und zog nach Kyanga-Tsa. Dorje, der seine Verwandten gern mochte, hieß sie mit aufrichtiger Freude und Entzücken willkommen. Er stellte ihnen all sein Können zur Verfügung und lehrte sie den Handel, daß sie sich auch reiche Güter ansammeln konnten. Zu dieser Zeit kam Kargyen mit einem Kinde nieder, während Mila-Sherab-Gyaltsen auf einer Handelsreise in den nördlichen Taktsi-Bergen war. Er hatte eine Menge Waren aus dem Süden bei sich und wurde eine geraume Zeit aufgehalten.

Es war im männlichen Wasser-Drachen-Jahr (1052 n. Chr.), im ersten Herbstmonat und am fünfundzwanzigsten Tage, daß ich unter einem günstigen Sterne geboren wurde.[22] Sobald ich dem Schoß meiner Mutter entsprungen war, wurde ein Bote zu meinem Vater geschickt. Er trug einen Brief meiner Mutter, in dem es hieß, daß die Arbeit des Herbstes sich nahe und sie einen Sohn empfangen habe: »Komm, so schnell du vermagst, damit du deinem Sohn einen Namen gibst, und die Zeremonie der Namensgebung vollzogen werde.« Der Bote brachte auch noch die mündliche Botschaft. Mein Vater war hocherfreut und sprach: »Es ist gut! Mein Sohn hat schon einen Namen empfangen. Meine Familie bringt nur einen männlichen Erben hervor, und ich bin froh, daß dieses Kind ein Sohn ist. Nenn ihn Thöpa-ga (Herrlich zu hören). Da mein Handelsgeschäft beendet ist, will ich gleich mit dir nach Hause kehren.« So kam er heim, und ich wurde Thö-pa-ga genannt. Mit großem Prunk und Aufwand wurde die Zeremonie der Namengebung ausgeführt. Während meiner Kindheit wurde ich mit großer Sorgfalt behütet, und mit der Zeit bekam ich eine schöne Stimme, die jeden, der sie hörte, so sehr entzückte, daß es hieß, ich sei mit Recht »Herrlich zu hören« genannt worden.

Als ich vier Jahre alt war, schenkte meine Mutter einer Tochter das Leben. Sie hieß Gön-ma-kyit (glückliche Beschützerin). Ihr Kosename war Peta, daher wurde sie Peta-Gönkyit genannt. Ich erinnere mich noch heute, daß wir beide, Peta und ich, Haare hatten, die mit Gold und Türkis durchflochten waren. Wir hatten großen Einfluß, da wir durch Heirat mit den vornehmsten Familien des Ortes verwandt waren. Die Armen, die unserem Einfluß unterlagen, wurden fast wie Lehnsleute oder Untertanen behandelt. Im Munde der Einheimischen hieß es einfach: »Niemals hat es unter den wagemütigen Einsiedlern fleißigere und reichere gegeben als diese. Sieh ihr Haus von außen, Einrichtung und Reichtum innen, und den Schmuck, den beide Geschlechter tragen. Sie sind in jeder Hinsicht würdig der Achtung.«

Als wir so den Neid aller erweckt hatten, starb mein Vater Mila-Sherab-Gyaltsen, und die Bestattungszeremonien wurden in größter Pracht ausgeführt.

Dies ist der Teil der Lebensgeschichte, der von Jetsüns Geburt berichtet.

Der Geschmack der Sorge

Wieder erhob Rechung die Stimme: »Verehrter Lehrer, künde uns gnädig dein Leiden und Mühen nach dem Tod deines Vaters.«

Darauf fuhr Jetsün in der Erzählung fort: Als ich etwa sieben Jahre alt war, wurde mein Vater Mila-Sherab-Gyaltsen von einer sehr ernsten Krankheit erfaßt. Ärzte und Lama, die ihn beide pflegten, hatten keine Hoffnung für seine Genesung, sondern erwarteten seinen nahen Tod. Auch die Verwandten wußten darum, und der Kranke selbst verzweifelte am Leben und war bereit zu sterben. Onkel und Tante, Verwandte und Freunde und alle Nachbarn kamen zusammen. In ihrer Gegenwart verkündete mein Vater seinen letzten Willen. Er legte die Sorge um seine Witwe und Waisen und die Verwaltung seines ganzen Besitzes in die Hände meines Onkels und meiner Tante. Dann ließ er ein Testament schreiben, es verlesen, unterzeichnete es in Gegenwart aller und versiegelte es.

Danach richtete er die Worte an uns: »Ich weiß, daß ich diese Krankheit nicht überleben werde. Da mein Sohn heute noch in jungen Jahren ist, vertraue ich ihn der Sorgfalt meiner Verwandten, vor allem seines Onkels und seiner Tante an. Mein ganzer Besitz, einschließlich meiner Vieh- und Schafherden und der Pferde oben auf den Weiden der Hügel, meine Kühe, Ziegen und Esel hier unten am Hause, meine Haushalts-Gegenstände aus Gold, Silber, Kupfer und Eisen, meinen persönlichen Schmuck und meine Kleider, meine Türkise, Silber und Gewänder, meine Kornkammern – kurz allen Besitz, dem ich es danke, daß ich keinen voll Neid anblicke, lasse ich zurück. Einen Teil davon nehmt für meine Bestattungszeremonien. Das übrige überlasse ich der Obhut all derer, die hier versammelt sind, bis mein Sohn alt genug ist, um nach allem zu sehen. Wenn mein Sohn erwachsen ist, dann gebt ihm Zesay zum Weibe, die ihm von Jugend an versprochen. Und wenn die Braut in dem Hause aufgenommen wurde, dann übergebt ihnen beiden den ganzen Besitz und laßt sie allein das Haus bestellen und den Fußspuren ihrer Eltern folgen. Bis aber mein Sohn mündig ist, vertraue ich euch, meinen Verwandten, alles an, und vor allem euch beiden, Onkel und Tante meiner Kinder. Laßt ihnen kein Unrecht zufügen. Seid überzeugt, daß ich aus dem Reiche des Todes über euch wache.« Mit diesen Worten starb mein Vater.

Nach den Bestattungszeremonien sprachen alle Verwandte »Laßt Kargyen von Nyang allein den ganzen Besitz verwalten, und jeder von uns wird ihr von Zeit zu Zeit nach bestem Vermögen Hilfe leisten, wenn sie unser bedarf.«

Mein Onkel und meine Tante aber sprachen: »Ihr alle könnt sagen, was ihr wollt. Wir sind die nächsten Verwandten und werden selbst achtgeben, daß Witwe und Waisen nichts zu leiden haben. Auch für den Besitz wollen wir sorgen.« Trotz aller Einwände meines Onkels mütterlicherseits und des Vaters von Zesay wurde der persönliche Besitz meines Vaters zwischen Onkel und Tante aufgeteilt: Mein Onkel nahm den gesamten Männer-Schmuck und -Kleidung, während meine Tante alle Frauen-Gegenstände bekam. Der übrige Besitz wurde zu gleichen Hälften zwischen beiden verteilt, und wir sollten abwechselnd bei jedem von ihnen wohnen. So wurden wir all unserer Rechte enthoben und noch dazu gezwungen, im Sommer als Feldarbeiter für meinen Onkel zu arbeiten und im Winter als Wollspinner und -kratzer für meine Tante. Die Nahrung, die man uns gab, war so schlecht, daß sie nur Hunden vorgesetzt werden konnte. Unsere Kleidung bestand aus elenden Lumpen, die am Körper mit einem Strick zusammengehalten wurden. Ohne Unterbrechung zur Arbeit gezwungen, wurden unsere Hände und Füße voll Blasen und Risse. Das ungenügende und schlechte Essen machte uns elend, abgezehrt und verhärmt. Unser Haar, das einst mit Gold und Türkisen geschmückt war, wurde jetzt hart und steif, von Läusen übersät.

Gutherzige Menschen, die uns aus den Tagen unseres Reichtums kannten, konnten ihre Tränen bei unserem Anblick nicht zurückhalten. Es wurde in der ganzen Nachbarschaft über die gemeine Behandlung meines Onkels und meiner Tante geflüstert, aber diese achteten nicht darauf. Meine Mutter, die Schwester und ich selbst verfielen einem so tiefen Elend, daß meine Mutter von meiner Tante sagte, sie sei keine Khyung-tsa-Palden (Glanz des Hauses Khyung) sondern eine Dumo-Takden (eine Dämonin von tigerhafter Natur), und seither wurde meine Tante nur mit dem Spitznamen »Tigerdämon« genannt. Meine Mutter erkannte auch die Wahrheit des Sprichwortes: Vertraue anderen dein Eigentum an und werde selbst zum Hund, der das Tor bewacht. »Denn sieh – sprach sie – solange dein Vater Mila-Sherab-Gyaltsen lebte, war jeder gewohnt, uns von unserem Gesicht abzulesen, ob wir lächelten oder zürnten. Jetzt aber schauen sie alle auf das Lächeln oder Stirnrunzeln unseres Onkels und unserer Tante, als seien sie durch ihren Reichtum zu Königen erhoben.« Je mehr wir leiden mußten, um so häßlicher wurde über uns geredet; und das gemeine Volk, das uns früher untergeben war, ließ keine Gelegenheit außer acht, uns hinter unseren Rücken anzuschwärzen.

Zesays Eltern gaben mir von Zeit zu Zeit ein Kleidungsstück oder ein Paar Schuhe. Und sie sagten oft zu mir: »Solange die Menschen nicht selbst zum Reichtum werden, bleibt der Reichtum nicht von Bestand. Er ist wie Tau auf den Grashalmen. Darum trauere nicht zu sehr dem Verlust des Wohlstandes nach. Deine Eltern und Vorfahren haben ihn durch eigenes Können und Fleiß aufgebaut. Sie waren nicht immer reich, sondern sammelten ihren Wohlstand erst in späteren Zeiten. So wird auch der Tag kommen, an dem du selbst Reichtum erwerben wirst.« Auf diese Art suchten sie mich zu trösten.

Als ich etwa fünfzehn Jahre alt war, besaß meine Mutter ein kleines eigenes Feld, »Tepe-Tenchung« genannt (kleiner weiblicher Teppich). Wenn es auch keinen schönen Namen besaß, so brachte es doch gutes Getreide. Dieses Feld wurde von meinem Onkel mütterlicherseits bebaut und die Ernte aufbewahrt. Mit einem Teil davon wurde Fleischvorrat gekauft, während die braune Gerste zu Chhang[23] gebraut, und der weiße Bodensatz zu Mehl gemacht wurde.

Nun verbreitete sich die Nachricht, daß Kargyen zusammen mit ihren Kindern ein Fest geben wollte, um das väterliche Erbe wieder aufzurichten. Es wurden von überall viele Teppiche geliehen und auf den Boden unseres großen Hauses ausgebreitet. Zu diesem Fest wurden alle Nachbarn geladen, vor allem jene, die bei dem Tode meines Vaters zugegen waren und seinen Willen kannten. Zu oberst mein Onkel und meine Tante, von denen jeder ein halbes Schaf bekam. Unter die anderen Gäste wurden je nach Stellung und Grad der Verwandtschaft Bruststücke, Füße, Rippen und Lenden aufgeteilt. Chhang wurde in hochgefüllten Schalen gereicht, und das Fest begann.

Dann stand meine Mutter inmitten der Versammlung auf und sprach: »Ich bitte die ehrenwerte Gesellschaft um die Erlaubnis, zu erklären, weshalb ich sie zu dieser Gelegenheit geladen habe. Denn das Sprichwort sagt: die Geburt eines Sohnes verlangt die Zeremonie der Namengebung; das Reichen von Chhang fordert eine Rede. So habe ich einige

Worte zu sagen, die sich auf den letzten Willen meines verstorbenen Gatten Mila-Sherab-Gyaltsen, den Vater meiner Kinder, beziehen. Ihr kennt ihn alle, ihr Älteren und vor allem ihr, Onkel und Tante.« Darauf las mein Onkel mütterlicherseits laut der Gesellschaft den letzten Willen meines Vaters vor. Als er zu Ende war, erhob wieder meine Mutter die Stimme und sagte: »Alle, die hier zugegen sind, kennen das mündliche Testament, das mein verstorbener Gatte in ihrer Gegenwart äußerte. Darum will ich sie nicht mit einer Wiederholung langweilen. Um zu dem Hauptpunkt zu kommen, danken wir, Mutter und Kinder, herzlich für alles, was wir unserem Onkel und unserer Tante schulden und für alle ihre Sorgfalt bis auf den heutigen Tag. Da aber mein Sohn nun imstande ist, ein eigenes Haus zu führen, bitte ich, daß unser Besitz uns selbst wieder überlassen wird. Ich bitte euch auch, daß ihr die Ehe mit Zesay unterstützt, und daß sie gebührend in ihrem gemeinsamen Hause aufgenommen wird, wie es den Wünschen meines verstorbenen Gatten entspricht.«

Nach diesen Worten meiner Mutter vereinten Onkel und Tante, die in allen anderen sonst verschiedener Meinung waren, ihre Kräfte, da sie gemeinsam mein väterliches Erbe zu ihrem Vorteil unterschlagen hatten. Zudem war ich ein einziger Sohn, während mein Onkel mehrere Kinder hatte. Mein Onkel und meine Tante waren also einer Meinung darin, mich zu betrügen und antworteten: »Wo ist der Besitz, von dem ihr sprecht? Als Mila-Sherab-Gyaltsen noch lebte, verlieh er diese Häuser, Felder, Vieh, Pferde, Gold und Silber. Dies alles gehörte uns, und er gab es uns wieder im Augenblick seines Todes. Es war nur die Wiedereinsetzung des Besitzes an seinen rechten Eigentümer. Wo hattet ihr jemals nur eine Spur von Reichtum, ein Maß von Getreide, einen Laib Butter, ein Stück Kleidung oder auch nur das lebendige Haupt einer Kuh, das euch gehörte? Wir sahen nichts dergleichen. Und nun habt ihr die Frechheit, solches zu behaupten. Wer schrieb diesen Willen nieder? Ihr müßt uns dankbar sein, daß wir nicht solch elende Geschöpfe wie euch verhungern ließen. In der Tat scheint für euch das Sprichwort am Platze: Versuche eher einen fließenden Strom mit einem Viertelmaß zu messen, als dich elenden

Menschen erkenntlich zu zeigen.«

Hohnlachend standen sie jäh auf, schüttelten ihre Kleider und stampften mit den Füßen auf den Boden. Dann riefen sie: »Wenn wir nun soweit sind, dann gehört uns erst recht dieses Haus, in dem wir uns befinden. Heraus mit euch, ihr undankbaren Wesen, heraus mit euch.« Darauf schlugen sie meiner Mutter, Schwester und mir selbst mit den Enden ihrer langen Ärmel ins Gesicht. Das einzige, was meine Mutter sagen konnte, war: »O Mila-Sherab-Gyaltsen, sieh herab auf die Behandlung, die wir erfahren müssen, der du gesagt hast: Ich werde aus dem Reiche des Todes über euch wachen. Wenn du es kannst, so ist die Zeit dafür gekommen.« Und in einem Weinkrampf fiel sie ohnmächtig nieder. Meine Schwester und ich konnten nichts anderes tun, als ihr mit Tränen beizustehen. Mein Onkel mütterlicherseits wagte es nicht, den anderen Onkel zu bekämpfen; denn dieser hatte viele Söhne. Die anderen Nachbarn, die uns wohlgesinnt waren, vereinten ihre Tränen mit denen der Mutter und sprachen: »Arme Witwe, arme Waisen!« Und es waren nur wenige, die nicht mit ihnen weinten.

Mein Onkel und meine Tante fuhren fort: »Ihr verlangt Reichtum von uns und scheint doch selbst eine Menge zu haben, da ihr all eure Nachbarn und Freunde zu solch großem Fest einladen konntet. Ihr braucht uns um nichts zu bitten, denn wir haben nichts von eurem Reichtum, was ihr auch sagen mögt. Und selbst wenn wir etwas hätten, so würden wir euch nichts wiedergeben. Tut das Schlimmste, was ihr könnt, ihr elenden Waisen. Fühlt ihr euch stark genug, dann kämpft gegen uns. Seid ihr zu wenig, werft euren Fluch auf uns.«

Mit diesen Worten gingen sie hinaus. Die auf ihrer Seite standen, folgten ihnen. Meine Mutter schluchzte weiter, und unser Onkel mütterlicherseits und Zesays Leute mit einigen wenigen, die uns zur Seite standen, blieben zurück, meine Mutter zu trösten. Sie tranken den übriggebliebenen Chhang und sagten zu ihr: »Weine nicht. Es ist von keinem Nutzen.« Dann machten sie den Vorschlag, daß jeder, der bei dem Essen anwesend war, sich durch seine Unterschrift verpflichten sollte, einen Beitrag zu geben; auch Onkel und Tante väterlicherseits sollten gebeten werden, sich zumindest auf eine geziemende Weise hieran zu beteiligen, was bestimmt zu erwarten wäre. Mit der zusammengelegten Summe sollte ich dann zum Studium fortgeschickt werden. Mein Onkel mütterlicherseits sagte zu meiner Mutter: »Das wollen wir tun, und der Junge soll fortgeschickt werden, um etwas Ordentliches zu lernen. Du und deine Tochter, ihr könnt bei mir wohnen, während du deine Felder aus eigener Kraft bebaust. Wir müssen unser Bestes tun, um diesen Onkel und die Tante zu beschämen.«

Meine Mutter aber antwortete: »Da wir nicht unseren eigenen Besitz wiederbekommen, will ich nicht meine Kinder durch Almosen anderer aufziehen. Daneben scheint auch nicht die geringste Möglichkeit gegeben, daß Onkel und Tante jemals auch nur einen kleinen Teil unseres Besitzes wieder zurückgeben. Notwendig aber erscheint mir die Erziehung meines Sohnes. Nach dieser Weigerung von Onkel und Tante werden sie ihr Äußerstes tun, uns der Schande auszusetzen, wenn wir uns ihnen wieder unterwerfen. Sie würden uns noch schlechter behandeln als zuvor. Lieber bleiben wir hier und bearbeiten unser Feld.«

So wurde ich an einen Ort in Tsa geschickt, der Mithonggat-kha (unsichtbare Bergspitze) heißt und hier der Obhut eines sehr beliebten Lehrers, eines Lama der roten Sekte Lu-gyat-khan (acht Schlangen) anvertraut.

Während dieser Zeit scheinen unsere Verwandten einiges zu unserem Unterhalt beigesteuert zu haben. Zesays Eltern waren vor allem sehr freundlich. Von Zeit zu Zeit schickten sie uns Mehl und Butter, selbst Brennmaterial. Und oft kam Zesay an den Ort, an dem ich studierte, um mich zu trösten. Mein Onkel mütterlicherseits unterstützte meine Mutter und Schwester mit Nahrung, so daß sie nicht gezwungen waren, andere zu bitten oder ihnen zu dienen; und er ließ sich die Wolle zum Spinnen und Weben in sein Haus bringen, damit meine Mutter nicht von Tür zu Tür gehen mußte, darum zu bitten. So half er uns großzügig, daß wir leben und ein bißchen Geld sparen konnten. Meine Schwester sorgte in harter Arbeit für sich selbst, indem sie alle Aufgaben verrichtete, die andere ihr auftrugen. Trotzdem war unser Essen schlecht, und wir mußten uns mit Lumpen begnügen. Dies alles machte mir schweren Kummer und zu dieser Zeit

kannte ich nicht die geringste Freude.
Als der Erzähler schloß, waren alle Anwesenden tief von Leid und Schmerz erfüllt. Tränen rannen ihnen die Wangen herab, und sie verharrten eine Zeitlang in Schweigen.
Dies ist der Bericht des Lebensabschnittes, in dem Jetsün das Dasein des Schmerzes zutiefst erfuhr.

Die Ausübung der Schwarzen Magie

Wieder richtete Rechung das Wort an Jetsün: »Du sagtest Jetsün, du habest zuerst schwarze Taten vollbracht? Was waren es für Taten, und wie hast du sie ausgeführt?«
Jetsün antwortete: Durch Schwarze Magie und Hervorrufen von Hagelwetter lud ich viel Schuld auf mich.
Da fragte Rechung: »Wie konntest du darin Zuflucht suchen? Was trieb dich auf diesen Weg?«
Und Jetsün erzählte: »Einst begleitete ich meinen Lehrer zu einem Fest im unteren Dorf von Tsa. Auf diesem Fest war er die wichtigste Persönlichkeit und saß zuoberst an der Tafel. Die Gäste munterten ihn immer wieder zum Trinken auf, was er auch allzu reichlich tat, und bald geriet er in einen Zustand beträchtlicher Erregung. In dieser Stimmung wurde ich meinem Lehrer voraus nach Hause geschickt, mit allen Geschenken, die er bekommen hatte. Da ich selbst nicht mehr ganz nüchtern war, erfaßte mich ein unwiderstehliches Bedürfnis zu singen, um meine schöne Stimme zu zeigen, auf die ich sehr stolz war.
Ich sang auf dem ganzen Weg zur »Unsichtbaren Bergspitze«, der gerade an unserem Haus vorbeiführte. Ich sang auch weiter, als ich mich dem Hause näherte. Meine Mutter, die im Hause Gerste röstete, hörte meine Stimme und konnte ihren Ohren kaum trauen, zumal meine Stimme dank ihrer ungewöhnlichen Süße nicht zu verwechseln war. Dennoch konnte sie nicht glauben, daß ich zu einer Zeit singen sollte, in der wir unter Bedingungen lebten, die uns zu den unglücklichsten Geschöpfen machten. Als sie aber heraussah und mich erkannte, war sie wie vom Donner gerührt.
Feuerzange und Röstschaufel ließ sie aus den Händen fal-

len, die Gerste in der Pfanne anbrennen und lief heraus, eine Rute und Asche in Händen. Die längeren Stufen glitt sie vorwärts, über die kürzeren sprang sie. Dann warf sie mir die Asche ins Gesicht, schlug mich mehrere Male mit der Rute und rief: »O Mila-Sherab-Gyaltsen, sieh welch' Sohn dir geboren wurde! Nicht dein Blut kann es sein, das in seinen Adern fließt. Sieh nur, was aus uns geworden!« Und ohnmächtig fiel sie zu Boden.

In diesem Augenblick kam meine Schwester: »Bruder, was hast du getan? Sieh unsere Mutter.« Und sie brach in Tränen aus. Dies brachte mich zur Besinnung. Ich erkannte die Richtigkeit des Vorwurfs und fing auch zu weinen an. Dann versuchten wir eine Zeitlang, meine Mutter aufzurichten und riefen voller Angst ihren Namen.

Nach einer Weile kam sie wieder zu sich, sah mich mit festem Blick und voll Mißfallen, aus tränenüberströmten Augen, an und sagte: »Fühlst du dich wirklich so froh, daß du singen kannst? Ich glaube wir sind die unglücklichsten aller unglücklichen Geschöpfe! Das einzige, was uns übrigbleibt, ist, über unseren Schmerz und Kummer zu weinen.« Und wir fingen wieder an, laut zu weinen.

Da sprach ich: »Du hast recht, Mutter. Aber du darfst es dir nicht so zu Herzen nehmen. Ich verspreche dir feierlich, alles zu tun, was du willst. Sage mir deinen Willen, Mutter!«

Meine Mutter antwortete: »Ich möchte dich in ein Panzerhemd gekleidet sehen, hoch zu Rosse, deine Steigbügel um die Nacken unserer Feinde geschlungen. Aber schwer und gefahrvoll würde es sein. Was ich will, ist, daß du eingehend die Schwarze Kunst erlernst, um unsere Feinde, vor allem deinen Onkel und deine Tante, die uns in soviel Schmerz und Elend brachten, zu töten und die Wurzel ihres Reichtums abzuschneiden bis auf das neunte Glied. Sieh zu, ob du das für mich erreichen kannst.« Ich versprach ihr, mein Bestes zu tun, um ihre Wünsche zu erfüllen und bat sie, die Geschenke für den Lehrer[24] und meinen Proviant herzurichten.

Darauf verkaufte meine Mutter die Hälfte ihres Feldes »kleiner weiblicher Teppich« und bekam dafür einen wunderbaren Türkis, »strahlender Stein« genannt und das im Ort bekannte weiße Pferd, das »ungezähmter Löwe« hieß.

Sie brachte auch zwei Ladungen Krapp zum Färben und zwei Ladungen Rohrzucker zusammen. Den Zucker tauschte ich gegen andere Lebensmittel. Dann machte ich mich auf den Weg und kam in Gungthang an. Hier blieb ich einige Tage in dem Rasthaus »Selbstvollendete Herberge« und sah mich nach Reisebegleitung um. Es kamen auch fünf Söhne guter Familien aus Ngari-Döl, die auf dem Wege nach Ü und Tsang[25] waren, um hier religiöse Riten und Schwarze Magie zu erlernen. Ich erzählte ihnen, daß ich dasselbe vorhätte, und fragte, ob ich sie begleiten dürfe. Sie waren einverstanden, und ich führte sie zu dem unteren Teil von Gungthang und bewirtete sie hier aufs beste.

Inzwischen nahm meine Mutter sie zur Seite und sagte ihnen: »Ihr Herren, mein Sohn ist nicht sehr gelehrig und besitzt auch keine große Ausdauer. Darum bitte ich euch, daß ihr ihn zum Lernen anhaltet und darauf achtet, daß er es zu etwas bringt. Ich werde mich gerne erkenntlich zeigen und euch die Freundlichkeit erwidern, die ihr ihm erweist.«

Nachdem die zwei Ladungen Farbstoff auf das Pferd geschnallt waren und ich den Türkis bei mir sicher verwahrt hatte, machten wir uns auf die Reise. Meine Mutter begleitete uns noch ein Stück des Wegs und gab uns bei jeder Rast Chhang zu trinken. Und immer wieder beschwor sie meine Begleiter, auf mich acht zu geben. Ich war ihr einziger Sohn, und sie konnte die Trennung kaum ertragen. Sie umklammerte meine Hand und vergoß viele Tränen. Zuletzt nahm sie mich zur Seite und gab mir zum Abschied mit tränenerstickter Stimme leise noch folgende Ermahnung: »Mein lieber Sohn, bedenke den Zustand, in dem wir leben und führe dein Vorhaben aus. Du kannst deine Macht hier beweisen, indem du Zerstörungen hervorrufst. Dein Studium der Magie ist ein anderes als das dieser jungen Männer. Für sie ist es eine Frage des Ruhms, für dich eine verzweiflungsvolle Notwendigkeit. Kehrst du ohne sichtbare Beweise deiner Kraft zurück, dann schwöre ich, mich in deiner Gegenwart zu töten.«

Nach dieser Ermahnung verließ sie uns. Ich konnte den Abschied nicht ertragen, mein Herz war so tief mit ihr verbunden. Immer wieder sah ich mich nach ihr um und konnte trotz aller Mühe die Tränen nicht zurückhalten, die unaufhaltsam meine Wangen hinabliefen. Meine Mutter litt nicht weniger, denn ich war ihr einziger Sohn, und sie empfand schmerzlich die Qual des Abschieds. Ich sah, wie sie sich immer wieder nach mir umwendete, solange ich noch in ihrem Blickfelde war. Und ein fast unwiderstehliches Verlangen überfiel mich, noch einmal zurückzulaufen und sie zu sehen. Doch ich besiegte es mit fast übermenschlicher Anstrengung. Spätere Ereignisse zeigten mir, daß es eine Vorahnung war von dem, was kommen sollte, ein Vorgefühl, daß ich die Mutter niemals lebend wiedersehen würde. Als wir uns ganz aus den Augen verloren hatten, ging meine Mutter weinend in das Dorf zurück. Einige Tage später war in nah und fern das Gerücht verbreitet, der Sohn von Kargyen aus Nyang sei fortgegangen, um schwarze Magie zu erlernen, und sich für alles Unrecht zu rächen.

Meine Gefährten und ich gingen nun weiter auf dem Wege nach Zentraltibet, bis wir an einen Ort kamen, der Yakde in Tsang-rong hieß. Hier verkaufte ich das Pferd und den Farbstoff an einen reichen Mann, der mir in Gold zahlte, das ich an meinem Körper sicher verwahrte. Wir überquerten den Fluß Tsangpo und schlugen den Weg nach der Provinz Ü ein. In Thön-luk-rakha trafen wir einige Lama aus Ü. Ich fragte sie nach dem berühmten Meister der Schwarzen Kunst, die Tod und Zerstörung des Besitzes durch Hagelwetter hervorrufen kann, und einer von ihnen nannte mir einen berühmten Zauberer, Lama Yungtun-Trogyal von Nyak, der in dem Dorf Yarlung-Kyorpo lebte und weit bekannt war für seine Fähigkeiten, mit Hilfe der schwarzen Magie Tod und Zerstörungen hervorzurufen. Der Lama selbst war sein Schüler, und so machten wir uns auf den Weg zu dem Lama Yungtun-Trogyal.

Als wir in Yarlung-Kyorpo ankamen und den Schwarzen Magier trafen, gaben ihm meine Gefährten die Hälfte ihres Geldes, während ich ihm alles gab, was ich hatte, all meine Goldstücke und den Türkis. Und dazu noch meine ganze Person, Leib und Leben, mit der einzigen Bitte, er wolle mich soviel Schwarze Magie lehren, daß ich imstande wäre, ohne Fehler meine Fähigkeiten zu zeigen und Verwüstungen über die zu bringen, die mir das väterliche Erbteil geraubt hätten. Und weiter verlangte ich Nahrung und Kleidung, bis ich diese Kunst erlernt habe. Der Lama sah mich lächelnd an und versprach, meine Bitte zu erwägen.

So begannen wir alle das Studium, das aber nicht zu wirklichem Erfolg führte. Wir lernten Zweige der Schwarzen Magie mit hochtrabenden Namen, wie jene Magie, die es vermag, Himmel und Erde zu vereinen, oder die Methode, den Tod zu bekämpfen, dazu auch einige andere wohltätiger Art.

Dieses Studium dauerte etwa ein Jahr, und meine Begleiter dachten an ihre Heimreise. Als Abschiedsgeschenk gab unser Lehrer jedem von uns eines der wollenen Gewänder, die in der Provinz Ü gewebt wurden. Ich war aber weit davon entfernt, mich zufrieden zu fühlen. Denn ich hielt diese magischen Kenntnisse, die wir bis dahin gemeistert hatten, schwerlich für so groß, daß sie einen wirklichen Erfolg in meinem Dorf hervorzubringen geeignet wären. Und ebenso wußte ich, daß meine Mutter sich in meiner Gegenwart töten würde, wenn ich nicht etwas Verblüffendes ausführte. So konnte ich nicht daran denken, nach Hause zurückzukehren. Meine Begleiter merkten mein Zögern und fragten mich, ob ich nicht heimgehen wollte. Ich gab ihnen zur Antwort, daß ich noch nicht alles gelernt hätte, worauf sie mir sagten: »Was wir empfangen haben, sollte genügen. Jetzt hängt alles von unserer eigenen Anwendung und Ausdauer ab. Es ist das beste, diesen Lehren zu folgen; unser Lehrer kann uns nach seinen eigenen Worten nichts Besseres mitteilen; und wir wissen, daß es wahr ist. Willst du aber bleiben, tue es und sieh zu, ob du noch etwas lernen kannst.« Darauf warfen sie sich zu Füßen des Lehrers, boten ihm an Gaben, was ihnen geeignet schien und machten sich auf die Heimreise.

Ich zog den Rock an, den mir der Lehrer geschenkt hatte und begleitete sie eine Tagesreise, um ihnen das Geleit zu geben. Dann sagten wir uns Lebewohl, und ich wendete meine Schritte zurück zum Hause meines Lehrers. Auf dem Wege sammelte ich in meinen Rockschoß eine Menge Dung, den ich auf der Straße fand. Mein Lehrer hatte einen schönen Garten, und ich grub dort ein Loch und legte den Dung hinein. Der Lehrer sah es vom Dache seines Hauses und sprach zu den Schülern, die in diesem Augenblick um ihn versammelt waren, wie man mir später erzählte: »Nie war einer unter meinen Schülern so voller Liebe und Fleiß, und nie wird es einen geben wie diesen Jungen hier. Deshalb nahm er heute früh nicht Abschied von mir, weil er wieder zurückkehren wollte. Ich erinnere mich, daß er mir das erstemal, als ich ihn sah, von Nachbarn sprach, die ihm Böses angetan hatten, und daß ich ihn magische Fähigkeiten lehren sollte, die er in seinem Heimatort ausüben könnte. Zu gleicher Zeit brachte er mir Leib und Leben dar. Welch närrischer Mensch er ist! Wenn seine Worte wahr sind, wäre es eine Schande, nein wahre Grausamkeit, wenn ich ihm dieses Können verweigerte.« Als mir ein junger Schüler diese Worte erzählte, war ich glücklich über die Aussicht, nun wirklich wirksame Lehren empfangen zu dürfen.

Als ich zu meinem Lehrer kam, wandte er sich zu mir mit den Worten: »Wie kommt es, Thöpaga, daß du nicht nach Hause gegangen bist?« Ich hatte das Kleid, das er mir geschenkt hatte, zusammengefaltet und bot es ihm als erneute Gabe an. Dann verneigte ich mich voll Ehrfurcht vor ihm und berührte seine Füße mit der Stirn: »Verehrenswürdiger Guru, ich bin eine Waise, und habe eine verwitwete Mutter und eine Schwester. Unsere Nachbarn, vor allem mein Onkel und meine Tante väterlicherseits, haben uns um unser väterliches Erbe betrogen und uns unerträglich gequält. Da wir keine Macht hatten, unser Recht zu bekommen und nicht die Kraft uns selbst zu rächen, schickte mich meine Mutter fort, die Schwarze Kunst zu erlernen. Und wenn ich heimkehre, ohne an jenen Rache nehmen zu können, die uns Unrecht getan, dann wird sich meine Mutter vor meinen Augen töten. So habe ich es nicht gewagt, nach Hause zurückzugehen. Und nun flehe ich dich an: lehre mich die Kunst, daß ich sie wirksam anwenden kann.« Der Guru fragte mich dann nach allem, was wir erlitten und wie wir betrogen wurden. Ich erzählte ihm alles, was sich seit dem Tode meines Vaters ereignet hatte, und wie unser Onkel und unsere Tante uns Unrecht und Arges zufügten. Dabei wurde meine Erzählung von Schluchzen unterbrochen, und die Tränen strömten aus meinen Augen.

Auch mein Lehrer konnte seine Tränen nicht mehr zurückhalten, als er die ganze Erzählung gehört hatte; ich sah, wie sie ihm die Wange herabliefen. Dann sagte er: »Wenn alles wahr ist, was du erzählst, dann bist du wirklich höchst grausam und ungerecht behandelt worden. Ich könnte selbst mit Hilfe meiner magischen Kräfte Rache nehmen, aber ich darf es nicht ohne triftigen Grund und eingehende Prüfung. Von den verschiedensten Menschen bin ich immer wieder gebeten worden, ich möge sie diese unvergleichliche Macht lehren. Ungezählte Mengen von Gold und Türkis aus der Ngari-Provinz, Seiden und Ziegeltee aus Kham und Amdo, Ladungen über Ladungen an Getreide, Butter und Wollstoffe aus den Provinzen Ü und Tsang, Tausende von Pferden und Viehherden aus Dzayul, Tagpo und der Provinz Kongpo wurden als Gegengaben für diese Kunst um mich ausgebreitet. Aber noch keiner hat mir wie du sich selbst, Leib und Leben dargebracht. Darum will ich deinen Fall prüfen.«

Mein Lehrer hatte einen Schüler, der schneller war als ein Pferd und stärker als ein Elefant. Dieser Schüler wurde in meine Heimat geschickt, um Genaues über meinen Fall zu erfahren. Einige Tage später kam er zurück, bestätigte all meine Worte als wahrheitsgetreu und hielt es für eine Tat der Gerechtigkeit, wenn ich in dieser Kunst unterwiesen würde.

Darauf sprach mein Guru zu mir: »Ich hielt diese mächtige Kunst anfangs von dir fern; denn ich fürchtete, du würdest sie sinnlos und ohne genügenden Grund anwenden. Jetzt aber bin ich von deiner Wahrhaftigkeit überzeugt und will dich in der ganzen Schwarzen Kunst unterweisen. Doch mußt du an einen anderen Ort gehen. Früher betrieb ich eine sehr zerstörerische Art Schwarzer Magie, den Zadong-Marnak (Planet von dunkelroter Gestalt), der die Kraft gibt, zu lähmen und zu töten. Diese Art lehrte ich Khulung-Yöntön-Gyatso (Meer der Tugend von Khulung) aus Nub-Khulung, im Tale des Tsangpo. Er war Arzt und gehörte der Tantrik-Schule an. Er konnte Hagelwetter hervorrufen und sie mit seinen Fingerspitzen lenken. Und diese Kunst lehrte er mich. Wir schworen einander Freundschaft und vereinbarten, daß jeder, der von ihm die Kunst Hagelwetter hervorzubringen erlernen wollte, zu mir geschickt würde, während jeder, der von mir lernen wollte, den Tod hervorzurufen, mit meinen Empfehlungen zu ihm gesandt würde. Deshalb mußt du zu ihm gehen, um diese Kunst zu erlernen. Und dorthin will ich dich nun schicken.«

Darauf versorgte er mich und seinen ältesten Sohn Darma-Wangchuk mit einer Yak-Ladung voll Eßwaren und Geschenken, die aus feinem wollenem Tuch bestanden, und gab uns ein mit einem weißen Schal zusammengebundenes Empfehlungsschreiben mit.[26] So machten wir uns auf den Weg und kamen rechtzeitig in Nub-Khulung, im Tale des Tsangpo an. Hier überreichte jeder von uns ein Stück feines wollenes Tuch als Geschenk, und wir zeigten unseren Brief. Wieder erzählte ich alle Ereignisse und bat um die Gunst, in der Magie unterrichtet zu werden.

Khulung-Yöntön-Gyatso sprach: »Mein Freund ist treu in seiner Freundschaft und hält sein Versprechen. Ich werde dir die Lehren geben, die du wünschst. Baue dir eine feste Hütte, die nicht leicht mit Händen abgerissen werden kann, dort unten am Ende des Gebirgsvorsprungs, den du siehst. Diese Hütte muß drei Stockwerke unter der Erde und eines darüber haben und mit festem Gebälk eng zusammengefügt sein. Die äußeren Ecken müssen mit Steinen bedeckt werden, die so breit sind wie der Körper eines Yak. Baue sie so, daß keiner imstande sein wird, den Eintritt zu finden oder den Weg hinein zu erzwingen.« Dann gab er mir die nötigen Unterweisungen in magischen Übungen.

Nachdem ich diese Übung sieben Tage lang ausgeführt hatte, kam mein Lehrer zu mir und sprach: »Meist genügen sieben Tage, um Ergebnisse zu erzielen; und auch bei dir wird dies der Fall sein.« Da ich aber mein Können in einem weit entfernten Teil des Landes ausführen wollte, bat ich um noch weitere sieben Tage, die mir auch gewährt wurden.

In der Nacht des vierzehnten Tages kam mein Lehrer wieder zu mir und sprach: »Heute nacht wirst du am Rand des magischen Kreises die Zeichen deines Erfolges und die Erfüllung deiner Wünsche sehen.« Und wirklich, in jener Nacht erschienen die Schutzgottheiten und brachten die blutenden Köpfe und Herzen von fünfunddreißig Menschen mit sich. Sie legten die Trophäen auf einen Haufen und richteten das Wort an mich: »Waren nicht dies die Gegenstände deiner Wünsche, um die du uns während der letzten Tage immer wieder anriefst?« Am nächsten Morgen erschien mein

Lehrer und sagte, es gäbe noch zwei weitere Menschen, die noch nicht vernichtet seien. Ob ich wollte, daß sie getötet würden? Ich bat, daß sie am Leben blieben, denn sie seien Zeugen meiner Rache und meiner Gerechtigkeit. So geschah es, daß meine ärgsten Feinde, mein Onkel und meine Tante, von der allgemeinen Zerstörung bewahrt blieben. Ich brachte den Schutzgöttern Dankopfer dar und verließ meine Höhlen-Zuflucht. Noch heute ist in Khulung der Ort zu sehen, an dem diese Hütte stand.

Die Ausführung meiner Rache mit Hilfe der Schwarzen Magie geschah so: Der älteste Sohn meines Onkels väterlicherseits sollte sich verheiraten, und alle, die auf der Seite dieses Onkels standen, waren zu dem Trauungsfest geladen. Im Hause waren die anderen Söhne meines Onkels, die Braut und alle jene versammelt, die uns am ärgsten mitgespielt hatten – im ganzen fünfunddreißig Menschen. Einige der anderen Gäste, die zum größten Teil auf unserer Seite waren, flüsterten auf dem Wege zu dem Fest untereinander: Diese Menschen handeln genau nach dem Sprichwort: Vertraue anderen den Besitz deines Hauses an und laß dich aus der Türe werfen. Selbst wenn Thöpagas Versuche der Schwarzen Magie ihre Wirkung nicht erzielen, so wäre es höchste Zeit, daß die Folgen des Karma sie erfasse.

So sprachen sie untereinander, bis sie in die Nähe des Hauses kamen. Ehe sie noch Zeit hatten, es zu betreten, kam eine Dienstmagd, die früher zu uns gehörte, jetzt aber bei meinem Onkel diente, heraus, um Wasser zu holen. Als sie durch den eingezäunten Hofraum ging, in dem eine Menge Pferde eingeschlossen standen, war nichts mehr von ihnen zu sehen. Statt dessen schien der ganze Platz von Skorpionen, Spinnen, Schnecken, Fröschen und Eidechsen bevölkert zu sein. Und in ihrer Mitte ein riesiger Skorpion, der seine Klauen in den Hauptpfeiler des Hauses krallte, an ihm zerrte und ihn nach außen bog. Sie entsetzte sich bei diesem Anblick und hatte kaum Zeit davon zu laufen, als mehrere Fohlen und Stuten, die unterhalb des Hauses angebunden waren, erregt durcheinander tobten. Einige Fohlen rissen sich los und stürzten auf die Stuten.

In äußerster Verwirrung wieherten die Fohlen, und die Stuten schlugen aus, bis eine von ihnen mit solch grauenhaftem Krach gegen den Pfeiler schlug, daß er zerbrach und einfiel. Und das ganze Haus stürzte mit fürchterlichem Getöse zusammen.

Im ganzen kamen fünfunddreißig Menschen ums Leben, darunter die Söhne und Schwiegertöchter meines Onkels. Wolken von Rauch und Staub verdunkelten den Himmel. Leichen von Männern, Frauen, Kindern und Pferden wurden unter den Trümmern begraben.

Ein herzzerbrechendes Gejammer erhob sich draußen, das meine Schwester hörte. Und als sie sah, was geschehen, lief sie zu meiner Mutter und schrie: »Komm schnell, Mutter und sieh! Das Haus unseres Onkels ist eingestürzt, und eine Menge Menschen wurden getötet.«

Meine Mutter stand auf, um zu sehen, was geschehen war. Denn noch zweifelte sie, ob dies wirklich möglich sei. Als sie aber das zusammengestürzte Haus, von Staubwolken bedeckt, sah und das erbarmungswürdige Schreien und Jammern hörte, das die Luft erfüllte, erfaßte sie Erstaunen und grausame Freude. Sie hängte Lumpen an das Ende einer Stange und hob sie wie ein Banner in die Höhe. Dabei schrie sie mit lauter Stimme: »Aller Ruhm den Lehrern und Göttern! Nun seht ihr Nachbarn alle, ob Mila-Sherab-Gyaltsen einen würdigen Sohn empfangen hat! Und ob ich mich gerächt habe! Wenn ich auch elende Nahrung essen und mich in Lumpen kleiden mußte, seht hier, ob sich nicht unser Opfer gelohnt hat? Seht, ob die Aufforderung des Onkels: Kämpft, wenn ihr stark, und flucht, wenn ihr schwach seid, nicht Antwort gefunden hat? Das ist der Fluch der Schwachen, und die wenigen haben mehr vermocht als die Macht der vielen. Schaut nur hin auf die Menschen dort oben und die Tiere unten! Seht die Schätze und Vorräte in Trümmern! Oh, welch freudigen Anblick hat mein Sohn meinen Augen gewährt, um mein Alter zu segnen. Glücklich bin ich, daß ich dieses köstliche Schauspiel noch erleben durfte. Könnte je ein Augenblick meines Lebens diesem im vollkommenen Triumph der Freude gleichen?«

Mit solchen Ausrufen blickte meine Mutter auf dieses grausame Schauspiel, und alle Nachbarn hörten ihre Stimme. Einige gaben ihr Recht, andere fanden, sie ginge zu weit. Es sei genug mit dieser Rache, sie brauche solchen

Ausbrüchen der Feindschaft nicht noch freien Lauf zu lassen.

Die Freude meiner Mutter kam zu Ohren von Menschen, die ihre Angehörigen bei dieser Katastrophe verloren hatten. Und sie riefen: »Nicht allein Grund zu diesem Unglück war sie; sondern jetzt bringt sie ihren böswilligen Sieg noch in unerträglichen Worten zum Ausdruck. Wir wollen sie martern und ihr elendes Herz zermalmen.« Die Älteren und Vernünftigeren aber sagten: »Was hat es für einen Sinn, sie zu töten? Ihr Sohn wird dasselbe wiederholen und uns alle umbringen. Wir wollen lieber die Brut verfolgen und sie auf der Stelle töten. Dann können wir mit der Alten tun, was wir wollen.«

Mein Onkel väterlicherseits kam zu ihnen und hörte ihren Plan. »Ich habe keine Söhne und Töchter mehr zu verlieren – rief er – mir ist der Tod willkommen!« und er lief fort, um meine Mutter sogleich zu töten. Die Nachbarn aber holen ihn ein und redeten zu ihm: »Höre uns zu! Weil wir zu dir hielten, ist dieses Unglück auf uns gekommen. Du bist der Grund, und wieder willst du Ähnliches tun. Bleibst du nicht bei unserem Plan, daß wir zuerst den Sohn finden und dann die Mutter erledigen, dann lassen wir dich im Stich. Wir sind entschlossen, dir hierin Widerstand zu leisten.« So blieb meinem Onkel nichts anderes übrig, als sich zu unterwerfen. Inzwischen schmiedeten sie einen Plan gegen mein Leben und überlegten sich, wie sie mich am besten finden und töten könnten. Diese Nachricht kam meinem Onkel mütterlicherseits zu Ohren, der meine Mutter wegen ihrer Unvorsichtigkeit schalt: »Deine Achtlosigkeit bringt dein und deines Sohnes Leben in Gefahr. Die Nachbarn haben sich gegen dich verschworen. Was hast du davon, daß du deine böse Freude so laut kundgabst? War es nicht genug, daß du solche Verheerung über sie brachtest?« So schalt er eine lange Zeit weiter.

Meine Mutter konnte nur weinen und sagte: »Mein lieber Bruder, Onkel meiner Kinder, ich fühle die Gerechtigkeit und den tiefen Ernst deines Vorwurfs. Aber versetze dich einmal in meine Lage und denke, was ich erdulden mußte. Der weite und schöne Besitz durch Betrug mir geraubt, ich selbst so viel Unwürdigkeiten und Böswilligkeiten ausgesetzt! Wer hätte anders gehandelt als ich?«

Mein Onkel antwortete: »Sicher hast du guten Grund; aber ich fürchte für dich. Schließ deine Türen gut zu, Mörder können kommen.« Als er gegangen war, verschloß meine Mutter vorsichtig die Türen und überlegte, was nun zu tun sei.

Die Dienstmagd, die der Katastrophe entronnen war, hörte von der Verschwörung gegen uns und konnte den Gedanken nicht ertragen, daß die Waisen ihrer lieben alten Herrin und ihres verstorbenen Herrn umgebracht werden sollten. So schickte sie meiner Mutter eine geheime Botschaft, um sie von der Verschwörung zu verständigen und sie zu ermahnen, mir eine Warnung zu schicken. Meine Mutter, die wenigstens ihr Leben für einige Zeit in Sicherheit wußte, überlegte, was nun zu tun sei. Sie verkaufte die letzte Hälfte ihres Feldes »kleiner weiblicher Teppich« und bekam sieben Goldstücke dafür. Da sie aber im Ort keines Menschen sicher war und keinen anderen Boten finden konnte, dem sie das Geld für mich hätte anvertrauen können, beschloß sie, selbst zu mir zu gehen, um mir das Geld zu bringen und mich vor der drohenden Gefahr zu warnen.

Wie es aber der glückliche Zufall will, kam ein Pilger aus Ü auf seinem Heimweg von einer Pilgerfahrt nach Nepal an ihre Tür, ein Almosen zu erflehen. Sie bat ihn einzutreten, stellte geschickte Fragen über sein Zuhause und anderes mehr und fand in ihm den geeigneten Boten, dem man eine Nachricht an mich anvertrauen konnte. Sie lud ihn ein, ein paar Tage bei ihr zu bleiben und erzählte ihm, daß sie einen Sohn in Ü oder Tsang habe, dem sie eine Botschaft zukommen lassen wollte. Die Zeit, die er bei ihr blieb, wurde er auf das beste behandelt und bewirtet.

Sie steckte eine Lampe an und richtete Gebete an die Götter, die von mir angerufen und verehrt wurden, mit der Bitte, ihr ein Zeichen zu senden, ob ihre Botschaft sicher ausgerichtet und ihre Wünsche erfüllt würden. Im Falle des Erfolges sollte die Lampe noch eine lange Zeit weiterbrennen; sei Mißerfolg zu erwarten, sollte sie gleich ausgehen. Es geschah nun, daß die Lampe weiter brannte, einen ganzen Tag und eine Nacht lang. Überzeugt, daß ihre Botschaft nicht mißglücken würde, schenkte sie dem Pilger einige

Stücke trockenen Fells als Sohlen für seine Lederstiefel.

Der Pilger hatte ein altes wollenes Gewand, und meine Mutter erbot sich, seine Risse und Löcher zu flicken. In den Rücken nähte sie einen Flicken ein und versteckte darin die sieben Goldstücke, ohne daß es der Besitzer des Kleides wußte. Darüber nähte sie einen anderen viereckigen Flecken von schwarzer Farbe, den sie mit einem Stern aus breiter weißer Stickerei verzierte. Sie umnähte jedes der sieben Goldstücke mit festen Stichen, so daß ein Muster von sechs Sternen entstand, je einer in einem Winkel des umfassenden Sternes und einer in der Mitte, aber kleiner als dieser. Dann gab sie dem Pilger einen versiegelten Brief, den er mir aushändigen sollte, machte ihm ein schönes Geschenk und legte ihm ans Herz, den Brief auch sicher zu befördern.

Als der fromme Pilger gegangen war, suchte meine Mutter den Nachbarn Furcht einzuflößen und ließ meine Schwester verbreiten, der Pilger habe einen Brief von mir gebracht. Der gefälschte Brief lautete so: »Ich hoffe, daß es meiner Mutter und Schwester gut geht, und daß sie die Ergebnisse meiner magischen Kräfte sehen konnten. Wagt es einer, Feindschaft gegen dich zu hegen oder dich einzuschüchtern und schlecht zu behandeln, dann lasse mich nur Namen und Familie wissen und auch die Gründe zu dieser Behandlung, und ich werde jenen einfach unschädlich machen. Es ist schnell getan. Denn es ist leichter für mich, einen Menschen zu töten als ein Tischgebet vor der Mahlzeit zu sprechen. Ich werde auch nicht ein, zwei oder drei Personen töten, sondern ganze Generationen ausrotten bis hinab zum neunten Glied. Behandelt dich die ganze Gemeinde schlecht, dann komme zu mir, und ich zerstöre den ganzen Landstrich und fege ihn einfach fort, daß keine Spur zurückbleibt. Hier lebe ich in Ruhe und Freude. Du brauchst dich nicht um mich zu sorgen. Ich verbringe meine Zeit mit dem Studium der Magie.« Dieser Brief wurde unterschrieben und gesiegelt, als käme er wirklich von mir, und denen gezeigt, die auf unserer Seite standen. Zuletzt wurde er meinem Onkel mütterlicherseits gegeben, daß er ihn allen zeige. Diese List hatte den gewünschten Erfolg, und die erregten Menschen gaben es auf, zu den fragwürdigen Maßnahmen zu greifen. Sie berieten untereinander und drängten meinen Onkel väterlicherseits, meiner Mutter unser väterliches Erbe, »das Worma-Dreieck« wiederzugeben.

Inzwischen ging der Pilger-Bote von Ort zu Ort, um Näheres über mich zu erfahren. Und als er hörte, daß ich in Nub-Khulung sei, kam er dorthin. Als er mich gefunden, gab er mir Nachricht über das Wohlergehen meiner Mutter und Schwester und reichte mir den Brief meiner Mutter. Teile daraus lauteten: »Mein lieber Sohn Thöpaga. Ich hoffe, daß du dich bester Gesundheit erfreust. Ich bin mit dir sehr zufrieden. Du hast dich des Namens deines Vaters, des edlen Mila-Sherab-Gyaltsen, würdig erwiesen und meine Wünsche erfüllt. Deine Fähigkeiten der Schwarzen Magie wurden uns hier auf eindrucksvollste Weise kund. Fünfunddreißig Menschen wurden in einem Haus getötet, das über ihnen zusammenstürzte. Dieses Ereignis aber hat die Menschen gegen uns aufgebracht. Sie hassen uns und wollen uns nichts Gutes. Darum bitte ich dich, ein furchtbares Hagelwetter zu schikken. Wie ich hörte, gibt es neun verschiedene Arten von Hagelwetter. Schicke eines davon, und die Genugtuung deiner alten Mutter wird vollkommen sein. Die Menschen hier haben sich gegen unser Leben verschworen. Sie wollen erst dich und dann mich töten. Darum gib um unser beider willen gut acht auf dich. Hast du keine Mittel, dann suche ein Tal, das nach Norden blickt, und das eine schwarze Wolke überschattet und die Pleiaden erleuchten. Da wirst du sieben unserer Verwandten treffen. Frage nach ihnen, und sie werden dir an Vorräten geben, was du willst. Solltest du dieses Tal nicht finden, denke daran, daß der fromme Pilger, der diesen Brief trägt, in diesem Tale lebt. Frage keinen anderen danach.«

Dies war wirklich ein Rätsel! Es war mir ganz unmöglich herauszubekommen, was der Brief bedeutete. Mein Wunsch, nach Hause zurückzukehren und meine Mutter zu sehen, war unermeßlich. Ich war knapp an Geld und brauchte es dringend, aber ich wußte nicht, wo diese Verwandten lebten. Fluten von Tränen rannen über meine Wangen. Ich fragte den Pilger nach den Verwandten, wer sie seien und wo sie wohnten, da er sie doch kennen sollte. Ich fragte auch, wo er selbst wohne. Er sagte, daß er nach Ngari-Gungthang gehöre und aus Ü stamme; von meinen Verwandten aber wußte er nichts. Ich bat ihn nun, einen Augenblick zu warten und ging zu meinem Guru, um ihm den Brief zu zeigen und die mündlichen Nachrichten des Boten zu erzählen.

Mein Guru blickte einen Augenblick auf den Brief. Dann sagte er mir: »Thöpaga, du scheinst eine sehr rachsüchtige Mutter zu haben. So viele sind tot und nun befiehlt sie dir noch, Hagelwetter zu schicken. Was hast du für Verwandte im Norden?« »Bisher wußte ich von keinen«, gab ich zur Antwort, »und der Brief ist sehr geheimnisvoll verfaßt. Ich habe den Pilger gefragt. Aber er wußte auch nichts davon.«

Die Frau meines Guru besaß übernatürlichen Verstand; denn sie war eine verkörperte Dakini. Sie las den Brief einmal durch, dann hieß sie mich den Pilger holen, machte ein schönes großes Feuer, ließ Chhang reichen, und bat den Pilger, den Rock auszuziehen, den er trug. Mit scherzender Miene hängte sie ihn selbst um und ging im Zimmer auf und ab: »Glücklich die Menschen, die ohne ein anderes Kleidungsstück als diesen Rock über den Schultern überall hingehen können.« Und mit tänzelnden Schritten, der Rock übergehängt, ging sie aus dem Zimmer. Auf dem Dache des Hauses, schnitt sie den Flicken auseinander, nahm die Goldstücke heraus, setzte den Flicken wieder ein wie zuvor und kehrte in das Zimmer zurück, um dem Pilger das Gewand wiederzugeben. Dann reichte sie ihm das Abendbrot und schickte ihn in ein anderes Zimmer.

Nachdem sie den Pilger gut untergebracht wußte, rief sie mich mit den Worten: »Thöpaga, dein Lehrer verlangt nach dir!« Als ich zu ihr kam, zeigte sie mir die sieben Goldstücke und erzählte, sie habe sie in dem Gewand des Pilgers gefunden. »Thöpaga muß eine sehr schlaue Mutter haben – sagte sie – das Tal, das nach Norden schaut, war des Pilgers Gewand. Denn wie die Sonne nicht in ein nördlich gelegenes Tal scheint, so konnten auch die Sonnenstrahlen das Gewand des Pilgers nicht durchdringen. Die schwarze Wolke bezog sich auf den schwarzen Flicken. Das Sternenbild auf die Stickerei darauf, und die sieben Verwandten auf die sieben Goldstücke. Ihre zweideutige Bemerkung, man solle niemanden außer den Pilger selber fragen, bezog sich darauf, daß der Pilger dieses Gewand trug. Und die Bemerkung sollte deine Aufmerksamkeit auf seine Person lenken.«

Mein Lehrer war hiermit sehr zufrieden und sagte: »Ihr Frauen seid sprichwörtlich von scharfem Verstand und kluger Beobachtung, und du hast wieder einen erneuten Beweis dafür gegeben.«

Von der Summe, die so in meinen Besitz kam, gab ich dem Pilger das Zehntel eines Goldstückes, worüber er sehr erfreut war. Der Frau meines Lehrers bot ich sieben Zehntel an und gab meinem Lehrer drei Goldstücke mit der Bitte, mich das Hervorbringen des Hagelwetters zu lehren, wie es meine Mutter von mir verlangte. Um diesen Hagelzauber kennenzulernen, schickte er mich zu meinem früheren Guru Lama Yungtun-Trogyal zurück. Mit einem hierfür notwendigen Brief, der die Erfüllung meines Wunsches empfahl, und einem weißen Schal kehrte ich nach Yarlung-Kyorpo zurück.

Als ich meinen Guru traf, gab ich ihm Brief und Schal meines Lehrers Khulung-Yöntön-Gyatso, dazu die noch übrig gebliebenen drei Goldstücke. Er fragte mich nach dem Erfolg meiner bisherigen Studien, und ich sagte ihm, daß ich damit zufrieden sei und fünfunddreißig Menschen getötet hätte. Ich erzählte ihm auch von dem Brief, der die Hagelplage forderte und bat ihn, meinem Gesuch zu willfahren. So lehrte er mich den Zauber und hieß mich, die damit verbundene Zeremonie in einer alten abgeschlossenen Hütte ausführen.

Nach sieben Tagen sah ich, wie sich Wolken in der Hütte sammelten und Blitze aufleuchteten und hörte das Grollen des Donners. Nun glaubte ich die Zeit gekommen, wo ich mit meinem Finger den Lauf des Hagels lenken konnte. Mein Lehrer bejahte es und fragte mich, wie hoch jetzt die Gerste sei. Ich erzählte ihm, wann etwa der Samen gesät wird, wann die jungen Sprößlinge gewöhnlich herauskommen, wann sie groß genug sind, daß sich Tauben darin verbergen können, und wann die Zeit des Unkraut-Jätens da ist. Mein Lehrer hörte mir zu und meinte, es sei noch zu früh. Später kam er und fragte mich wieder nach dem Zustand der Gerste. Ich sagte ihm, wann die Ähren erscheinen und wann sie sich füllen. Da meinte er, es sei nun Zeit, daß ich meinen Hagelsturz fortsende. Und er gab mir den schon erwähnten starken und flinken Schüler mit.

Wir verkleideten uns als Pilger und kamen in mein Dorf. Das Getreide stand so reichlich dies Jahr, daß selbst die Ältesten sich an keine ähnliche Fülle erinnern konnten. Deshalb wurde verordnet, daß niemand nach eigenem Gutdünken, sondern alle gemeinsam in einigen Tagen ernten sollten.

Da stellte ich die Werkzeuge, die für das Ausführen meines Zaubers notwendig waren, auf den Höhen oberhalb des Tales auf und machte die ersten Versuche. Aber nicht einmal eine sperlingsgroße Wolke zog sich zusammen. Dann rief ich die Namen der Gottheiten, zählte ihnen unser erlittenes Unrecht und die Grausamkeiten der Nachbarn auf, schlug die Erde mit gefaltetem Gewand und weinte bitterlich.

Fast gleichzeitig zog sich eine große, schwere schwarze Wolke am Himmel zusammen, und als sie sich verdichtet hatte, brach ein heftiger Hagel los und zerstörte jede einzelne Getreideähre auf dem Felde.

Drei Hagelstürze folgten aufeinander und bohrten tiefe Schluchten in die Wände des Hügels. Das Landvolk, das nun seiner Ernte beraubt war, begann ein großes Wehklagen voll Verzweiflung und Schmerz.

Dem Hagel folgte ein schwerer Wolkenbruch und eisige Winde, die uns beide stark frieren ließen. So suchten wir uns eine Felsenhöhle, die nach Norden zu lag, machten ein Feuer aus niedrigem Buschwerk und waren gerade dabei uns zu wärmen, als wir die Stimmen einiger Leute dieses Ortes hörten, die nach Wild jagten, um den üblichen Erntedank zu feiern. Sie sprachen untereinander: »Oh dieser Thöpaga hat mehr Unheil über diesen Landstrich gebracht als irgendein anderer. Sieh, wieviel Menschen er getötet hat! Und nun ist die unvergleichliche Ernte völlig zerstört. Fiele er uns jetzt in die Hände, nicht genügen würde es unserer Rache, wenn wir ihn in Stücke zerhackten, und sein Fleisch Bissen für Bissen und sein Blut Tropfen für Tropfen verteilten.«

Bei diesen Worten gingen sie gerade vor unserer Höhle vorbei, und einer der Älteren sagte: »Seid still, und sprecht leise. Ich sehe Rauch in der Höhle dort drüben, und wir wissen nicht, wer sich dort verbirgt.« Einer der Jüngeren antwortete: »Das ist sicher Thöpaga. Er kann uns nicht gesehen haben. Wir wollen hinunter ins Dorf eilen und Männer heraufbringen, die ihn umzingeln und töten, damit er nicht noch mehr Unheil über das Dorf bringt.«

Nach diesen Worten kehrten sie in das Dorf zurück. Mein Begleiter sagte zu mir: »Geh du zuerst fort; ich will dich verkörpern und sie zum Narren halten.« Dann verabredeten wir, daß wir uns in der vierten Nacht in der Herberge von Tingri treffen sollten. Da ich seine Schnelligkeit und Stärke kannte, hatte ich keine Bedenken, ihn zurückzulassen. Und wie sehr ich mich auch nach meiner Mutter sehnte, ich mußte auf das Wiedersehen verzichten. Dank meiner Feinde mußte ich möglichst schnell fort und machte den Umweg über den Nyanam-Paß. Unterwegs wurde ich von einem Hund gebissen, was eine Verzögerung brachte und es mir unmöglich machte, zur festgesetzten Zeit an der Herberge zu sein.

Inzwischen wurde mein Freund umzingelt, aber er durchbrach geradewegs die Linie derer, die ihn zu töten suchten. Er wich ihnen immer wieder geschickt aus, indem er lief, wenn sie sich ihm näherten und langsam weiterging, wenn sie ein Stück zurückblieben. So reizte er sie, bis sie Pfeile und Speere gegen ihn warfen. Seine Antwort war ein großer Stein, den er in ihre Mitte schleuderte mit den Worten: »Nehmt euch in acht, ihr Lumpen! Durch magische Mittel werde ich den vernichten, der sich als mein ärgster Feind erweist. Muß ich mich nicht freuen, daß ich soviel von euch getötet habe? Wie wohl das meinem Herzen tut! Die ganze Ernte dieses Jahres habe ich so völlig vernichtet, daß nicht ein einziges Korn für euch übrig geblieben ist. Ist nicht auch das herrlich? Wenn ihr euch in Zukunft nicht gut gegen meine Mutter und Schwester benehmt, werde ich einen Fluch auf eure Hügel legen und einen Gifthauch über eure Täler, und alles, was von euch übrig geblieben ist, bis ins neunte Glied unfruchtbar machen und verfluchen. Ich werde dieses Land in eine trostlose Wildnis verwandeln! Seht zu, ob ich es kann!« Während er so weiter sprach, wurden die Verfolger von Furcht erfaßt, und sie redeten untereinander: Du hast das auf uns gebracht, nein, du warst es, und so weiter, bis sie alle zurückkehrten.

So geschah es, daß mein Freund vor mir in die Herberge kam und den Besitzer nach einem Pilger meines Aussehens fragte. Dieser aber wußte nichts von mir und gab meinem Freunde den Rat, zu einem Hochzeitsfest zu gehen, das ganz in der Nähe stattfand, und bei dem er willkommen sein würde: »Euch Pilgern ist es ja nicht verwehrt, zu trinken, wenn ihr Gelegenheit habt. Wenn du keine Schale hast, will ich dir meine borgen, und du wirst eine gute Zeit haben.«

Mein Freund war natürlich bereit, und nahm die Schale, die so groß war wie der Kopf des Shinje,[27] tief, geräumig und ungeschliffen. Hiermit ging er zu dem Festhaus, in dem ich schon in einer der hintersten Reihen saß. Mein Freund ging auf mich zu und fragte mich, warum ich den verabredeten Ort nicht schon früher erreicht hätte, worauf ich ihm erzählte, daß mich ein Hund eines Morgens, an dem ich betteln ging, gebissen und dies meine Reise verzögert habe. »Das schadet nichts«, meinte mein Freund, und wir gingen von hier aus zusammen weiter.

Als wir in Yarlung-Kyorpo ankamen, empfing uns unser Guru mit den Worten: »Ihr habt Erfolg und Glück gehabt.« Da keiner ihm dies hatte sagen können, fragten wir ihn verwundert: »Wer hat dir das erzählt? Keiner war vor uns, der dir dies hätte mitteilen können.« Da erzählte er uns, daß ihm die Gottheiten strahlend wie der Vollmond erschienen waren, und daß er schon die Zeremonie der Dankesopfer ausgeführt hätte. Er schien im Ganzen sehr erfreut.

Dies ist die Art, wie ich schwarze Taten vollbrachte, um das erlittene Unrecht zu rächen, und wie ich Kriege bis zum Tode gegen meine Feinde führte.

Und dies war das erste Wirken Jetsüns – das weltliche Wirken, die Zerstörung seiner Feinde.

ZWEITER TEIL
DER PFAD DES LICHTS

Nun folgen die Handlungen, die Milarepa zum vollendeten Zustand der Buddhaschaft führten. Diese sind:

1. *Sein Bereuen und ernsthaftes Suchen nach einem vollendeten Guru als Führer auf dem Wege zum Nirvana.*
2. *Sein unerschütterlicher Gehorsam im Erfüllen aller Befehle seines endlich gefundenen Gurus, trotz aller Pein, Qual und Verzweiflung, denen er zur Sühnung seiner Sünden unterworfen wurde.*
3. *Die Erlangung der Wahrheiten, die ihn zur geistigen Entwicklung und endlichen Befreiung führten.*
4. *Sein Meditieren unter der persönlichen Führung seines Guru, dem Erfahrung und Wissen entsprangen.*
5. *Das Erlangen der letzten mündlich überlieferten Wahrheiten, nachdem er durch geeignete Mittel die Mantras beherrschte, und er im Traum einen Befehl erhielt, der ihn hieß, seinen Guru zu verlassen.*
6. *Der Antrieb zum Gelöbnis, sein Leben ganz dem höheren Ziel zu weihen, nachdem unglückliche Ereignisse ihn die Sinnlosigkeit weltlicher Ziele gelehrt hatten.*
7. *Das Erfüllen der Befehle seines Gurus durch ungestörtes Ausüben asketischer Hingabe an einem völlig abgeschlossenen Ort hoch oben auf einem Hügel, fernab von dem Jagen der Menschen, ohne Gedanken an weltlichen Ruhm, erfüllt von grenzenlosem Willen und unermüdlicher Ausdauer.*
8. *Das Erlangen übernatürlicher Erkenntnis und Erfahrung als Ergebnis dieser Hingabe, wodurch er großen Segen über alle Wesen auszubreiten vermochte.*
9. *Endlich die Auflösung seines sterblichen Körpers, um*

durch ein Beispiel seine letzten Lehren mitzuteilen, damit jedes Wesen darin einen Antrieb zum religiösen Leben fände.

Die Suche nach dem heiligen Dharma

Wieder sprach Rechung: »*Oh Erhabener, du erwähntest weiße Taten, die du getan und die nichts anderes bedeuten können als die Hingabe an den heiligen Dharma. Wie kamst du auf den Weg, die Religion zu suchen und wie fandest du sie?*«

Jetsün antwortete: Tief habe ich Zerstörung und Unheil bereut, die ich durch Zauber vollbrachte, indem ich so viele meiner Feinde tötete und Hagelwetter hervorrief. Ich sehnte mich so sehr nach der Religion, daß ich zu essen vergaß. In der Nacht fand ich keinen Schlaf. Ich war so erfüllt von Reue und konnte es doch nicht über mich bringen, meinen Lehrer um die Erlaubnis für ein religiöses Leben zu bitten. So diente ich ihm weiter und hatte dabei doch keinen sehnlicheren Wunsch, als eine Gelegenheit zu finden, mit seiner Erlaubnis fortgehen und die heilige Lehre zu erlernen.

Zu dieser Zeit erkrankte ein reicher und ergebener Laien-Gönner meines Lehrers ernsthaft, und der Lama wurde sofort gebeten, an seinem Krankenlager zu wachen. Drei Tage später kam er mit traurig niedergeschlagener Miene zurück. Ich fragte nach dem Grund seines Aussehens, und er gab mir zur Antwort: »Wie vergänglich sind doch alle Zustände des Seins. Letzte Nacht starb mein verehrter Laienfreund, und ich kann nur seinen Verlust tief beklagen. Jetzt erfasse ich das Elend allen weltlichen Seins. Von Jugend auf tat ich nichts anderes als mich im Zauber zu üben und betrieb die Schwarze Magie, Tod hervorzubringen und Hagel auszuschütten. Und auch du, mein Sohn, hast dich von Jugend an dieser sündvollen Kunst ergeben und eine große Last an bösem Karma auf dich geladen. Dies alles wird eine schwere Bürde auf mich legen, da ich verantwortlich bin für das, was du getan.« Ich fragte ihn, ob er denn die getöteten Wesen nicht zu ihrem Heile in paradiesische Gefilde geführt habe.

Er gab zur Antwort: »Alle Wesen handeln gemäß ihrer Natur. Ich kenne auch die Rituale, die zur Erlösung verwandt werden; aber alles hängt von dem wahren Verständnis des Sinnes dieses Rituals und von der Bedeutung der dabei angewendeten Worte ab. Ich glaube aber nicht, daß mein oberflächliches Wissen eine wirkliche Gefahr bestehen würde. Deshalb will ich mich nun dieser gläubigen Lehre widmen, die fest und zuverlässig angesichts aller Drohungen verharrt. Bleibe du hier und betreue meine Kinder und Schüler, und ich will mit meiner Rettung zugleich an deiner wirken. Oder gehe du und lerne den heiligen Dharma, dir und mir zum Nutzen, daß ich erlöst werde und eine Geburt im nächsten Leben empfangen möge, die meinen Fortschritt auf dem Pfade zur Befreiung fördert. Ich will dich mit allen Lebensbedürfnissen unterstützen.« Das war die Erfüllung all dessen, was ich ersehnte. Ich bat sofort um die Erlaubnis, das religiöse Leben aufnehmen zu dürfen. Und mein Lehrer gab seine Einwilligung: »Du bist jung und voller Lebenskraft und Glauben. Du wirst ein wahrhaft Frommer. Gehe und lebe das Leben einer reinen religiösen Hingabe.«

Er gab mir einen Yak, beladen mit feinem wollenem Tuch, als Geschenk und nannte mir einen Ort im Tsang-Tal, der Nar hieß. Dort wohne ein berühmter Lama: Rongtön-Lhaga. Von ihm hieß es, er habe übernatürliche Fähigkeiten in der Lehre »der großen Vollendungen« der Ningma-Sekte erlangt. Mein Lehrer befahl mir, zu diesem Guru zu gehen, von ihm die Lehre zu erlernen und sie mit Andacht zu üben. Seinem Wunsche gemäß ging ich nach Nar im Tsang-Tal und suchte den Lama auf.

Ich fand seine Frau und einige Schüler, die mir erzählten, dieser Ort sei der Sitz des Hauptklosters, der Lama aber sei zu dieser Zeit nicht zu Hause, sondern in einem Zweigkloster in Rinang im oberen Nyang-Tal, wo ich ihn finden würde. Ich erzählte ihnen, daß mich der Lama Yungtun-Trogyal geschickt habe, und daß ich jeden belohnen würde, der mich zum Lama brächte. So gab mir die Frau einen der Schüler als Führer mit auf den Weg. In Rinang traf ich den Lama, machte ihm den Yak und den Ballen wollenen Tuches zum Geschenk, sagte ihm, ich sei ein großer Sünder und wäre aus dem westlichen Hochland gekommen, um eine

Lehre zu suchen, die mich in einer Lebensdauer zur Erlösung von allem Sangsara-Sein führe, und ob er mir diese mitteilen könne.

Der Lama antwortete: »Meine Lehre, ›die große Vollendung‹, ist wirkliche Vollendung. Sie ist ebenso hervorragend in ihrer Wurzel wie in ihrem Stamm und ihren Zweigen, vom Nutzen für den, der sie lehrt, für jenen, der sie empfängt und in ihrer Frucht, die das Wissen des Yoga ist. Wer sie am Tage meditiert, wird im Laufe des Tages erlöst; dasselbe geschieht jenem, der sich in der Nacht in diese Lehre versenkt. Dem Begabten, dem vom Schicksal Begünstigten, genügt schon das Hören der Lehre, um Erlösung zu finden. Er braucht darüber nicht zu meditieren. Es ist eine Lehre für die höchst Entwickelten, und ich will sie dich lehren.« So gab er mir auf der Stelle die Einweihung und die nötigen Unterweisungen.

Da kam mir der Gedanke, daß ich früher vierzehn Tage gebraucht hatte, um die Zauberei des Tötens zu erlernen und sieben Tage zum Hervorschleudern des Hagelwetters, während ich hier eine Lehre fand, die mich zu jeder Tages- oder Nachtzeit befreien konnte; ich brauchte mich nur darein zu versenken. Und die Begabten, die von gutem Karma Begünstigten, führt allein schon das Hören dieser Lehre zur Befreiung.

Warum sollte ich nicht selbst zu diesen Begabten und Begünstigten gehören? So wurde ich so stark von Stolz aufgeblasen, daß ich die Versenkung nicht für nötig hielt, sondern über meiner Aufgabe einschlief und die Lehre nicht durch Übung zu erproben suchte.

Nach einigen Tagen kam der Lama zu mir. Er begrüßte mich mit den Worten: »Du nanntest dich einen großen Sünder aus dem Hochland, und darin hattest du recht. Ich war aber zu verschwenderisch mit den Anpreisungen meiner Lehre und erkenne, daß ich dich nicht bekehren kann. Nun gibt es ein Kloster in Lhobrak, Dowo-Lung (Weizenfeld) genannt. Dort lebt zur Zeit ein treuer Schüler von Naropa, dem großen indischen Heiligen. Er ist der wertvollste aller wertvollen Menschen, ein Fürst unter den Übersetzern, und besitzt übernatürliche Kenntnis in den tantrischen Lehren, die in allen drei Welten nicht übertroffen werden. Er heißt Marpa, der Übersetzer. Zwischen ihm und dir besteht eine karmische Verbindung aus früherem Leben. Zu ihm mußt du gehen.«

Bei dem Namen Marpa, der Übersetzer, überfiel mich ein so unaussprechliches Gefühl der Seligkeit, und ein Zittern ging durch meinen ganzen Körper, daß jedes Haar zu Berge stand, und Tränen aus den Augen rannen – so stark war der Glaube, der in mir lebendig wurde. Da machte ich mich auf den Weg, nur von dem einen Ziel verfolgt, diesen Guru zu finden. Ich hatte nur wenige Bücher bei mir und etwas Reisevorräte. Und die ganze Zeit erfüllte mich nur der eine Gedanke: Wann werde ich meinen Guru finden, wann werde ich sein Gesicht sehen?

Die Nacht vor meiner Ankunft im »Weizenfeld« hatte Marpa einen Traum: Sein Guru, der große Heilige Naropa, kam zu ihm und vollzog die Einweihungszeremonie. Er gab ihm einen fünfspitzigen Dorje aus Lapis Lazuli, der leicht beschmutzt war, und dazu eine goldene Schüssel, ein Gefäß für heiliges Wasser, mit Elixier gefüllt; und befahl ihm, mit dem Elixier den Schmutz von dem Dorje abzuwaschen und ihn auf ein Siegesbanner zu erheben. Dies würde die Glorreichen der Vergangenheit erfreuen und allen Wesen willkommen sein. Denn somit würden unsere eigenen Ziele und die der anderen erfüllt. Nach diesen Worten stieg der Heilige wieder zum Himmel auf.

In seinem Traum sah sich Marpa die Befehle des Guru ausführen, den Dorje mit dem heiligen Elixier waschen und ihn auf ein Siegesbanner erheben. Und es gingen so herrliche Strahlen von dem Dorje aus, daß sie die ganze Welt erleuchteten. Sie fielen auf alle Wesen in den sechs Daseinsbereichen, vertrieben all ihre Schmerzen und Trauer und erfüllten sie mit einer Glückseligkeit, die keinen Schatten von Kummer kannte, so daß sie alle in höchster Freude auf Marpa und sein Siegesbanner blickten. Und in überfließendem Glauben und tiefster Ehrfurcht verneigten sich die einen, lobpriesen die anderen und einige brachten Opfer dar. Weiter sah er in seinem Traum, daß die Siegreichen das Banner segneten und weihten, und daß er selbst in stolz gehobener Stimmung war. Dann wachte er auf, mit einem Gefühl glücklicher Freude.

Als seine Frau mit dem Frühstück hereinkam, sprach sie

zu ihm: »Herr, ich träumte vorige Nacht, daß zwei Frauen aus dem Urgyen-Land im Westen hereinkamen, einen leicht beschmutzten Reliquienschrein in Händen. Sie baten mich, dir zu sagen, es sei der Wunsch deines Gurus Naropa, den Reliquienschrein mit allem notwendigen Zeremoniell zu weihen und ihn auf die Spitze eines Hügels zu stellen. Und du gabst zur Antwort, daß der Schrein schon von dem großen Heiligen Naropa gesegnet worden sei, du aber jeden seiner Befehle ausführen würdest. So wuschst du ihn mit heiligem Wasser, vollzogst die Weihe und stelltest ihn auf die Spitze eines Hügels. Hier strahlte er in so herrlichem Licht wie Sonne und Mond zugleich und brachte noch andere ähnliche Reliquienschreine hervor, die sich auf den Spitzen der Nachbar-Hügel niederließen. Zwei weibliche Gestalten bewachten sie als Hüterinnen. Was kann dieser Traum bedeuten?«

Innerlich hocherfreut über die Übereinstimmung dieser beiden Träume, gab Marpa nach außen hin nur die Antwort: »Ich kann nicht die Bedeutung grundloser Träume wissen. Mach lieber alles bereit. Ich gehe die Straße hinunter, um das Feld heute zu pflügen.« Seine Frau aber sprach: »Du hast so viele Arbeiter, die für dich arbeiten, was werden die sagen, wenn du, ein großer Lama, im Felde wie ein gewöhnlicher Arbeiter schaffst? Es wird nur allen ein Ärgernis sein. Bitte, bleibe zu Hause und gehe nicht.« Trotz aller Bitten ging Marpa ohne weitere Erwiderung auf das Feld. »Bring mir einen guten Vorrat an Chhang hinaus!« rief er noch seinem Weibe zu. Sie brachte ihm einen Krug, doch er genügte nicht: »Er mag für mich reichen, aber bring noch einen für Besucher.« Ein neuer Krug wurde gebracht, den er auf den Boden stellte und mit seinem Hut bedeckte. Dann setzte sich Marpa neben den Krug, nippte den Chhang und ruhte sich nach dem Pflügen aus.

Inzwischen war ich auf dem Wege, der mich zu ihm führen sollte. Jeden, den ich traf, fragte ich: »Wo wohnt der große Yogi Marpa, der Übersetzer?« Aber keiner konnte mir Bescheid sagen. Einer meinte: »Es gibt wohl einen Mann, der Marpa heißt und hier in der Gegend wohnt, aber keinen mit dem Titel großer Yogi Marpa, der Übersetzer.« Auf meine Frage nach dem weißen Tal streckte er seine Hand aus und sagte: »Dort liegt es.« Als ich ihn fragte, wer dort lebe, nannte er den vorher erwähnten Marpa. »Führt er nicht noch einen anderen Namen?« war meine Frage, worauf er meinte, einige hießen ihn Lama Marpa. Da wußte ich, daß hier Marpa wohnte, den ich suchte, und ich fragte nach dem Namen des Bergrückens, auf dem ich stand. »Chhöla-gang« (Rücken des Dharma) –, ein günstiges Omen, daß ich von hier aus den ersten Blick auf den Wohnort meines Guru geworfen hatte.

Trotzdem fragte ich auf dem Wege immer weiter nach Marpa. Auch Hirten, denen ich begegnete, stellte ich diese Frage. Der Ältere wußte keine Antwort. Ein aufgeweckter Junge aber, gut gekleidet und geschmückt, mit geölten, gutsitzenden Haaren, meinte: »Du mußt meinen Herrn und Vater meinen, der alles in unserem Hause verkaufte, dafür Gold erwarb und es nach Indien brachte. Von hier kam er dann mit gewaltigen Bündeln von Papier zurück. Fragst du nach diesem, dann sieh: er pflügt heute auf dem Felde, eine Arbeit, die er noch nie getan hat.« Ich hielt es für möglich, daß dies der Gesuchte sei, aber ein Zweifel stieg auf, ob ein großer Übersetzer hinter dem Pfluge hergehen würde.

Mit diesen Gedanken ging ich weiter des Weges, als ich einen Lama traf, der zur Fülle neigte, doch strahlende, volle Augen und ein würdiges Aussehen hatte. Er schritt hinter dem Pfluge her. Als ich ihn sah, durchzuckte mich ein Gefühl von so unaussprechlicher, ekstatischer Seligkeit, daß ich jedes Bewußtsein für meine Umgebung verlor. Als ich wieder zu mir kam, sprach ich: »Oh verehrungswürdiger Herr, wo lebt hier der fromme Schüler des berühmten heiligen Naropa, Marpa, der Übersetzer?«

Eine Zeitlang betrachtete mich der Lama aufmerksam von Kopf zu Fuß; dann fragte er: »Wo kommst du her, und was treibst du?« Ich antwortete, daß ich ein großer Sünder aus dem Hochland Tsang sei und von dem großen Wissen und der berühmten Gelehrsamkeit Marpas, des Übersetzers, gehört habe. So sei ich zu ihm gekommen, um die wahre Lehre zu erlernen, und durch sie Befreiung zu erlangen.

Hierauf sprach der Lama: »Es ist gut; ich will dir eine Empfehlung an ihn geben, wenn du diesen letzten Rest für mich pflügen willst.« Dabei nahm er den Chhang unter seinem Hute hervor und bot mir zu trinken an, was mich sehr erfrischte. Dann befahl er mir, das Feld gut zu pflügen und ging fort. Ich trank den Chhang zu Ende und pflügte das Feld mit aller Kraft.

Nach kurzer Zeit rief mich der Junge, den ich unter den Hirten gesehen und nach der Auskunft gefragt hatte, in das Haus. Ich war hocherfreut und sagte ihm: »Der Lama hat mir eine Empfehlung verschafft, und so will ich noch dieses Stück für ihn zu Ende pflügen.« Und ich ging wieder an die Arbeit und pflügte das letzte Stück. Dieses Feld, das mir zu der Einführung zu meinem Guru geholfen hat, wurde später »Feld der Hilfe« genannt. Im Sommer führt ein Weg um den Rand des Feldes, im Winter geht er mitten durch.

Ich folgte nun dem Jungen und fand den Lama auf zwei hohen Polstern sitzen, auf denen ein Teppich lag, so daß ein dreifacher Sitz entstand. Man sah ihm an, daß es ihm schwergefallen war, sich sauber zu machen; seine Augenbrauen und die Ecken der Nase zeigten noch Spuren von Staub. Hier saß er mit überhängendem Bauch. Wohl hielt ich ihn für denselben, dem ich auf dem Felde begegnet war; um mich aber noch zu vergewissern, sah ich mich um, ob vielleicht noch ein anderer Lama hier säße.

Darauf sprach der Lama, der auf dem Kissen saß: »Natürlich konntest du mich nicht erkennen. Ich bin Marpa, dem du nun deine Ehrerbietung darbringen darfst.« Ich berührte seine Füße mit meiner Stirn und legte sie auf meinen Scheitel. Danach sprach ich also zu ihm: »O teuerster Guru, ich bin ein großer Sünder aus dem westlichen Hochland und bin hergekommen, Leib, Wort und Geist[28] dir darzubringen. Ich bitte dich, mich mit Nahrung, Kleidung und geistiger Lehre zu versorgen, auf daß ich in diesem einen Leben zur Befreiung gelange.«

Der Lama antwortete: »Daß du ein großer Sünder bist, geht mich nichts an. Ich habe dir nicht geheißen, Sünden für mich zu begehen. Worin aber hast du gesündigt?« Ich erzählte dem Lama alles, wie es sich zugetragen, und er sprach: »Gut, ich nehme dein Angebot an, daß du mir Leib, Wort und Geist darbringst, aber ich kann dir nicht alles geben, Nahrung, Kleidung und die Lehre. Ich gebe dir Nahrung und Kleider, und du suchst dir geistige Unterweisung anderswo;

oder ich gebe dir die heilige Lehre, und du mußt anderen Ortes Nahrung und Kleidung finden. Wähle, das du willst. Wenn ich dich die Wahrheit lehre, so wird es allein von deiner Ausdauer und Energie abhängen, ob du in einer Lebensdauer zur Befreiung gelangst.«

Darauf gab ich zur Antwort: »Ich bin zu dir, mein Lama, um der Wahrheit willen gekommen. Nahrung und Kleidung werde ich anderswo finden.« Und sofort begann ich, mich hier einzurichten, und legte die wenigen Bücher, die ich bei mir hatte, auf das Brett des Altars. Aber der Lama verbot es mir sofort mit den Worten: »Fort mit deinen alten Büchern! Ihr Geruch ist eine Beleidigung für meine Kultbilder!«

Ich wußte, daß er sofort durchschaut hatte, daß darunter Bücher von Schwarzer Magie waren, und er sie deswegen nicht neben seinen Büchern, Bildern und anderem duldete. So stellte ich sie für einige Tage in eine Ecke, und die Frau meines Guru versorgte mich mit Essen und anderen Notwendigkeiten.

Dies ist der Teil meiner Lebensgeschichte, der erzählt, wie ich meinen Guru fand, meine erste verdienstvolle Tat.

Prüfung und Buße

Nun ging ich auf die Suche nach Almosen das ganze Lhobrak-Tal auf und ab und bekam vierhundertzwanzig Maß Gerste. Mit zweihundertachtzig Maß kaufte ich ein großes Kupfergefäß, innen und außen ohne Flecke und Risse, mit vier Griffen. Mit zwanzig Maß verschaffte ich mir Fleisch und Chhang. Die übrigen hundertzwanzig Maß tat ich in einen großen Sack, zuoberst den kupfernen Kessel und trug alles heim in die Wohnung meines Meisters.

Ich war sehr müde und warf meine Last etwas zu laut auf den Boden, daß das Haus ein wenig erzitterte. Dies erzürnte meinen Guru; er sprang auf und rief: »Kleiner Mann, du scheinst ja ein ganz besonders Starker zu sein! Willst du uns noch alle töten, indem du das Haus allein durch magische Kraft erschütterst? Fort mit deinem Sack!« Und er warf ihn aus dem Haus, daß ich ihn draußen lassen mußte. Damals hielt ich meinen Guru für leicht reizbar und nahm mir vor, mich in seiner Gegenwart ordentlich zu benehmen. In meinem Glauben an ihn aber war ich nicht im geringsten erschüttert. Dann leerte ich das Kupfergefäß und brachte es wieder in das Haus, verneigte mich tief und reichte es meinem Guru. Er nahm es an, indem er seine Hand darauf legte. Und ohne seine Hand zu entfernen, verharrte er eine Zeitlang mit geschlossenen Augen im Gebet. Danach sah ich Tränen auf seinen Wangen, während er zu mir sprach: »Es ist von günstiger Vorbedeutung. Ich werde es meinem Guru Naropa opfern.« Und zugleich machte er mit den Händen die Bewegung des Opferns. Dann nahm er die Griffe, schüttelte heftig daran und schlug das Gefäß mit einer Gerte so laut wie nur möglich. Danach stellte er es in den Tempel und füllte es mit Butter, um es als Lampe zu nutzen.

Da ich nach einem religiösen Leben verlangte, bat ich ihn immer wieder um Unterweisungen, worauf er mir zur Antwort gab: »Eine Menge frommer Schüler und Laien-Anhänger in den Provinzen Ü und Tsang versuchen immer wieder, hierher zu kommen. Aber jedesmal werden sie unterwegs von Räubern aus Ling, Yadrog und Talung ausgeplündert. Geh und laß eine Hagelplage auf diese Räuber los, das ist eine religiöse Pflicht; und nachher will ich dich in der Wahrheit unterweisen.«

So ging ich fort, schleuderte ein schreckliches Hagelwetter auf die bezeichneten Stellen und bat nach meiner Rückkehr um die versprochenen Unterweisungen. Der Lama aber antwortete: »Was, du wagst es, mich als Belohnung für zwei oder drei armselige Hagel nach dem heiligen Dharma zu fragen, den ich unter so schweren Unkosten und Selbstopfern aus Indien heimbrachte! Nun, wenn du es wirklich ernst mit dem Suchen nach Wahrheit meinst, dann gehe und vernichte mit Hilfe der Zauberei, in der du dich ja als Meister fühlst, eine Anzahl von Lhobrak-Bergbewohnern. Denn auch diese haben oft Schüler von mir auf dem Wege von Nyal-Lo-ro hierher beraubt und mich selbst oft genug mit Schmähungen beworfen. Wenn du zum Beweis deiner magischen Kraft Verwüstungen hervorbringen kannst, will ich dich die mystischen Wahrheiten lehren, die mir mein verehrter Guru, der große Naropa, übermittelt hat, Wahrheiten, die in einem Leben zur Befreiung führen und die Buddhaschaft gewähren.«

Wieder tat ich, wie mir geheißen. Mein magischer Fluch wirkte unter den Lhobrak-Bergbewohnern, und ein Streit brach unter ihnen aus, darin viele getötet wurden. Der Anblick des vergossenen Blutes aber erfüllte mich mit tiefster Reue und Qual. Mein Guru sah, daß unter der Schar der Getöteten viele waren, die ihn beleidigt hatten, und sagte zu mir: »Es ist wirklich wahr, daß du ein Meister der Zauberei bist.« Und nannte mich Thuchhen, großer Zauberer.

Als ich ihn wieder nach den erlösenden Wahrheiten fragte, lachte er: »Ha! Ha! Soll ich dir die heiligsten Wahrheiten geben, die ich unter so großen Mühen aus Indien brachte, für die ich all mein Gold gab, die Wahrheit, die ich aus dem Munde der Gottheiten vernahm; dies alles zur Belohnung für deine bösen Taten? Nein, das wäre ein so großer Witz, über den alle lachen würden. Jeder andere hätte dich für solche Anmaßung getötet. Geh, und mach alles wieder gut, was du an Unheil und Schaden unter den Hirten angerichtet hast und wecke die Getöteten unter den Lhobrak-Männern wieder zum Leben auf. Wenn du das vermagst, wohl dir! Kannst du es nicht, dann solltest du besser nicht wieder unter meine Augen treten.« So schalt er mich, als wolle er mich zerschmettern. Und ich ward in die tiefsten Tiefen der Verzweiflung hinabgestoßen, daß ich bitterlich weinte. Doch die Frau des Lama versuchte, mich immer wieder zu trösten.

Am nächsten Morgen war der Lama so freundlich, zu mir zu kommen und mir zu sagen: »Ich fürchte, ich war gestern nacht ein wenig zu hart zu dir; nimm es dir nicht zu sehr zu Herzen. Habe Geduld, warte ab, und du wirst die Lehren erfahren. Du scheinst ein geschickter Mensch zu sein. Deshalb baue mir ein Haus für meinen Sohn Dharma-Doday (die Jugend, der Strauß von Sutras). Hast du diese Arbeit vollendet, dann will ich dir nicht allein die Wahrheit mitteilen, sondern dich auch für die Zeit deines Studiums mit aller notwendigen Nahrung und Kleidung unterstützen.« »Aber – ereiferte ich mich – was geschieht, wenn ich inzwischen unerlöst sterbe?« »Ich verspreche dir, daß du inzwischen nicht ohne Erlösung sterben wirst«, war seine Antwort. »Meine

Lehre ist nicht bar jedes sicheren Versprechens. Da du eine beträchtliche Menge von Energie und Ausdauer zu besitzen scheinst, kannst du zufrieden sein; und keiner soll dich daran hindern, ob du nun die Befreiung in einem Leben erlangst oder nicht. Meine Sekte ist nicht dieselbe wie andere. In ihr wirst du mehr Ströme göttlicher Gnadenwellen erfahren und eine unmittelbarere geistige Offenbarung als in allen anderen Sekten.« Durch diese tröstenden Versprechen beruhigt und erfreut, fragte ich den Lama sofort nach den Plänen des beabsichtigten Hauses.

Wie ich später erkannte, veranlaßten den Lama drei Gründe zu diesem Bau. Da er nicht zu der Partei seiner männlichen Verwandten gehörte, die den Eid auf sich genommen hatten, an einem bestimmten Ort zu wohnen, an dem aber nach allgemeiner Übereinkunft wegen seiner strategischen Bedeutung kein festes Haus errichtet werden durfte, wollte er sich gerade an diesem Platz ein Haus bauen. Die Lage war wunderbar, sicher und nicht leicht zu erreichen, doch nahe bei denen, die den Eid auf sich genommen hatten. Dann wollte er, ich solle meine bösen Taten sühnen. Und der letzte Beweggrund war, die vorhergenannten Parteien durch Irreführungen dazu zu bringen, daß sie ihm die Erlaubnis gaben, ungehindert dort zu bauen, wo er wollte. Hierzu hatte er sich folgende Kriegslist ausgedacht: Er führte mich zu einem Bergsattel, der im Osten lag, zeigte mir eine besondere Stelle, beschrieb ein rundes Gebäude und befahl mir, dieses dort zu erbauen. Ich begann sofort mit der Arbeit. Als ich etwa zur Hälfte fertig war, kam er zu mir und sagte, er hätte sich am Anfang die Sache nicht genau überlegt, und ich müsse sofort mit dem Bau aufhören, das Gebäude zerstören und Erde und Steine wieder dorthin zurückbringen, woher ich sie genommen.

Nachdem ich diesen Befehl ausgeführt hatte, führte mich der Lama, der sich mir betrunken stellte, zu einem Bergsattel im Westen. Hier befahl er mir, ein anderes Haus zu erbauen und beschrieb mir einen halbmondförmigen Grundriß. Als dieses Haus die halbe Höhe hatte, kam der Lama wieder zu mir, während ich bei der Arbeit war, und sagte, daß auch dieses Haus nicht recht sei, und ich Lehm und Steine wieder dorthin zurückbringen sollte, wo ich sie hergenommen. Und wieder gehorchte ich seinem Befehl.

Noch einmal führte der Lama mich zu einem Bergsattel. Diesmal lag er im Norden, und redete so zu mir: »Mein großer Zauberer, das letzte Mal, als ich dir den Befehl zu dem Hause gab, muß ich ein wenig zu viel getrunken haben. Es war offensichtlich ein völliger Fehler. Aber jetzt sollst du mir hier ein schönes Haus bauen.« Ich bat ihn, die nutzlosen Ausgaben für sich und die große Mühe für mich zu bedenken, wenn ich immer wieder Häuser aufbauen und dann niederreißen müßte und ersuchte ihn, die Sache sich diesmal wohl zu überlegen und mir dann seine Befehle zu geben. Er aber gab mir zur Antwort: »Heute habe ich nicht zu viel getrunken und habe mir die Sache gut überlegt. Die Wohnung eines Tantrik-Mystikers muß dreieckig sein. Darum baue ein solches Gebäude. Es soll nicht wieder zerstört werden.«

Ich begann, ein dreieckiges Gebäude aufzurichten, und als es zu einem Drittel fertig war, kam der Lama eines Tages zu mir und fragte mich: »Wer gab dir den Befehl, solch ein Haus zu bauen?« Ich antwortete: »Nun, es ist doch das Haus für Ihren Sohn, Euer Ehrwürden, und wurde von Ihnen so bestimmt.« »Ich kann mich nicht daran erinnern – war seine Entgegnung – aber wenn du recht hast, dann muß ich zu jener Zeit nicht Herr meiner Sinne oder einfach wahnsinnig gewesen sein.« »Da ich ähnliches kommen sah – warf ich ein – wagte ich, Euer Ehrwürden auf die Notwendigkeit sorgfältiger Überlegung aufmerksam zu machen, und Sie sagten, daß Sie alles genau überlegt hätten, und daß dieses Gebäude nicht mehr zerstört werden sollte. Und Euer Ehrwürden schienen damals in vollkommen gesunder Geistesverfassung zu sein.« Darauf rief der Lama: »Wer kann das bezeugen? Wolltest du mich etwa mit Zaubermitteln vernichten, indem du uns in dieses einem magischen Dreieck gleichende Gebäude zwingst? Warum gerade mich? Ich habe dich doch nicht deines väterlichen Erbes beraubt? Und wenn du wirklich nach religiösen Unterweisungen bangst, diese Form des Hauses würde alle Gottheiten des Ortes gegen dich aufbringen. Sieh daher zu, daß du es gleich wieder zerstörst, und bringe Steine und Lehm dahin, woher du sie genommen. Dann will ich dir die gewünschte Lehre geben, oder du kannst gleich gehen.« Und der Lama ging scheinbar sehr erzürnt davon. Ich war darüber tief betrübt, konnte es aber nicht ändern. Ich suchte die Wahrheit mit aller Kraft und hatte keine andere Wahl, als das dreieckige Haus wie die anderen niederzureißen und das Material fortzuschaffen.

Ich hatte eine große wunde Stelle auf dem Rücken zwischen Schulter und Wirbelsäule, wagte aber nicht, sie meinem Lama zu zeigen; denn ich fürchtete damit sein Mißfallen zu erregen. Und ebensowenig hatte ich den Mut, sie seiner Frau zu zeigen. Sie sollte nicht denken, daß ich mich über die harte Arbeit bei ihnen beklagen wollte. So behielt ich meine Schmerzen für mich und bat sie nur, den Lama zu bewegen, daß er mir die versprochenen Unterweisungen gäbe.

Die mütterliche Frau ging zu ihrem Gatten und sprach zu ihm: »Herr, dein nutzloses Bauen zermürbt nur das Leben dieses armen Jungen. Erbarme dich, bitte, seiner und gib ihm die Lehren.« Der Lama antwortete: »Richte ein nettes Essen und führe ihn zu mir.« Sie tat, wie ihr geheißen, und der Lama redete mich also an: »Großer Zauberer, beschuldige mich nicht wie gestern fälschlicher Dinge, und ich werde dir Unterweisungen geben.« Dann lehrte er mich die vierfache Zuflucht mit Gebeten, Anrufungen und Gelübden und fügte hinzu: »Dies sind die zeitlichen Lehren. Suchst du aber die überzeitlichen religiösen Lehren mystischer Wahrheit, dann mußt du sie dir durch dieses und jenes verdienen.« Und er erzählte eine kurze Geschichte aus dem Leben seines Guru Naropa und schloß mit den Worten: »Du aber wirst kaum imstande sein, zu solch idealer Höhe emporzusteigen. Ich fürchte, das wird für dich zu schwer sein.« Diese Worte erfüllten mich mit so tiefer Trauer, daß ich nicht imstande war, meine Tränen zurückzuhalten. Ich beschloß bei mir, alle Befehle des Lama zu erfüllen. Bald darauf lud er mich zu einem Spaziergang ein, auf dem wir zu dem schon erwähnten Fleck kamen, der nicht bebaut werden durfte, und den die Verwandten des Lama bewachten. Da blieb er stehen und sagte: »An diesem Fleck sollst du nun ein gewöhnliches viereckiges Haus bauen, neun Stockwerke hoch und zuoberst einen zehnten Stock als Verzierung. Dies Haus soll nicht zerstört werden, und nach seiner Vollendung will ich dir die Wahrheiten offenbaren, nach denen du verlangst. Auch werde ich dich mit allem Nötigen an Nahrung und Kleidung versorgen, während du in der Zurückgezogenheit der Versenkung lebst.» Ich bat ihn, seine Frau, die ich ehrwürdige Mutter nannte, als Zeugin rufen zu dürfen. Er gab die Erlaubnis, während er den Grundriß aufzeichnete. In Gegenwart beider sprach ich nun: «Bis jetzt habe ich drei Häuser gebaut und jedes wieder zerstört. Bei dem ersten meinte der Lama, er habe es nicht genug überlegt, beim zweiten, er wäre betrunken gewesen, und beim dritten, er sei von Sinnen oder wahnsinnig gewesen, denn er könne sich nicht daran erinnern, mir jemals diesen Auftrag gegeben zu haben. Als ich ihn an die näheren Umstände dabei erinnerte, befahl er mir, Zeugen beizubringen und schien höchst unzufrieden. Nun gibt er mir wieder den Befehl, ein Haus zu bauen; deshalb bitte ich dich, ehrwürdige Mutter, sei gütigst Zeuge dieses neuen Befehls.«

Sie gab mir zur Antwort: »Natürlich kann ich Zeuge sein. Dein Guru, der ehrwürdige Vater, aber ist so gebieterisch, daß er uns nicht beachten wird. Überdies tut der ehrwürdige Vater etwas ganz Nutzloses. Diese Gebäude sind keineswegs notwendig, und es ist vollkommen sinnlos, so viele Häuser bauen zu lassen, nur um sie wieder abzureißen. Dieser Sattel gehört uns gesetzmäßig nicht einmal; er wird von den Verwandten deines Guru bewacht, da es der Sattel ist, auf dem sie ein gemeinsames Gelübde getan haben. Aber der ehrwürdige Vater wird meine schwache Stimme nicht beachten. Und ich werde nur Zorn auf mich laden.« Da sprach der Lama zu seinem Weibe: »Es genügt, wenn du tust, was dir aufgetragen ist. Du sollst Zeugin sein und dann nach Hause gehen. Ich werde inzwischen hier das Meine tun. Du brauchst nicht Fragen aufzuwerfen, nach denen dich keiner gefragt hat.«

So legte ich die Grundsteine zu dem befohlenen viereckigen Gebäude und begann, es aufzubauen. Da kamen Ngogdun-Chudor aus Zhung, Tsurtön-Wang-gay aus Döl und Metön-Tsönpo aus Tsang-rong, alles fortgeschrittene Schüler meines Guru, und brachten mir zum Zeitvertreib einen großen Felsblock, den ich als Eckstein gerade über die Grundmauer neben den Torweg setzte. Als ich etwa beim zweiten Stockwerk angekommen war, besuchte Marpa meinen Arbeitsplatz. Er besah sich das Gebäude sehr sorgfältig, deutete auf den Stein, den mir die fortgeschrittenen Schüler gebracht hatten, und sagte: »Großer Zauberer, woher hast du diesen Stein?« »Ehrwürdiger Herr, er wurde mir zum Zeitvertreib von deinen drei Hauptschülern gebracht.« »Was soll das bedeuten – rief er – was fällt dir ein, für deinen Bau einen Stein zu nehmen, den sie dir brachten? Schaff ihn heraus und bring ihn an den Ort zurück, von wo er geholt wurde.« Ich erinnerte ihn an sein Versprechen, diesen Bau nicht wieder abreißen zu lassen. Da gab er mir zur Antwort: »Ich habe dir nicht befohlen, meine Hauptschüler als deine Arbeiter zu benutzen, sie, die in die mystischen Wahrheiten der zwiefach geborenen Wesen eingeweiht wurden. Ich befehle dir auch nicht, das ganze Gebäude niederzureißen, sondern nur den Stein fortzunehmen, den meine Schüler brachten, und ihn an seinen ursprünglichen Platz zu tragen.«

So mußte ich noch einmal eine Mauer von oben bis unten niederreißen, die ich aufgebaut hatte. Ich nahm den Stein und brachte ihn an die Stelle zurück, von der er genommen war. Als der Lama sah, daß ich damit fertig war, kam er zu mir mit den Worten: »Nun kannst du zurückgehen und den Stein wieder holen, und an denselben Platz einsetzen.« Dieser Stein hieß später mein »Riesenstein«, wegen der großen Kraftanstrengung, die damit verbunden war.

Während ich die Grundsteine zu diesem Gebäude auf den verbotenen Bergsattel legte, sprachen einige von denen, die mich sahen: »Es scheint, als ob Marpa wirklich auf diesem Bergvorsprung ein Haus bauen will. Sollten wir nicht lieber dagegen Einspruch erheben?« Andere aber sagten: »Marpa ist von Sinnen. Er hat einen starken jungen Schüler aus dem Hochland entdeckt, und da er von einer Manie des Bauens besessen ist, läßt er den armen Jungen die ganze Zeit Häuser auf jedem Bergsattel, Vorsprung und Hügel der Umgebung nach Zeichnungen bauen, die nachher nicht gebilligt werden. Ist das Gebäude dann zur Hälfte fertig, muß es der arme Junge wieder abreißen und das Material zurückbringen, woher er es genommen. Hier wird er das Gleiche tun. Und sollte es nicht der Fall sein, haben wir noch genügend Zeit, ihn aufzuhalten. Darum wollen wir warten und zusehen.«

Sie sollten aber sehr bald sehen, daß dieses Haus nicht wieder abgerissen, sondern weiter gebaut wurde. Als ich bei dem siebenten Stockwerk angelangt war – eine neue wunde Stelle hatte ich an der Hüfte – sagten Marpas Verwandte untereinander: »Er wird dieses Gebäude nicht wieder niederreißen. Das Abreißen der anderen war nur eine Finte, um uns in die Irre zu führen, damit wir uns dem Bau dieses Hauses nicht wiedersetzen. Darum laßt es uns nun niederreißen.« Und in dieser Absicht brachten sie eine streitbare Schar zusammen. Der Lama aber rief durch magische Kraft eine große Menge bewaffneter Truppen herbei, die sich in und um das Haus verteilten. Die Angreifer wurden alle von Furcht erfaßt. Jeder sah den anderen fragend an: »Wie hat Marpa, der Übersetzer, so viele Kämpfer zusammenrufen können?« und sie wagten es nicht, gegen sie zu kämpfen. Statt dessen erwies jeder im geheimen Marpa seine Verehrung, und allmählich wurden alle seine Anhänger.

Zu dieser Zeit empfing Metön-Tsönpa aus Tsang-rong die große Einweihung in das Mandala des Cakrasamvara. Da sprach meine ehrwürdige Mutter zu mir: »Jetzt ist es Zeit, daß auch du den Versuch machst, eingeweiht zu werden. Sich zu, ob es dir gelingt.« Auch ich dachte, nun sei die Zeit gekommen; ich hätte mich würdig erwiesen, da ich ganz allein dieses Gebäude aufgerichtet hatte, ohne daß irgendein anderer einen noch so kleinen Stein, eine Handvoll Erde, einen Krug Wasser oder eine Schaufel Lehm dazu beigetragen hatte. Und ich glaubte sicher, daß ich die Einweihung empfangen würde. So verneigte ich mich tief und setzte mich in die Reihe derer, die der Einweihung harrten.

Als der Lama meiner ansichtig wurde, fragte er: »Großer Zauberer, was hast du als Opfergabe?« Da antwortete ich: »Euer Ehrwürden versprach mir die Gunst der Einweihung und Unterweisung, wenn ich das Haus für den Sohn Euer Ehrwürden vollendet hätte.« Darauf rief der Lama: »Welche Anmaßung! Welche Frechheit! Weil du ein paar Ellen Lehmmauern zusammengefügt hast, soll ich dich in die heilige Lehre einweihen, in die ich nur unter schwersten persönlichen Opfern und Kosten in Indien eindrang? Kannst du die Gaben darbringen, dann opfere sie! Kannst du es nicht, dann geh sofort aus diesem mystischen Kreis!« Dabei schlug er mich, zog mich an den Haaren und warf mich hinaus. Ich wünschte nur, ich wäre gestorben oder würde augenblicks sterben. Die ganze Nacht weinte ich ununterbrochen.

Da kam die Frau des Lama zu mir und sprach: »Der Lama ist unbegreiflich. Nach seinen eigenen Worten hat er die heilige Lehre aus Indien zum Heile aller lebenden Wesen in sein Land gebracht, und er würde sie sogar einem Hunde lehren, so dieser zu ihm käme und würde um sein Wohlergehen bitten. Verliere deshalb nicht den Glauben an ihn.« So suchte mich die Gute zu trösten.

Am nächsten Morgen kam der Lama selbst zu mir und sprach: »Großer Zauberer, du hörst besser mit der Arbeit an diesem Hause auf und beginnst mit dem Bau eines neuen Wohnhauses mit zwölf Pfeilern, einem großen Saal und einer Kapelle als Anbau zu dem Haupthaus. Wenn du hiermit zu Ende bist, gebe ich dir sicher die Unterweisungen.«

Wieder legte ich den Grundstein. Während der ganzen Zeit versorgte mich die Frau des Lama mit ausgezeichneter Nahrung, mit Würze und Chhang. Sie tröstete mich und gab mir gute Ratschläge.

Als sich der Anbau seiner Vollendung näherte, erhielt Tsurtön-Wang-gay aus Döl die Einweihung in das esoterische Mandala. Da sagte die Frau des Lama zu mir: »Dieses Mal, mein Sohn, sollst auch du die Einweihung unbedingt erhalten.« Sie gab mir einen Ballen Butter, eine Bettdecke und ein Kupfergefäß als Opfergabe und riet mir, meinen Platz unter den zur Einweihung zugelassenen Schülern einzunehmen. Als mich der Lama bemerkte, rief er: »Großer Zauberer, wo sind deine Gaben, daß du dich unter die Schüler reihst?« Ich holte die Rolle Butter, die Bettdecke und das Kupfergefäß hervor und sagte, das seien meine Opfergaben. Darauf gab der Lama zur Antwort, daß dies alles ihm schon gehöre und ihm von anderen als Gaben gebracht worden sei. Ich müsse etwas bringen, was nur mir gehöre oder mich aus dem mystischen Kreis der zur Einweihung zugelassenen Schüler entfernen. Dabei stand er scheinbar wütend auf und warf mich mit Fußtritten hinaus, so daß ich wünschte, ich könne in die Erde versinken.

Da kam mir der Gedanke: Da ich den Tod so vieler Menschen durch Zauberei verursacht und soviel Ernte durch Hagel zerstört habe, ist alles, was ich jetzt leide, die karmische Auswirkung dieser bösen Taten. Vielleicht aber hat der Lama etwas in mir gefunden, wonach er weiß, daß ich die Lehre nicht empfangen und ausüben kann. Oder aber der Lama achtet und liebt mich nicht. Doch wie es auch sei – so dachte ich weiter – des Menschen Leben ist nichts ohne Religion; und ich faßte den Plan, mich zu töten. In diesem Augenblick brachte mir die Frau des Lama ihr Teil von den Gaben der geweihten Nahrung und sprach mitleidig und herzlich zu mir. Aber ich hatte jeden Geschmack, selbst an geweihter Nahrung, verloren und weinte bis in den Morgen.

Da kam der Lama zu mir mit den Worten: »Du mußt jetzt beide Gebäude fertigstellen, dann werde ich dich sicher in der Lehre und der Wahrheit unterweisen.«

Ich fuhr also in der Bauarbeit fort und hatte fast den Anbau vollendet, als eine neue wunde Stelle in der Lendengegend aufbrach. Aus allen drei Wunden kam Blut und Eiter, und mein Rücken war nichts als eine einzige Wunde. Ich zeigte ihn meiner ehrwürdigen Mutter und erinnerte sie an das Versprechen des Lama, mir Unterweisungen zu geben. Ich bat sie, den Lama für mich umzustimmen, damit er die Güte habe, mich die Wahrheit zu lehren, nach der ich verlangte. Meine ehrwürdige Mutter betrachtete aufmerksam meine wunden Stellen, vergoß viele Tränen und versprach, mit dem Lama zu sprechen.

Sie ging zu ihm und redete also: »Der große Zauberer hat so viel Bauarbeit getan, daß seine Hände und Beine rissig und zerquetscht sind. Sein Rücken hat drei riesige Wunden, aus denen Blut und Eiter fließt. Ich habe bisher von Pferden und Eseln mit wunden Rücken gehört, aber nie von einem Menschen. Welche Schande für dich, wenn andere davon hören. Daß du, ein so geachteter und geehrter Lama, so grausam sein kannst! Der Junge sollte dich erbarmen! Auch hast du ihm die Unterweisungen, nach denen er so sehr verlangt, nach vollendetem Bau versprochen.« Der Lama gab zur Antwort: »Natürlich habe ich so gesagt. Ich versprach ihm die Unterweisungen, wenn das zehnstöckige Haus beendet sei. Wo sind die zehn Stockwerke? Hat er sie schon beendet?« »Aber – drängte meine Fürsprecherin – er hat einen Anbau errichtet, der viel größer ist als die zehn Stockwerke.« »Viel Gerede und wenig Arbeit, sagt ein Sprichwort – entgegnete der Lama – wenn er die zehn Stockwerke beendet hat; will ich ihm die Lehre geben, vorher nicht. Ist aber sein Rücken wirklich, wie du sagst, voll wunder Stellen?« »Oh ehrwürdiger Vater, weil du so herrschsüchtig bist, siehst du es nicht. Sonst hättest du sehen müssen, daß er nicht nur Wunden auf dem Rücken hat, sondern sein ganzer Rücken eine wunde Stelle ist.« Dies sagte sie so streng wie sie konnte und lief hinaus. Der Lama aber rief sie zurück und sprach: »Dann schicke mir den Jungen.«

So ging ich zu ihm und hoffte zutiefst, daß ich nun endlich in die Lehren eingeführt würde. Aber er hieß mich nur, den wunden Rücken zeigen. Dann sagte er: »Das ist nichts gegen die Prüfungen und Widerwärtigkeiten, die mein Gebieter, der heilige Naropa, erdulden mußte. Er müßte in seinem eigenen Körper zwölf größere und zwölf kleinere Anfechtungen, das sind zusammen vierundzwanzig, ertragen. Ich selbst habe nicht mit meiner Gesundheit oder meinem Reichtum gespart, sondern wortlos beide geopfert, um meinem Lehrer Naropa zu folgen und zu dienen. Willst du wirklich die Wahrheit, dann brüste dich nicht mit deinem Opfern, sondern warte geduldig und arbeite standhaft weiter, bis dein ganzes Haus fertig ist.« Wieder waren meine Hoffnungen vernichtet. Dann legte der Lama sein Kleid wie einen Sattel zusammen und zeigte mir, wie Pferde und Esel gesattelt werden, wenn ihr Rücken wund ist. Dasselbe solle ich tun. Als ich ihn fragte, wofür ein Sattel nützlich sei, wenn der ganze Rücken eine einzige Wunde wäre, gab er mir kühl zur Antwort, es würde verhindern, daß Schmutz in die Wunde käme und sie verschlimmere; denn ich müsse weiter Lehm und Steine tragen.

Da ich zutiefst wußte, daß dies der Wunsch meines Guru sei, fühlte ich, daß ich seine Befehle weiter ausführen müsse. Deshalb nahm ich meine Bürde wieder auf. So ging die Arbeit weiter. Als der Lama mich sah, sagte er zu sich: »Lobenswert ist dieser edle Schüler, der ohne Murren den Befehlen seines Guru gehorcht.« Und im geheimen weinte er vor Freude, als er mein ehrliches Suchen und mein Vertrauen zu ihm sah.

Zuletzt aber, als die Wunden immer schwerer und entzündeter wurden, schmerzten sie so, daß ich nicht weiterarbeiten konnte, und wieder bat ich die Frau des Lama, sie möge für mich um die Einweihung in die Wahrheiten bitten. Würde sie mir verweigert, bäte ich um die Erlaubnis, einige Zeit rasten zu dürfen, bis ich die Arbeiten wieder aufnehmen könne. Sie bat für mich, aber der Lama erwiderte: »Lehren und Unterweisungen kann er nicht erhalten, solange das Haus nicht fertig ist. Aber ausruhen darf er, wenn er nicht weiterarbeiten kann und dem nicht zu helfen ist. Doch laß ihn soviel Arbeiten verrichten als möglich.« Darauf erlaubte mir die ehrwürdige Mutter auszuruhen, bis die Wunden geheilt seien.

Als sie zum Teil geheilt waren, sprach der Lama, ohne die Unterweisungen auch nur zu erwähnen: »Großer Zauberer, du solltest jetzt besser deine Bauarbeit wieder aufnehmen und schleunigst vorwärtskommen.« Ich war gerade im Begriff, diesem Befehl zu gehorchen, als meine ehrwürdige Mutter insgeheim zu mir sagte: »Wir wollen etwas zusammen ausfinden, das ihn dazu bringt, dir die Lehren zu geben.«

Nachdem wir uns zusammen beraten hatten, kamen wir zu dem Entschluß, ich solle mich mit all meinen weltlichen Gütern – meinen Büchern und anderem – und mit einem kleinen Sack Gerstenmehl auf meinem Rücken auf den Weg machen und an einer Stelle, wo mich der Lama von seinem gewöhnlichen Sitz aus sehen und hören konnte, zu ihr sagen: »Laß mich gehen, bitte laß mich gehen.« Sie würde mich zurückhalten und zu mir sprechen: »Gehe nicht fort, ich bitte dich, gehe nicht fort. Ich will mein Äußerstes tun, um die Lehren für dich zu erhalten.«

Nachdem wir dies kleine Schauspiel vor den Augen des Lama ausgeführt hatten, rief er: »Damema (eine, die ohne Ich ist), was spielt ihr beide da für eine Komödie?« Seine Frau antwortete: »Der große Zauberer sagt, er sei weit hergekommen, um von dir, seinem Guru das Wissen der erlösenden Wahrheiten zu erlangen. Statt sie zu empfangen, hat er nur dein Mißfallen hervorgerufen und Schläge bekommen. Da er nun fürchtet, er könne sterben, bevor er die Wahrheiten erlernt, will er weiterziehen, sie zu suchen. Und ich versichere ihm, daß ich mein Äußerstes tun will, um für ihn die Einweihung in die Wahrheiten zu erlangen. So versuche ich, ihn zurückzuhalten.« »Ich verstehe«, rief der Lama, kam herab, schlug mich und rief: »Als du zu mir kamst, brachtest du mir da nicht dein ganzes Selbst, Körper, Wort und Geist dar? Wohin willst du nun gehen? Du gehörst mir ganz und gar. Wenn ich wollte, könnte ich deinen ganzen Körper in tausend Stücke zerhacken, und keiner könnte mich daran hindern. Aber auch, wenn du fortgehen willst, wie darfst du dann Mehl aus meinem Hause mit fortnehmen?« Bei diesen Worten warf er mich auf den Boden und gab mir einen heftigen Schlag. Dann trug er den Sack Mehl ins Haus.

Ein so heftiges Schmerzgefühl durchdrang meinen Körper wie der Schmerz einer Mutter, die ihren einzigen Sohn verlor. Zur selben Zeit aber erfaßte mich ein Gefühl der Ehrfurcht vor der gebietenden Würde des Lama, und ich schämte mich, weil ich dies alles mit der Frau des Lama verabredet hatte. So blieb mir nichts anderes übrig, als umzukehren; und ich legte mich weinend hin. Die ehrwürdige Mutter meinte, es sei offenbar, daß der Lama weder durch Bitten, noch durch Drängen oder List zu bewegen sei, mein Flehen nach der Einweihung zu erfüllen. »Aber sei gewiß, einst wird er sie dir gewähren. Bis dahin will ich dich einiges lehren.« Und gütig lehrte sie mich die Methode oder Lehre der Meditation über Vajravarahi,[29] die das Verlangen meines Herzens beschwichtigte, wenn ich auch nicht die ganze Wohltat der »Verwirklichung der Erkenntnis« erlangte. Ich war aber meiner ehrwürdigen Mutter zutiefst dankbar für das, was ich lernte. Und ich meinte, die Wahrheiten, die ich von ihr, der Frau meines Guru empfing, würden meine bösen Taten auslöschen. Ich versuchte, meine Dankbarkeit durch kleine Dienste zum Ausdruck zu bringen, die ich ihr erwies. So zimmerte ich ihr einen Sitz, auf dem sie im Sommer die Kühe melken konnte, und einen anderen, den sie benutzte, wenn sie die Gerste im Hofe vor dem Hause röstete.

In dieser Zeit begann ich nun ernsthaft den Gedanken zu erwägen, einen anderen Guru zu suchen. Je mehr ich aber darüber nachdachte, desto fester wurde in mir die Überzeugung, daß mein jetziger Guru der einzige sei, der die Lehre besaß, durch die man in einem Leben Befreiung erlangen könnte. Ich wußte auch, daß mich meine bösen Taten in eine der Höllen bringen müßten, wenn ich diese Befreiung nicht fände. So beschloß ich, mein Äußerstes zu tun, um Naropa in seinen schweren Prüfungen und in der Geduld und unermüdlichen Ausdauer seines Suchens nach der erlösenden Wahrheit nachzueifern und so meine Befreiung zu sichern. In diesem Sinn ging ich wieder an meine Bauarbeit. Ich schichtete Steine auf und häufte die Erde, um Lehm zu machen. Da kam Ngogdun-Chudor aus Zhung mit wertvollen Geschenken und einem großen Gefolge, um die große Einweihung in das Mandala, den Ritus des Hevajra[30] zu empfangen. Und die Frau des Lama sprach zu mir: »Wenn der ehrwürdige Vater mit deiner großen Hingabe und dem Gehorsam noch nicht zufrieden ist, die du durch den eigenhändigen Bau dieser Häuser bewiesen hast, und Opfergaben zur Einweihung verlangt, dann wollen wir ihm etwas geben, das auf alle Fälle für deine Teilnahme an der Einweihung hinreicht. Gib ihm dies und laß dich einweihen. Zögert er aber noch immer, so will ich mit dir bitten.« Bei diesen Worten legte sie einen wertvollen Türkis von tiefblauer Farbe in meine Hand, der ihr persönliches Eigentum war.

Ich nahm ihn und reichte ihn dem Lama als Einweihungsgabe. Dann setzte ich mich in die Reihe derer, die an der Zeremonie teilnahmen. Der Lama nahm den Türkis, betrachtete ihn von oben bis unten, prüfte ihn sorgfältig und sagte schließlich zu mir: »Großer Zauberer, wie kamst du zu diesem Türkis?« »Die ehrwürdige Mutter gab ihn mir.« Er lächelte und sagte: »Rufe Damema her!« Als Damema gekommen war, sprach er zu ihr: »Damema, wie kommen wir zu diesem Türkis?« Sie verneigte sich mehrere Male tief vor ihm und antwortete: »Ehrwürdiger Vater, dieser Türkis ist keineswegs unser gemeinsames Eigentum. Es ist ein besonderes Stück aus meinem eigenen Besitz, das mir die Eltern zu unserer Hochzeit mitgaben. Da sie sahen, daß Euer Ehrwürden leicht erregbar sind, fürchteten sie, wir könnten uns einmal trennen. Dann sollte der Türkis zu meiner Versorgung dienen, und ich sollte ihn im geheimen als meinen eigensten Besitz aufbewahren. Da ich nun sah, wie sehr dieser arme Junge nach der Lehre verlangt, blieb mir nichts anderes übrig, als den Stein hervorzuholen und ihm zu geben.

Bitte nimm diesen Türkis an und gewähre ihm die Einweihung. Viel Qual hat er in seinem Gemüt erlitten, weil er schon mehrmals aus dem heiligen Kreis ausgestoßen wurde. Gestatte mir, daß ich dich um Erbarmen für ihn bitte. Und auch ihr, meine Söhne, Ngogdun und ihr anderen, ich flehe euch an: Bittet mit mir.« Nach diesen Worten warf sie sich wieder mehrere Male dem Lama zu Füßen.

Ngogdun und die anderen, die des Lama leicht aufbrausende Art kannten, verbeugten sich nur schweigend vor ihm und sprachen: »Es geschehe nach den Worten der ehrwürdigen Mutter.« Der Lama aber legte den Türkis um seinen Hals und sagte einfach: »Damema, deine Torheit hätte uns fast um diesen Türkis gebracht. Hätte er nicht verloren gehen können? Sei doch nicht töricht. Wenn du mir selbst ganz und gar gehörst, dann gehört auch der Türkis mir. Großer Zauberer, wenn dir irgend etwas selbst gehört, dann bringe es her, und ich will dir die Einweihung geben. Der Türkis ist mein Eigentum.«

Da ich sah, daß die ehrwürdige Mutter diesen wertvollen Türkis als Opfergabe gebracht hatte, dachte ich, vielleicht wird sich der Lama noch besänftigen und mir erlauben, an der Einweihung teilzuhaben. So blieb ich noch eine Zeitlang sitzen. Darüber aber erzürnte der Lama so sehr, daß er wütend aufstand und schrie: »Du frecher Bursche, warum gehst du nicht hinaus, wenn ich es dir sage? Wer gibt dir das Recht, in meiner Nähe zu bleiben?« Und mit erstaunlicher Kraft warf er mich auf den Boden, das Gesicht nach unten. Dann zog er mich hoch und warf mich wieder gewaltsam auf den Rücken. Er wollte eben seinen Stock erheben, um mich zu schlagen, als Ngogdun dazwischen trat und ihn zurückhielt. Inzwischen sprang ich in äußerstem Entsetzen aus dem Fenster, was den Lama in Angst versetzte, wenn er auch weiter den Wütenden spielte.

Der Sprung hatte mir nicht geschadet, doch ich war so betrübt und gekränkt, daß ich den Entschluß faßte, meinem Leben ein Ende zu machen. Aber wieder kam meine ehrwürdige Mutter zu mir und brachte mir Trost: »Großer Zauberer, nimm es nicht so zu Herzen! Es kann nirgends einen treueren und lieberen Schüler als dich geben. Wenn du nach allem doch zu einem anderen Guru gehen willst, will ich dich mit den nötigen Geschenken und Mitteln für deine Ausgaben unterstützen.« So versuchte sie, mich zu trösten, und sie blieb weinend die ganze Nacht bei mir. Sie vergaß sogar ihre Pflicht, bei der Abendandacht des Lama zugegen und behilflich zu sein.

Am nächsten Morgen rief mich der Lama zu sich. Wieder dachte ich, nun würde mein liebster Wunsch erfüllt. Er aber fragte mich, ob seine Weigerung am vorhergehenden Tage meinen Glauben an ihn erschüttert oder mein Mißfallen gegen ihn erweckt habe? Da antwortete ich: »Sie hat meinen Glauben an dich nicht erschüttert. Denn ich meinte, es sei mein schweres böses Tun, das mich von der Teilnahme an der Zeremonie ausschloß, und so bin ich von Reue durchdrungen.« Bei diesen Worten brach ich in Tränen aus. Er aber wies mich zurecht: »Welchen Grund hast du, mich derart durch dein Weinen zu tadeln?«

Als ich hinausging, fühlte ich, wie mein Herz brechen wollte; ein hartes Zerren riß an seinen Wurzeln. Ich dachte an das Gold, das ich damals besaß, als ich den Weg der bösen Werke beschritt und beklagte, daß ich es jetzt nicht haben konnte, da ich nach dem Pfad der Rechtschaffenheit begehrte. Oh, hätte ich doch nur die Hälfte davon! Dann könnte ich die Einweihung und Lehre empfangen. Ohne Gold aber würde sie der Lama niemals geben. Überall müßte ich ein Geschenk bringen, auch wenn ich die Lehre anderswo erlernen wollte. Nichts war ohne Geld zu erreichen. Da ich keine weltlichen Güter besaß, mußte ich unbefreit, ohne erlösende Lehre sterben. Es wäre besser, ich würde mein Leben gleich enden, als ohne diese Wahrheit weiterzuleben. Was sollte ich tun? Sollte ich der Diener eines reichen Mannes werden, meinen Lohn aufheben und soviel zusammensparen, daß ich Gaben für die Einweihung bringen und mich während der Zeit meiner Buße und Meditation ernähren konnte? Oder sollte ich nach Hause gehen und meine Mutter wiedersehen? Vielleicht könnte ich auch dort irgendwie Geld bekommen. Aber ich hatte durch meine Schlechtigkeit und Schwarze Magie zuviel Verwüstung unter meinen Nachbarn angerichtet. Doch eins von beiden war sofort zu tun. Ich mußte fortgehen, um Geld zu suchen oder die Lehre zu finden; fortgehen mußte ich.

So nahm ich meine Bücher und ließ den Sack mit Mehl aus Angst vor der Ungnade des Lama zurück. Selbst meiner ehrwürdigen Mutter sagte ich nichts von meinem Plan. Als ich vier oder fünf Meilen gegangen war, erfaßte mich eine so große Sehnsucht nach ihr, und ich bereute meine Undankbarkeit, daß ich diese gütige Mutter wortlos verlassen hatte. Es war die Zeit der Morgenmahlzeit. Ich erbettelte mir Gerstenmehl, borgte mir einige Gefäße, sammelte Brennholz und kochte mir meine Mahlzeit. Als ich das Essen beendet hatte, war es nach Mittag. Da fiel mir ein, daß mir der Lama durch meinen Unterhalt sicher die Hälfte des Lohnes für die getane Arbeit bezahlt hätte, und ich dachte über die Mühe nach, die mir schon das Bereiten dieser einen Mahlzeit machte. Dabei verglich ich sie mit dem reichlichen Lebensunterhalt, den ich bei dem Lama empfangen hatte. Alles wurde von seiner Frau zubereitet – jeden Tag schmackhafte, dampfend heiße Schüsseln, und ich hielt mich für sehr undankbar, daß ich fortgegangen war, ohne der gütigen Frau Lebewohl zu sagen. Fast wäre ich wieder umgekehrt, aber ich konnte mich doch nicht ganz dazu entschließen.

Als ich zurückging, um die geborgten Gefäße wieder abzugeben, hielt mich ein alter Mann an und sprach zu mir: »Schau nur an. Du bist doch noch ein ganz junger Bursche, der arbeiten kann. Warum bettelst du? Warum verdienst du dir nicht deinen Unterhalt durch das Lesen der heiligen Schrift, wenn du lesen kannst? Kannst du aber nicht lesen, warum arbeitest du dann nicht? Du könntest deinen Unterhalt und noch etwas Geld dazu verdienen. Kannst du lesen oder nicht?« Ich antwortete ihm, daß ich kein gewöhnlicher Bettler sei und lesen könne. Da sagte der alte Mann zu mir: »Gut, komm zu mir und bleibe in meinem Hause. Lies die Schriften für mich, und ich will dich gut bezahlen.«

Nur zu gern nahm ich dieses Anerbieten an. Ich mußte die gekürzte Übertragung des Prajna-Paramita in achttausend Versen[31] lesen. Dabei kam ich zu der Geschichte des Arhant Taktungoo (des stets Weinenden). Darin stand, daß der Arhant selbst das Fleisch seines Körpers der Lehre verkauft hatte, weil er keinen Pfennig besaß. Nichts ist dem Menschen lieber als sein eigenes Herz, und auch dieses wollte er verkaufen. Wenn auch der Tod unmittelbar eintreten würde, ihm war es gleichgültig. Als ich meine Prüfungen mit denen des Arhant verglich, schienen sie ein Nichts. Da wachte ein Hoffnungsfunke in mir auf: Vielleicht würde der Lama mir doch noch zuletzt die ersehnte Lehre geben? Und wenn er es nicht täte, hatte meine ehrwürdige Mutter nicht versprochen, sie würde mir zu einem anderen Guru verhelfen? So ging ich zu ihm zurück.

Inzwischen hatte die Frau des Lama bemerkt, daß ich wirklich gegangen war. Sie eilte zum Lama und sprach: »Nun hat dich dein unversöhnlicher Feind für immer verlassen. Bist du nun zufrieden, ehrwürdiger Vater?« »Wen meinst du?«, fragte er. »Hast du nicht den armen großen Zauberer wie deinen tödlichsten Feind behandelt?« Der Lama zog seine Stirn in Falten, aber er konnte die Tränen nicht zurückhalten. »Oh, Gurus der Kargyütpa, Gottheiten und Schutzgeister – rief er aus – bringt mir meinen auserwählten Schüler zurück!« Nach diesen Worten hüllte er seinen Kopf in den Mantel und verharrte eine lange Zeit in Schweigen.

Als ich nun zurückkam, um der Frau des Lama meine Huldigung zu erweisen, sprach sie hocherfreut: »Das war wirklich das Beste, das du machen konntest; ich glaube, der Lama wird dir wenigstens jetzt die Gunst der Lehre erweisen. Denn als ich ihm dein Fortgehen meldete, vergoß er Tränen und rief: Bringt mir meinen auserwählten und begabten Schüler zurück! Ich glaube die Gnade des Lama hat dich zurückgeführt.«

Ich meinte in meinem Innersten, die ehrwürdige Mutter sage dies nur, um mich zu trösten. Denn wie kam es, daß er mich zurückwünschte und seinen begabten Schüler nannte und mir doch das Geringste an geistiger Lehre verweigerte? Hatte er mich wirklich begabt genannt, dann müßte ich mich darüber freuen; aber seine Weigerung, mir irgendeine Unterweisung in der Lehre zu geben oder mich zu einem anderen Guru gehen zu lassen, erfüllte mich wieder mit schwerer Sorge.

Die ehrwürdige Mutter ging nun zum Lama und sprach zu ihm: »Ehrwürdiger Vater, der große Zauberer brachte es doch nicht übers Herz, uns zu verlassen. Er ist zurückgekommen. Darf er zu dir herein, um dir seine Huldigung darzubringen?« »Es geschah nicht aus Liebe zu uns, sondern zu sich selbst – gab der Lama zur Antwort – aber laß ihn hereinkommen und seine Verehrung erweisen.« Als ich zu ihm kam, sprach er zu mir: »Großer Zauberer, werde nicht wankelmütig in deinen Zielen. Willst du wirklich die Lehre empfangen, dann mußt du bereit sein, selbst dein Leben dafür zu opfern. Geh nun fort und vollende zuerst die drei noch unfertigen Stockwerke des Hauses. Dann sollen deine Wünsche erfüllt werden. Bist du aber anderer Meinung, dann verschwende ich nur unnötig Essen an dich. Und du kannst gehen, wohin du willst.«

Ich verließ den Lama, ohne den Mut zu einer Erwiderung zu finden. Aber zu seiner Frau sagte ich: »Ehrwürdige Mutter, es verlangt mich sehr, meine Mutter noch einmal zu sehen. Auch bin ich überzeugt, daß mir der Lama die Lehren nicht geben wird. Wäre ich sicher, daß ich sie nach der Vollendung des Baues empfinge, ich würde nur zu gern weiter arbeiten und das Gebäude zu Ende bringen. Aber ich sehe genau, daß der Lama immer wieder Einwendungen machen wird und neue Entschuldigungen findet. Ich werde sie bestimmt nicht empfangen, auch wenn ich das Gebäude vollende. Darum laß mich nach Hause gehen. Ich wünsche euch beiden Gesundheit und langes Leben.«

Ich verneigte mich vor ihr und wollte mich verabschieden, als sie mir sagte: »Du hast ganz recht. Doch ich versprach, dir einen Guru zu suchen, und es gibt einen Schüler des Lama, Ngogdun-Chudor, der dieselben Vorschriften und Lehren hat wie er. Ich will alles versuchen, daß du von ihm die erwünschten Lehren empfängst. Bleibe noch einige Zeit hier und tu, als ob du arbeitest.« Beglückt über die Aussicht, meinen Wunsch erfüllt zu sehen, arbeitete ich einige Tage mit aller Willensanstrengung weiter.

Der große Pandit Naropa scheint zu seinen Lebzeiten den zehnten Tag jedes Monats als großen Tag der Verehrung eingehalten zu haben. Dieselbe Gewohnheit hatte Marpa übernommen. Zur Feier des heiligen Tages führte die Frau des Lama auf seine Kosten folgende Kriegslist aus: »Drei große Gefäße mit Chhang, von denen jedes zwanzig Maß faßte, waren für diese Gelegenheit zum Gären gebracht. Das eine Gefäß wurde dem Lama von verschiedenen Gehilfen dargeboten. Darunter waren wir beide, sie und ich; und immer wieder wurde seine Schale von neuem gefüllt. Das zweite Gefäß wurde den Schülern gereicht, von dem dritten nippte sie selbst ein wenig. Ich folgte ihrem Beispiel und vermied es, davon trunken zu werden. Die anderen Schüler aber wurden es mehr oder weniger. Der Lama, der so häufig dem überstarken Trank zugesprochen hatte, fiel in tiefen Schlaf. Während er nun schlief, nahm seine Frau einige Gegenstände aus seinem Zimmer, darunter Naropas Kränze und seinen Rosenkranz aus Rubinen. Dann gab sie mir einen Brief in des Guru Namen, den sie schon geschrieben hatte, legte Kränze und Rosenkranz, in eine kostbare Schleife eingewickelt, als Geschenk des Lama hinein und versiegelte den Brief mit dem Siegel des Lama. Dann befahl sie mir, zu dem erwähnten Ngogdun-Chudor zu gehen und ihm diesen Brief zu übergeben. Sein Inhalt war der Befehl an Ngogdun, dem großen Zauberer die Lehren zu geben. So sandte sie mich nach der Hauptprovinz von Tibet, und ich ging zu Ngogdun im vollen Glauben, von ihm die erlösende Wahrheit zu empfangen.«

Etwa zwei Tage nach meinem Abschied fragte der Lama seine Frau nach mir. Sie meinte, ich sei wahrscheinlich unterwegs, aber wo, das könne sie nicht sagen. »Wo ging er hin, und wann verließ er uns?« war seine Frage. Und sie antwortete: »Er sagte mir, daß du trotz aller Arbeit, die er für dich getan, noch immer nicht geneigt wärest, ihm die Lehre zu geben, und ihn nur schiltst und schlägst. So wolle er gehen und anderswo einen Guru suchen. Da du ihn wieder geschlagen hättest, wenn du es erfahren, sagte ich es dir nicht. Ich versuchte mein Äußerstes, um ihn zurückzuhalten, vermochte es aber nicht. Er ging gestern fort.«

Auf diese Nachricht wurde das Gesicht des Lama schwarz wie die Nacht. »Wann ging er fort?« rief er. »Gestern« war die Antwort. Eine Zeitlang versank er in Schweigen. Dann sagte er: »Mein Schüler kann noch nicht sehr weit gegangen sein.«

Inzwischen war ich in Riwo-Kyungding in der Hauptprovinz von Tibet angekommen. Ich fand Ngogdun, der damals ein Hauptlama war, im Kreise vieler Schüler bei den Auslegungen zu der »doppelten Analyse«.[32] Er behandelte gerade die Stelle: Ich bin der Ausleger, bin die Wahrheit und der Hörende. Ich bin der Lehrer der Welt und der Verehrende. Ich bin das Wesen, das alle Formen weltlichen Daseins überschritten hat und bin der Segnende. Da nahte ich mich und warf mich in einiger Entfernung ihm zu Füßen. Dieser Fleck hieß später Chag-tael-Kang (der Hügel des Gehorsams). Ngogdun nahm seinen Hut ab, erwiderte meine Begrüßung und meinte aus der Art meiner Begrüßung den Schüler Marpas zu erkennen. Daß ich gerade in dem Augenblick kam, wo er diese besonderen Verse auslegte, sei ein ungewöhnlich gutes Vorzeichen, so ungewöhnlich, daß er aus dieser einfachen Begebenheit schloß, ich müsse eines Tages ein Meister aller religiösen Lehre werden. Er sandte einen seiner Schüler, mich nach meinem Namen zu fragen. Der erkannte mich und fragte, was ich wollte? Ich antwortete, daß mein Guru Lama Marpa zu beschäftigt sei, um nach meinem persönlichen Unterricht zu schauen. Deshalb habe er mich hergesandt, um hier den Vorlesungen beizuwohnen. Ich sagte ihm auch, daß ich Naropas Kränze und Rosenkranz aus Rubinen als ein Geschenk meines Lamas mitgebracht hätte.

Als der Schüler dies dem Lama Ngogdun mitteilte und ihm erzählte, ich sei ein großer Zauberer, da rief er hocherfreut: »Wahrhaft selten gibt es Augenblicke, in denen man solch große Gunst erfährt wie diese! Mein demütiges Kloster durch die Gegenwart solch kostbarer und heiliger Reliquien unseres großen Lehrers Naropa gesegnet und geehrt! Das ist ein Ereignis so selten wie die Udumvara Blüte![33] Wir müssen dieses seltene Erlebnis mit der nötigen Verehrung empfangen!« Darauf brach er seine Erklärung an der Stelle, die so günstiger Vorbedeutung war, ab und ließ von den Mönchen Banner, zeremonielle Schirme und Wimpel holen, während Musikinstrumente zu Ehren der mitgebrachten Reliquien ertönten.

Als ich zu seiner Wohnung kam, warf ich mich zur Erde und übergab ihm Brief und Reliquien. Er nahm sie tiefbewegt in Empfang, und Tränen strömten aus seinen Augen. Er nahm seinen Hut ab, legte die Reliquien auf sein Haupt und betete um Gewährung der Gnade. Dann legte er sie in seinen Altarschrein. Der Brief, den er nun las, lautete: »Ich will mich eben in abgeschlossene Einsamkeit zurückziehen.

Da aber der große Zauberer ungeduldig nach den Lehren drängt, sende ich ihn dir zur Einweihung und Einsegnung. Ich gebe dir die Vollmacht dazu und schicke dir hierfür zum Geschenk Naropas Kranz und Rosenkranz aus Rubinen.«

Nachdem er diesen Brief gelesen, versprach Ngogdun, mir die vom Lama befohlene Einweihung und Einsegnung zu geben. Er hätte schon daran gedacht, mich holen zu lassen; aber jetzt sei ich ja selbst gekommen, und dies sei dem Segen und der Gnade des Lama zu danken. Dann sagte er: »Ich habe eine Menge Schüler aus Kham, Tagpo, Kongpo und Yarlung. Auf ihrem Wege hierher werden sie von dem gesetzlosen Volk der Yepo und Yemo aus Döl des geringen Vorrates beraubt, mit dem sie sich auf die Reise machen, um sich hier ihren Studien zu widmen. Ich bitte dich deshalb, geh hin und bestrafe dies gesetzlose Volk, indem du einen Hagel über ihr Land schickst. Wenn du dies getan, will ich dich segnen und einweihen.« Ich bereute in diesem Augenblick bitter das Verhängnis, das solch verfluchte Macht in meine Hände gegeben und mich zum Werkzeug grimmiger Rache gemacht hatte, um Unrecht zu wirken und Böses zu tun. Würde ich mich aber weigern, so wäre es Ungehorsam gegen meinen Guru oder zumindest gegen einen, den ich zum Guru nehmen wollte, eine fast ebenso furchtbare Sünde wie der Ungehorsam gegen den wirklichen Guru; und zudem würde ich jede Gelegenheit verlieren, die Lehren zu empfangen. So blieb mir keine Wahl.

Ich versorgte mich mit allem Nötigen und machte mich auf den Weg. Am Schauplatz meines Tuns mietete ich mich im Hause einer alten Frau im Yepo-Lande ein. Als die Hagelstürme eben losbrechen wollten, die Blitze aufleuchteten, und der Donner grollte, schlug sich meine Wirtin an die Brust und schluchzte: »Ach, wovon soll ich leben, wenn meine Ernte zerstört ist?«

Das war zuviel für mich. Ich konnte die Grausamkeit gegen diese arme alte Frau nicht ertragen, und in äußerster Gefahr für mich bat ich sie schnell, einen Plan ihres Feldes zu zeichnen. »So schaut mein Feld aus«, schrie sie verzweifelt und beschrieb eine dreieckige Figur mit verlängertem Ende. Ich bedeckte die Zeichnung sofort mit einem eisernen Tiegel und schützte sie im Geiste vor dem Hagel, wodurch sie der Verwüstung entging. Nur eine kleine Ecke, die unter der Bedeckung herausgesehen hatte, wurde von einem Windsturm verwüstet.

Als sich der Sturm gelegt hatte, ging ich hinaus, um nach dem Land zu sehen. Die Böschungen über dem Tale waren alle zu Bergschluchten gefurcht, die früher üppigen Felder bis auf den Grund verwüstet. Das Feld der alten Frau aber war frisch und grün geblieben. Nur das kleine unbedeckte Eck war vom Winde zerstört und von Fluten überschwemmt worden. Und auch später blieb dieses Feld, mit Ausnahme des kleinen Zipfels, von jedem Hagel verschont, der die Nachbarschaft traf. So wurde die Frau von der Hagelsteuer[34] für das ganze Feld mit Ausnahme der Ecke befreit.

Auf dem Wege zu meinem neuen Guru traf ich einen alten Schäfer mit seinem Kinde, der seine Herden in den Fluten verloren hatte. Durch ihn ließ ich den Leuten dieser Gegend sagen, sie sollten die Schüler und Anhänger des Lama Ngogpa nicht weiter schlecht behandeln und berauben, sonst würden immer wieder ähnliche Hagelstürme über sie herfallen. So zeigte ich ihnen, wer diese Verwüstung angerichtet hatte. Da wurden die Bewohner dieser beiden Flecken so tief von der wunderbaren Macht des Lama beeindruckt, daß sie seine ergebensten Anhänger und treuesten Diener wurden.

Auf dem Wege hob ich einige tote Vögel auf, die ich unter einem Brombeergebüsch fand, und eine Anzahl von anderen Vögeln und Ratten, die tot auf dem Wege lagen. Ich barg sie in meiner Kappe und in den Falten meines Rockes, bis kein Platz mehr war. Dann legte ich sie in einem Haufen vor den Lama Ngogpa und flehte zu ihm: »Ehrwürdiger Lehrer, ich kam zu dir, um die heilige Lehre zu finden und wurde gezwungen, Sünde auf Sünde zu häufen. Habe Mitleid mit solch fürchterlichem Sünder!« Und ich brach in bitteres Weinen aus.

Darauf sprach der Lama: »Verzweifle nicht. Es gibt keinen Grund für solch schwächliche Furcht. Wir Schüler von Naropa und Maitri[35] besitzen die Wahrheiten, die mit einer Handbewegung die größten Sünder retten können, wie ein einziger gut geworfener Stein hundert Vögel zugleich erschreckt. Alle Geschöpfe, Vögel und Tiere, die durch den

Hagel getötet wurden, sollen als deine besten Schüler wiedergeboren werden, wenn du zur Buddhaschaft gelangst. Bis dahin will ich sie durch meine Macht davor bewahren, daß sie in die Hölle oder in niedere Seinszustände fallen. Darum beruhige dich. Zweifelst du aber noch, so will ich dir die Wahrheit meiner Worte beweisen.« Einige Minuten verharrte er schweigend mit geschlossenen Augen. Dann klatschte er in die Hände, und sofort erwachten alle von mir gesammelten Vögel und Ratten zum Leben und strebten in ihre Nester und Höhlen zurück. Nun sah ich, daß der Lama selbst ein Buddha war. Wie herrlich, wie segensreich! Ich wäre froh gewesen, hätten mehr Geschöpfe den Vorteil gehabt, in solchen Augenblicken zu sterben.

Danach wurde ich in das Mandala des Hevajra geweiht. Ich hatte eine Höhle im Süden gefunden, von der aus ich die Wohnung des Guru sehen konnte. Mit wenig Mühe machte ich sie mir wohnlich und schloß mich in ihr ein. Nur seitwärts blieb mir eine kleine Öffnung, durch die Nahrung, Wasser und anderes gereicht werden konnte.

Mein Guru hatte mir die Methoden der Meditation erklärt, und ich verharrte in dieser Übung. Aber trotz aller Güte meines Guru und all meiner Ausdauer wurde mir keine geistige Entwicklung zuteil, da ich Marpas Zustimmung nicht erlangt hatte.

Eines Tages kam mein Guru und fragte mich nach diesen und jenen Erfahrungen. Ich aber hatte keine davon erlebt.

»Wie ist das möglich – rief er – auf dieser Entwicklungsstufe gab es noch keinen, und es sollte auch keinen geben, der nicht in kürzester Frist geistige Entwicklung erzielt hätte, es stünde denn irgend etwas unmittelbar im Wege. Es ist doch unmöglich, daß unser aller Guru seine Zustimmung verweigert; hätte er sonst Geschenke und Brief geschickt? Doch verharre trotzdem weiter in der Betrachtung.«

Ich war über diese Worte leicht erschreckt und dachte einen Augenblick daran, meinen Betrug zu beichten. Aber mir fehlte der Mut. Mehr als je zuvor erkannte ich die Notwendigkeit, meinen ersten Guru, den Lama Marpa, günstig zu stimmen. Inzwischen aber gab ich mich weiter der Versenkung hin, so gut ich es nur vermochte.

Um diese Zeit schrieb der Lama Marpa dem Lama

Ngogpa und bat ihm um Sendung kleiner Äste für das Haus[36] seines Sohnes, das nun vollendet war. Am Schlusse des Briefes bat er Ngogpa nach Vollendung der verzierenden Spitze und des Gesimses selbst zu kommen, um der Einweihung des Hauses beizuwohnen und gleichzeitig die Zeremonie der Mündigwerdung Doday-Bums[37] mitzufeiern. Der Brief bewies auch, daß der Lama Marpa von meinem Aufenthalt beim Lama Ngogpa gehört hatte; er sprach von mir als von einem »schlechten Menschen« und verlangte, daß ich mit zurückgebracht würde.

Lama Ngogpa kam zu der Öffnung meiner Höhle und las mir den Brief vor. Dabei bemerkte er: »Nach den Worten des Lama über dich scheint er dir den Empfang der Wahrheiten nie erlaubt zu haben!« Da antwortete ich: »Der Lama selbst gab mir seine Einwilligung nicht; aber seine Frau gab mir Brief und Geschenke, mit denen ich hierher gesandt wurde.« »Weh – rief er – dann haben wir nutzlos gearbeitet! Du weißt doch, daß ohne innere Zustimmung des Guru geistiges Wachstum nicht zu erlangen ist. Es ist kein Wunder, daß du keines der Zeichen erfahren hast. Trotzdem ruft er dich zurück. Willst du ihm folgen?« Ich bat ihn, in seiner Begleitung mitgenommen zu werden. Darauf antwortete er, die Zweige seien durch Boten hingesandt worden, und ich solle bis zu deren Rückkehr und der Festsetzung des genauen Zeitpunktes des Festes in meiner Abgeschiedenheit verharren.

Nach Rückkehr der Boten kam er wieder zu meiner Höhle. Wir unterhielten uns nun lange über die bevorstehende Einweihungszeremonie des Hauses unseres Guru und die Übergabe an seinen Sohn, der auch eine Auszeichnung empfangen sollte. Im Laufe der Unterhaltung fragte ich, ob die Sprache auch auf mich gekommen sei? »Ja, erwiderte Ngogpa, die Frau des Lama fragte die Boten nach dir. Als man ihr sagte, du lebtest in der Zurückgezogenheit, wollte sie wissen, was du sonst noch treibest? Da erzählten sie, daß du immer wieder die Einsamkeit suchtest. Dies schrieb sie dem Verluste deines Würfels zu, den du zurückgelassen hättest und gab diesen dem Boten, befestigte ihn selbst in seiner Jacke und trug ihm auf, ihn sicher in deine Hände gelangen zu lassen.« Mit diesen Worten überreichte mir Ngogpa einen

Würfel aus Lehm. Ich nahm ihn ehrfürchtig entgegen und in dem Gedanken, daß er durch die Berührung meiner ehrwürdigen Mutter geheiligt worden sei, legte ich ihn auf meinen Kopf.

Als der Lama mich verlassen hatte, überkam mich der Wunsch, mit dem Würfel zu spielen. Doch mir fiel ein, daß ich in Gegenwart jener Frau nie meine Schwäche für das Würfelspiel gezeigt hatte, und ich fragte mich, warum sie mir dieses Ding hatte schicken lassen, das zur Verarmung meiner Vorfahren geführt hatte. Wollte sie mir damit ihre Verachtung zum Ausdruck bringen? Dieser Gedanke machte mich rasend, und wütend warf ich den Würfel so heftig zu Boden, daß er auseinander sprang, und eine kleine Papierrolle herausfiel. Ich hob sie auf und las folgende Botschaft: »Mein Sohn, dein Guru ist jetzt geneigt, dir Einweihung und Schriften zu geben. Begleite deshalb Lama Ngogpa.« Das war eine so willkommene Botschaft für mich, daß ich voll Stolz in meiner kleinen Höhle einherging und vor Freude tanzte.

Da kam Lama Ngogpa zu mir und sprach: »Tapferer großer Zauberer, mache dich für die Reise fertig.« Ich tat es mit größter Bereitwilligkeit. Der Lama sammelte all sein Eigentum, um es als Gabe mitzubringen, mit Ausnahme der Geschenke, die ihm Marpa gegeben. Es waren Bilder, Bücher, Reliquien, Gold, Türkis, Tuche, Seiden, Platten, Gefäße, lebendes Vieh und vieles andere. All seine Schafe und Ziegen trieb er fort; nur eine alte lahme Geiß ließ er zurück, denn sie konnte der übrigen Herde nicht folgen. Seinen ganzen Besitz wollte er seinem Guru als Opfergabe bringen. Gütigerweise erkannte er den von mir erwiesenen Dienst an und schenkte mir einen seidenen Schal als persönliche Gabe an den Lama Marpa. Seine Frau fügte noch einen Sack von geriebenem Käse als mein Geschenk an Marpas Frau Damema hinzu.

Dann machten sich Lama Ngogpa, seine Frau, ich selbst und viel Gefolge auf den Weg zu Marpas Kloster Dowo-Lung. Als wir am Fuße des Hügels angekommen waren, auf dem Dowo-Lung stand, bat mich der Lama, vorauszugehen, um Lama Marpa und Damema von seiner Ankuft zu benachrichtigen. Vielleicht würden sie ihm etwas Chhang entgegenschicken. So ging ich zu Marpas Haus und traf zuerst seine Frau. Ich reichte ihr den Sack Käse und grüßte sie voll Ehrfurcht. Dann meldete ich die Ankunft des Lama Ngogpa und bat sie, ihm Erfrischungen entgegenzusenden. Sie war sehr froh über mein Kommen und riet mir, dem Lama Marpa im Hause meine Verehrung zu bezeigen und ihm die Ankunft des Lama Ngogpa zu melden.

Ich betrat das Haus und fand den Lama Marpa im obersten Stockwerk, in Betrachtung versunken. Ich reichte ihm den seidenen Schal und verneigte mich vor ihm. Er saß mit dem Gesicht nach Osten und wendete es nun nach Westen. Und wieder verbeugte ich mich vom Westen her; da wandte er das Gesicht nach Süden. Und ich sprach zu ihm: »Ehrwürdiger Guru, wenn du auch in deinem Mißfallen meine Huldigung nicht annehmen willst, so muß ich dir doch melden, daß Lama Ngogpa mit seinem ganzen Besitz an Bildern, Büchern, Gold, Türkis, Vieh und anderem als Geschenk für dich naht. Sicher verdient er einen würdigen Empfang. Darum bitte ich dich, schicke ihm Chhang und Erfrischungen entgegen.«

Scheinbar wütend knackte der Lama mit den Fingern und rief: »Wer empfing mich, als ich mich mit der Last kostbarer Lehren auf dem Rücken mühsam nach Hause schleppte? Als ich die wertvollen Edelsteine der Grundwahrheit aller vier Stufen der buddhistischen Lehre von Indien nach Hause brachte, kam mir da auch nur ein lahmer Vogel zur Begrüßung entgegen? Warum sollte also ich, der große Übersetzer, Ngogpa empfangen, nur weil er mir ein paar kümmerliche Tiere bringt? Nein, ich denke nicht daran, und hat er es erwartet, dann sollte er besser umkehren.«

Ich verließ den Lama und erzählte seiner Frau, was er gesagt. »Dein Guru ist sehr eigensinnig – sprach sie – doch Ngogpa ist ein großer Mann und muß geziemend empfangen werden. Wir beide wollen ihm entgegengehen.« Ich aber sprach: »Lama Ngogpa erwartet dies sicher nicht von dir. Gib mir nur etwas Chhang, und ich will zu ihm zurücklaufen.« »Nein, ich werde ihm selbst entgegengehen«, gab sie zur Antwort; und sie ließ einige Schüler eine große Menge Chhang bringen. Dann ging sie selbst hinaus, den Lama Ngogpa zu empfangen.

Alle Leute von Lhobrak waren zusammen gekommen, das

Mündigwerden von Marpas Sohn, Dharma-Doday, zu feiern und Zeuge der Einweihung des für ihn gebauten Hauses zu sein. Es fand eine große Feier statt, und Lama Marpa erhob seine Stimme und sang ein Loblied als Segnung für die Versammlung und das Fest:

> Zu dir, oh gnäd'ger Guru, bete ich!
>
> Auf meiner Väter ruhmreichem Geschlecht
> Verweile der Reinheit Segen,
> Und seine Gnade erfülle uns.
>
> Auf meiner tiefen Wissensschau kleinem Pfad
> Verweile der Wahrheit Segen,
> Und seine Gnade erfülle uns.
>
> Auf mir, dem Übersetzer Marpa,
> Verweile der tiefen Lehre Segen,
> Und seine Gnade erfülle uns.
>
> Auf Guru, auf Deva, Dakini
> Verweile der Schönheit und Milde Segen,
> Und seine Gnade erfülle uns.
>
> Auf meinen geistigen Söhnen und Schülern
> Verweile des starken, wahrhaftigen Glaubens Segen,
> Und seine Gnade erfülle uns.
>
> Auf meinen Anhängern, nahe und fern,
> Verweile Verdienstes und Mitleidens Segen,
> Und seine Gnade erfülle uns.
>
> Auf allem reinen Wirken und Handeln
> Verweile der Ich-Befreiung und Selbstentäußerung
>   Segen,
> Und seine Gnade erfülle uns.
>
> Auf allen guten und bösen Geistern vergänglicher Welt
> Verweile großer Verdienste und mächtiger Strafen Segen,
> Und seine Gnade erfülle uns.

Auf jedem Lama und Volk hier versammelt
Verweile der Freude und herzlicher Wünsche Segen,
Und seine Gnade erfülle uns.

Als Marpa seinen Segen gesprochen hatte, erhob sich Lama Ngogpa und brachte ihm seine Geschenke dar. Dabei redete er Marpa mit folgenden Worten an: »Großer, ehrwürdiger Guru, ich brauche nicht erst zu betonen, daß alles, was ich habe und bin, dein ist. Bei dieser Gelegenheit aber laß mich dir sagen, daß all meine Habe als Opfergabe für dich hierher gebracht wurde. Nur eine lahme alte Geiß ließ ich zurück; sie war zu alt und lahm, um mit der übrigen Herde Schritt zu halten. Als Gegengabe nun bitte ich, du mögest mir, deinem stets ergebenen Schüler, die wertvollsten Einweihungen, vor allem die im geheimen überlieferten Schriftrollen, geben.«

Damit warf er sich dem zufriedenen Marpa zu Füßen, und dieser redete ihn an: »Verhält es sich so, dann vernimm du dagegen, daß die Wahrheiten und Schriften, die ich besitze, zu den seltensten und wirksamsten gehören. Sie sind größtenteils Wahrheiten des ›kurzen unwandelbaren Pfads‹,[38] die in einem einzigen Leben zur Erreichung des Nirvana führen, ohne endlose Zeit darauf zu warten. Und noch tiefer sind die Wahrheiten, die in den Rollen aufgezeichnet sind, von denen du sprichst; darum müssen auch die Forderungen des Guru besonders streng sein. Und bis du nicht die letzte Geiß trotz Alter und Lahmheit bringst, wirst du schwerlich diese Lehren erwerben. Die anderen Lehren aber hast du alle erhalten.« Diese letzte Forderung ließ alle Anwesenden herzlich lachen. Lama Ngogpa aber fragte ernst, ob er die gewünschten Schriften empfangen würde, wenn die letzte Geiß gebracht sei? »Ja«, antwortete Marpa, »wenn du sie selbst holst.«

Die Versammlung ging nun auseinander, und am nächsten Morgen machte sich Lama Ngogpa auf den Weg, die lahme Geiß zu holen. Auf seinem Rücken brachte er sie zurück und bot sie Marpa an. Hocherfreut sprach dieser: »Ein wirklich frommer und treuergebener Schüler der mystischen Wahrheiten muß dir gleichen. Ich kann wirklich keine alte lahme Geiß gebrauchen; aber ich verlangte sie, um dir Größe und Wert der religiösen Lehren zu zeigen.« Darauf versprach er

Lama Ngogpa die Einweihung in die verschiedenen mystischen Wahrheiten und Mandalas, die er ihm bald darauf gab.

Eines Tages saß Marpa bei einem Fest, das zu Ehren einiger seiner Schüler aus den fernsten Gebieten und für Mitglieder seiner eigenen Familie gegeben wurde. Er hatte einen langen Stock neben sich und sah mit wütenden Augen auf den anwesenden Lama Ngogpa. Nach einiger Zeit deutete er mit dem Finger auf ihn und rief: »Ngogdun-Chudor, wie willst du es rechtfertigen, daß du diesem elenden Menschen Thöpaga Einweihung und Wahrheiten verliehen hast?« Und bei diesen Worten blickte er unverwandt auf den Stock.

Lama Ngogpa war entsetzt. »Verehrungswürdiger Guru – stammelte er – Euer Ehrwürden befahlen mir mit eigener Hand und unter eigenem Siegel, Thöpaga die Einweihung zu geben. Mit demselben Brief schickte mir Euer Ehrwürden Naropas Kränze und Rubin-Rosenkranz als Zeichen der Echtheit, und ich gehorchte Euer Ehrwürden Befehl. So kann ich mir keinen Vorwurf machen und bitte Euer Ehrwürden das Mißfallen gegen mich zu beschwichtigen.« Während er sprach, sah er ängstlich um sich.

Marpa wandte sich wütend an mich und fragte: »Wo nahmst du diese Dinge her?« Mit war, als würde mein Herz aus meinem Körper gerissen, und entsetzt stammelte ich, daß die ehrwürdige Mutter sie mir gegeben.

Da sprang Marpa von seinem Sitz auf und ging auf seine Frau los, als wollte er sie mit dem Stocke schlagen. Sie aber, die ähnliches erwartet hatte, war aufgestanden und einige Schritte zurückgewichen. Nun lief sie in den Tempel und schloß die Tür hinter sich zu. Der Lama versuchte vergebens, sie zu öffnen; dann kehrte er wieder auf seinen Platz zurück und rief: »Ngogdun-Chudor, du hast Dinge getan, die du nicht durftest. Ich befehle dir, mir Naropas Kränze und Rosenkranz zurückzubringen!« Nach diesen Worten hüllte er sein Gesicht in den Mantel und verharrte in Schweigen.

Lama Ngogpa verbeugte sich und zog sich sofort zurück, um das Verlangte zu holen. Als er hinaustrat, sah ich ihn von einer Ecke aus, in die ich mich gleichzeitig wie Marpas Frau geflüchtet hatte. Ich saß hier bitter weinend und bat Ngogpa, mich doch mit sich zu nehmen. Er aber sagte: »Wenn ich dich wieder ohne ausdrückliche Erlaubnis des Guru mitnehme, dann werden wir am Ende nur ein ähnliches, für uns beide gleich schmerzhaftes Schauspiel erleben. Darum bleibe jetzt hier. Verweigert dir der Guru seine Gnade, will ich alles tun, um dir zu helfen.«

Da sprach ich: »Nicht genug, daß ich für meine bösen Taten leiden muß, auch dich und meine ehrwürdige Mutter ziehe ich mit in meine Pein. Ich habe jede Hoffnung verloren, in diesem Leben die Lehre zu empfangen. Tag für Tag häufe ich nur größere Sünde auf mich, so ist es besser, wenn ich dies Leben beende. Meine einzige Bitte an dich ist, du mögest mir durch deine Gnade eine neue Geburt unter fortgeschrittenen menschlichen Wesen ermöglichen, eine Geburt, in der ich die Wahrheit erlangen kann.«

Ich wandte mich zur Seite, um sofort meinem Leben ein Ende zu machen. Da brach Lama Ngogpa in Tränen aus, hielt mich zurück und sprach: »Tapferer großer Zauberer, laß davon ab! Nach unserer mystischen Lehre, dem Grundinhalt und tiefsten Sinn der gesegneten Vorschriften des Überwinders, sind all unsere verschiedenen körperlichen Bestandteile und Eigenschaften göttlicher Natur. Wenn wir nun ihren Lauf beenden, ehe die natürliche Zeit ihrer Auflösung gekommen ist, dann machen wir uns schuldig, das Göttliche in uns getötet zu haben und müssen der gebührenden Strafe entgegensehen. Es gibt keine größere Sünde als den Selbstmord. Auch in den Sutras wird der Selbstmord eine abscheuliche Sünde genannt. Verstehe das wohl und laß ab von allen Gedanken, dich zu töten. Trotz allem ist es noch immer möglich, daß dir dein Guru gnädig die Wahrheiten überträgt. Und weigert er sich, werden wir einen anderen finden.«

So suchte Ngogpa, mich zu trösten. Auch andere Schüler waren mir freundlich gesinnt. Einige sahen nach, ob Marpa jetzt in einer Stimmung sei, die es ermögliche, ihn ungefährdet anzureden; andere setzten sich zu mir, um mich zu trösten. Aber mein Herz war aus Eisen, oder die Zeit war gekommen, da es zerbrechen sollte, so heftig waren meine Schmerzen. Weil ich so elende Taten in meiner Jugend gewirkt hatte, mußte ich nun, da ich am Anfang meines Suchens nach einem Glauben und einer Lehre zur Befreiung war, diese unbeschreiblich qualvollen Martern erdulden.

Beim Hören dieser Worte konnte keiner Tränen des Wohlwollens zurückhalten. Einige fielen in äußerster Erregung in Ohnmacht.

Dies ist die Geschichte der zweiten verdienstvollen Tat Milarepas, seine Züchtigung und Reinigung von der Sünde durch körperliche wie geistige Prüfungen und Leiden.

Die Einweihung

Wieder wandte sich Rechung an Jetsün und fragte ihn, wie und unter welchen Umständen Marpa ihm zuletzt seine Gunst erwiesen hätte.

Und Jetsün fuhr fort: Die anderen Schüler liefen, wie ich schon erzählte, hin und her. Nach einiger Zeit erholte sich Marpa von seiner grimmigen Laune und wurde ganz milde gestimmt. Er bat, man möge Damema rufen und fragte weiter nach Ngogdun-Chudor und den anderen Schülern. Da antwortete ihm einer: »Euer Ehrwürden haben Ngogdun befohlen, Naropas Kränze und Rosenkranz zu holen. So hat er sich auf den Weg gemacht. Da er aber den großen Zauberer beim Hinausgehen traf, ist er jetzt bei ihm und versucht, ihn zu trösten.« Und diese Begegnung wurde Marpa genau berichtet. Da füllten sich seine Augen mit Tränen und er sprach: »Es ist notwendig, daß sich Schüler der mystischen Wahrheiten so verhalten. Doch jetzt tun mir meine Schüler leid. Geht hinaus und holt sie herein.«

Einer der Schüler ging zu Lama Ngogpa und erzählte ihm, daß der Lama nun milde gestimmt sei und ihn rufen ließe. Da beklagte ich mein Unglück und beneidete das selige Los jener Glücklichen, die des Guru Gnade und Gunst erfahren durften. »Ich Elender, bin aus des Guru Gegenwart, selbst wenn er milde gestimmt ist, verbannt. Denn ich reize ihn nur und wecke sein Mißfallen und seine Schläge.« Und ich weinte bitterlich. Lama Ngogpa blieb bei mir und schickte den Schüler zurück: Er sollte dem Guru von mir sprechen und sehen, ob ich ihm nahen dürfte. Er fügte noch hinzu:

»Wenn ich nicht hier bleibe, wird sich der Verzweifelte etwas antun!«

Der Schüler ging zu Marpa und stellte ihm dies alles dar. Da antwortete er: »Früher hätte er recht gehabt. Heute aber ist es anders. Heute ist der große Zauberer Hauptgast. Damema, gehe zu ihm und lade ihn ein.« Sie kam mit freundlichem Gesicht zu mir und sprach: »Großer Zauberer, ich glaube, nun wird dir dein Guru Gnade erweisen. Denn eben sagte er mir, du solltest der Hauptgast sein, und ich sollte dich einladen. Ich nehme dies als Zeichen einer völligen Umstellung zu deinen Gunsten. Er zürnte auch mir nicht mehr. Freue dich und laß uns zu ihm gehen.«

Ich zweifelte noch in meinem Herzen und trat ein. Als ich meinen Platz eingenommen hatte, sprach Marpa: »Wenn wir uns die Sache genau überlegen, verdient keiner Tadel. Ich wollte den großen Zauberer von seinen Sünden entbinden, deshalb ließ ich ihn eigenhändig die Gebäude aufrichten. Wäre es um selbstsüchtiger Gründe willen geschehen, so wäre ich viel weiter gekommen, wenn ich ihm geschmeichelt und freundlich zugeredet hätte. Daher gebührt mir kein Tadel. Damema aber, eine Frau von ungewöhnlichem mütterlichem Wohlwollen und Erbarmen, konnte nicht mitansehen, daß ich den armen Zauberer, der so willig, gehorsam und geduldig schien, schlecht behandelte. Wer kann sie deshalb tadeln, daß sie ihm den erfundenen Brief und die Geschenke mitgab, wenn es auch ein gefährliches Wagnis war? Auch du, Ngogdun-Chudor, bist nicht zu tadeln, wie du ja selbst sagst. Ich möchte dich trotzdem bitten, die Reliquien für diese Gelegenheit zurückzubringen. Nachher sollst du sie wieder haben. Du aber, großer Zauberer, hast ganz recht, wenn du mit allen Mitteln die religiösen Wahrheiten zu erlangen suchst. Da ich nichts von dem verstellten Brief an Ngogdun wußte, der dich auf sein Geheiß hin in die Wahrheiten einweihte, sah ich mich der Möglichkeit beraubt, dich, großer Zauberer, mit Verzweiflung zu erfüllen, wie ich es, durch meine Pflicht gebunden, hätte tun müssen. Und so erfaßte mich die Wut. Wenn sie sich auch bald, wie die Welle des Meeres, in meinem Herzen legte, so war es doch keine gewöhnliche, weltliche Wut. Religiöser Zorn ist etwas ganz anderes. Unter welcher Gestalt er auch erscheinen mag, sein

Ziel ist, Reue zu erwecken und dadurch die geistige Entwicklung zu fördern. Wenn einer unter euch hier die religiösen Motive nicht verstehen will und sich darüber entsetzt, dann ermahne ich ihn, sich in seinem Vertrauen und Glauben nicht erschüttern zu lassen. Hätte ich diesen meinen geistigen Sohn neunmal in Verzweiflung stürzen können, dann wäre er von jeder Sünde befreit worden. Er hätte nicht wiedergeboren werden müssen, sondern sein physischer Körper hätte sich aufgelöst. Er wäre für immer entschwunden und hätte Nirvana erreicht. Daß dies nicht geschieht, und er noch einen kleinen Teil seiner Schuld abbüßen muß, verdankt er Damemas schlecht angebrachtem Mitleid und ihrem ungenügenden Verstehen. Trotzdem aber wurde er acht tiefen Leiden unterworfen, die ihn von seinen schweren Sünden reinigten, und er hat viele kleinere Züchtigungen ertragen müssen, die ihn von geringeren Sünden befreiten. Nun will ich für ihn sorgen und ihm die Lehren und Einweihungen geben, die mir so teuer sind wie mein eigenes Herz. Ich will ihn selbst mit Nahrung versehen, wenn er in der Zurückgezogenheit lebt und will ihn mit eigenen Händen an seinem Meditationsorte einschließen. Darum freue dich von nun an!«

Ich wußte nicht, ob ich wachte oder träumte. Wenn ich träumte, so wünschte ich, dieser Traum möge ohne Erwachen ewig währen. So unaussprechlich groß war meine Freude! Ich weinte in tiefster Glückseligkeit und brachte meine Huldigung dar. Lama Ngogpa, Mutter Damema und die anderen Anwesenden wußten nicht, was sie in meinem Guru mehr bewundern sollten, seine Strenge und Unbeugsamkeit, als er mich züchtigte, Mitleid und Güte in seiner Sorge für mich oder aber Wissen und Weisheit all seines Tuns. Sie erkannten in ihm den Buddha, und ihr Vertrauen und Glaube wurde tief befestigt. Sie sahen ihn voll Liebe an und vergossen Tränen. Dann standen sie auf und verbeugten sich in Dankbarkeit für die mir erwiesene Güte. All ihre Gesichter erstrahlten in freudigem Lächeln, und in dieser glücklichen Stimmung nahmen sie teil an den Opferkuchen.

In dieser Nacht wurden Opfer auf den Altar gelegt, und in Gegenwart der ganzen Versammlung wurde mein Haar geschnitten, mein Kleid gewechselt, und ich erhielt die allgemeinen Gelübde.[39] Marpa erklärte, daß ihm zu Beginn meiner Schülerschaft sein Guru in einer Traumvision für mich den Namen Mila-Dorje-Gyaltsen (Mila, das Diamant-Banner) gegeben habe.

Er las mir die Worte der Zuflucht vor und übertrug mir sodann auch das Gelübde eines Bodhisattva. Wir festigten unsere Herzen und sollten gemeinsam aus der Opferschädelschale[40] trinken. Dabei sahen wir ganz klar, wie fünffarbiges Licht daraus aufstrahlte. Marpa bot den Trank zuerst der »Inneren Gottheit« an, trank dann selbst davon und reichte schließlich mir die Schale. Und ich leerte sie restlos. Dann sprach er: »Es ist ein gutes Vorzeichen. Wenn auch das Weinopfer meiner inneren Verehrung größer ist als der Ritus der vollkommenen Einweihung aller anderen Sekten, so will ich dir doch morgen früh noch die vollkommene Einweihung unserer Sekte geben. Sie soll dir helfen, den in dein Herz gesäten Samen der mystischen Wahrheiten zum Reifen zu bringen.«

Dann stellte er das Mandala des Cakrasamvara der zweiundsechzig Gottheiten auf und begann, es mir zu erklären. Er wies auf den in den Staub gezeichneten Grundriß des Mandala und erklärte, daß es das symbolische Diagramm[41] sei. Dann wies er mit dem Finger zum Himmel und sagte: »Dies sind die Mandalas der tatsächlichen Wirklichkeiten.« Und wir sahen deutlich die vierundzwanzig heiligen Plätze, die zweiunddreißig Orte der Pilgerschaften, die acht Totenacker[42] und sahen Cakrasamvara, um den sich alle Gottheiten dieser verschiedenen heiligen Plätze scharten. Die Gottheiten vereinten ihre Stimmen mit denen meines Guru zu einem gewaltigen Chor und übertrugen mir den Einweihungsnamen Pal-Zhadpa-Dorje (Ruhmreicher, vollkommen Aufgeblühter, Unveränderlicher, d. h. Träger des mystischen Symbols).

Dann gab mir mein Guru die Erlaubnis, die Mantrayana Tantras nach Belieben durchzuarbeiten. Er erklärte mir auch ausführlich die verschiedenen Meditationswege und alle Methoden und Systeme[43]. Dann legte er die Hand auf meinen Scheitel und sprach: »Mein Sohn, ich wußte von Anbeginn, daß du ein würdiger Schüler bist. In der Nacht vor deiner Ankunft verkündete mir ein Traum, daß du dem

Buddhismus wertvolle Dienste leisten würdest. Meine Damema hatte einen ähnlichen Traum. Vor allem zeigten beide Träume, in denen ein weibliches Wesen den Tempel bewachte, daß eine Dakini die Schutzgöttin deiner Lehren würde. Dich hat mir mein Guru und meine Schutzgöttin als Gnadengeschenk zum Schüler gesandt. Ich ging hinaus, angeblich, mein Feld zu pflügen, in Wirklichkeit aber, um dir zu begegnen. Da du allen Chhang austrankst und das ganze Feld pflügtest, wußte ich gleich, daß du ein würdiger Schüler wärest und alle geistigen Wahrheiten, die ich zu geben hatte, aufnehmen würdest. Das Gefäß mit den vier Henkeln, das du mir brachtest, zeigte mir, daß ich vier berühmte Schüler haben würde. Da es ohne jeden Schmutz war, bewies es dein völliges Freisein von allen weltlichen Begierden, und daß dein Körper vollkommene Beherrschung der Lebenswärme erlangen würde. Daß du mir ein leeres Gefäß reichtest, ließ mich erkennen, daß du bei deinen Meditationen künftige Entbehrungen ertragen müßtest. Damit du aber Freude in deinem Alter fändest, und deine Schüler und Anhänger die kostbare Gabe geistiger Wahrheit empfingen, füllte ich dein Gefäß mit zerlassener Butter für die Butterlampen. Um deinen Namen berühmt zu machen, ließ ich die Henkel so laut wie möglich erklingen; und um dich von deinen Sünden rein zu waschen, ließ ich dich so hart an den vier Häusern arbeiten. Die Häuser sind Symbole des Wesens der vier Arten von Handlungen. Jedes stellt eine der vier Handlungen dar, die friedvolle, mächtige, bezaubernde und starre[44]. Ich wollte bewußt dein Herz mit bitterer Reue und Trauer erfüllen, und da ich dich schmachvoll hinauswarf, weckte ich die Verzweiflung in deinem Herzen. Weil du aber all diese Prüfungen geduldig und sanftmütig erträgst, und dein Glaube an mich nie wankte, sollst du einst Schüler voller Glauben, Willen, Klugheit und gütigem Mitleid empfangen, die schon von früh an mit den wesentlichen Eigenschaften würdiger Schüler begabt sind. Weltliche Begierden seien ihnen fern; geduldig und tapfer mögen sie in der Betrachtung verharren. Die wirklich erlebte Weisheit möge sie segnen, Gnade und Wahrheit sie erfüllen, damit jeder von ihnen ein vollendeter Lama werde und die Hierarchie der Karyütpa so groß und sichtbar sei wie der zunehmende Mond. Darum sei voller Freude.«

So gab mir mein Guru Mut, Preis und Freude, und meine glücklichen Tage begannen.
Dies ist die dritte verdienstvolle Handlung, das Empfangen der sehnlichst gesuchten Einweihung und Lehre.

Die persönliche Führung des Guru

Rechung fragte weiter: »Meister, gingst du nach Empfang der Wahrheiten gleich in die Einöde der Wildnis oder bliebst du als Guru weiter in der Welt?«

Und Jetsün gab zur Antwort: Mein Guru befahl mir zu bleiben, und versprach mir Nahrung und alles Nötige, was er mir auch reichlich zukommen ließ. Ich zog mich in die Lhobrak-Tak-nya Felsenhöhle zur Betrachtung zurück und nahm eine Menge von Vorräten mit. Hier saß ich gewöhnlich Tag und Nacht unbeweglich in starrer Haltung, eine brennende Lampe auf dem Kopf, bis das Licht erlosch. So vergingen elf Monate. Dann kam der Guru mit seiner Frau zu mir, und sie brachten Essen, um ein religiöses Fest zu begehen. Der Guru sprach: »Mein Sohn, Achtung gebietend ist, daß du elf Monate in Betrachtung versunken warst, und das Meditationskissen seine Wärme nicht verlor. Nun kannst du die Mauer niederreißen, die dich einschließt, dich bei deinem alten Vater ausruhen und ihm deine Erfahrungen erzählen.«

Mir lag nichts an der Beendigung der Betrachtung. Da mein Guru es aber befahl, mußte ich folgen. Bedrückt und zögernd begann ich mit dem Niederreißen der Mauer. Da kam die Frau des Lama zu mir und fragte mich, ob ich fertig sei? Ich antwortete, daß ich nur ungern die Mauer niederrisse; worauf sie meinte: »Das sollte dich nicht stören. Du kennst die Bedeutsamkeit der tiefen mystischen Vorzeichen wie auch die leichte Reizbarkeit des Lama. Würde nun irgendein schlechtes Omen durch die Verzögerung entstehen, so wäre das nicht auszudenken. Ich will dir beim Niederreißen der Mauer helfen, damit du mit mir kommen kannst.« Mit diesen Worten brachte sie die Mauer zum Stürzen, und ich ging völlig unsicher hinaus.

Nun sprach mein Guru: »Während wir beide, Vater und

Sohn, das mit dieser Meditation verbundene Ritual ausführen, bereite du, Damema, das Essen für uns.« Und als wir das Mahl einnahmen, fragte er mich: »Mein Sohn, zu welchem Glauben, welcher Überzeugung bist du beim Betrachten der Wahrheiten gelangt? Welche Erfahrungen, Einsichten und Erkenntnisse hast du erlangt?« Und fügte hinzu: »Laß dir mit der Erzählung Zeit.«

Hierauf kniete ich in tiefer und aufrichtiger Demut nieder, legte meine Hände zusammen und sang mit tränennassen Augen unvorbereitet eine Hymne des Preises an meinen Guru, in der ich ihm die siebenfache Ehrfurcht als Vorspiel der Erzählung meiner Erfahrungen und Überzeugungen darbrachte:

Im Willen zu ihrer Befreiung kündest du dich
Der Menschen unreinen Augen in Formen unendlicher
                                                  Vielfalt.
Doch jenen geläuterten Schülern, oh Herr,
In deines Wesens Vollendung erscheinst du, Preis dir!

Begabt mit des tönenden Lautes Erfüllung in Brahmas
                                             heiliger Stimme,
Lehrst du in eigener Sprache jeden die heilige Wahrheit,
Vollendet in ihren unzähligen Formen.
 Preis deinem Wort, das von der Leere untrennbar, zu hören.

Im Himmelsglanze, des Dharma-Kaya
West nicht der Dinge, der Vorstellung Schatten.
Selbst aber wirkt er in allen Begriffen des Wissens.
Preis dem unwandelbar ewigen Geiste!

In der reinen geistigen Sphäre heiliger Räume
Vor dir, große Mutter Damema, sink ich ins Knie.
Der Buddhas von gestern, heute und morgen heilige Mutter,
Du unveränderlich selbstloses Wesen, geheiligtes Trugbild!

Demütig Huldigung, Guru, und Preis
Deinen Söhnen und Töchtern im Geiste,
Die eifrig bemüht zu folgen deinem Gebot.
Preis ihnen allen und all ihren Jüngern!

Was in unendlicher Welten Weiten
Zum Opfer sich eignet in göttlichem Dienst,
Dir bring ich es dar mitsamt meinem Leibe,
Daß ich gereinigt und frei erstehe aus all meinen Sünden.

Fremde Verdienste genießend, erfleh ich:
Das Rad der Wahrheit setze in vollste Bewegung;
Bis sich der wirbelnde Strom allen Daseins geleert,
Scheide du heiliger Guru nicht von der Welt.

Alles Verdienst aus dem Preis dieser Hymne,
Der ewigen Güte geheiligtem Urgrund sei es geweiht!

Nachdem ich diese Hymne aus sieben Versen gesungen, fuhr ich fort: »Untrennbar von Dorje-Chang bist du, mein Guru, deine Gemahlin und dein Sohn. Dank deiner wahrhaften und verdienstvollen Taten und der Kraft der Gnadenwellen, die deiner grenzenlosen Großmut entspringen, dank auch deiner unvergeltbaren Güte, habe ich, dein Diener, ein wenig Wissen aus dem Reiche der Erkenntnis in mich eingesogen, das ich dir nun unterbreiten will. Gewähre mir die Gnade, aus dem unwandelbaren Zustand der Ruhe ewiger Wahrheit eine kleine Weile zuzuhören. Ich habe verstanden, daß mein Körper das Erzeugnis der Unwissenheit ist und eine zwölffache Bedingtheit offenbart,[45] daß er aus Fleisch und Blut besteht, die durch das Wahrnehmungsvermögen des Bewußtseins erleuchtet werden. Den Glücklichen, die sich nach Befreiung sehnen, ist er das große Fahrzeug, das zur Freiheit und Begnadung führt. Den Unglücklichen aber ist er der Führer zu niederen, elenden Daseinsformen. Dies unser Leben ist der Markstein, von dem aus der Weg nach oben oder unten führen kann. Unsere Zeit hier ist eine kostbare Zeit, in der sich jeder von uns zu diesem oder jenem Weg entscheiden muß, zum bleibenden Guten oder Bösen. Das ist, wie ich erkannt habe, das Hauptziel unseres jetzigen Lebens. Und wenn ich mich weiter an dich halte, du mächtiger Herr und Erlöser aller lebenden Wesen, zu denen auch ich gehöre, dann hoffe ich, daß ich das so schwer zu durchfahrende Meer des weltlichen Seins, die Quelle aller Leiden und Schmerzen, überqueren kann. Dafür aber muß ich vor allem meine Zuflucht zu den Drei Kostbarkeiten[46] nehmen und die vorgeschriebenen Regeln aufrichtigen Sinnes befolgen. Auch hier sehe ich den Guru als stärkste Quelle und Verkörperung alles Guten und Seligen, das ich erleben kann.

So erkenne ich als höchste Notwendigkeit den Gehorsam gegen die Befehle meines Guru, und daß mein Glaube an ihn unbefleckt und fest bleibe. Nach solcher Erfahrung muß die tiefe Meditation über die Schwierigkeit, die kostbare Gnade einer freien, schön ausgestatteten Geburt zu erlangen, die Versenkung in die Ungewißheit des genauen Todesaugenblickes, in die sichere Wirkung der eigenen Handlungen und das Elend des Sangsara-Seins den Menschen zu der Sehnsucht nach Freiheit und Befreiung von allem Sangsara-Sein führen. Und diese Befreiung kann nur erlangen, wer sich an den Stab des edlen achtfachen Pfades[47] klammert. Von diesem Pfade aus werden Stufe auf Stufe die höheren Pfade erlangt. Doch immer müssen die Gelübde so sorgfältig wie die eigenen Augen beobachtet und der geringste Verstoß sofort gesühnt werden. Ich habe erkannt, daß jener, der persönlichen Frieden und Glückseligkeit erstrebt, den niederen Pfad, Hinayana, wählt. Wer aber vom ersten Augenblick an den Verdienst seiner Liebe und seines Mitleids anderen opfert, gehört, so erkannte ich, dem höheren Pfad, Mahayana, an. Wer den niederen Pfad für den höheren verlassen will, muß das Ziel klar vor Augen haben, wie es der unübertroffene, unwandelbare Pfad, Vajrayana, offenbart.

Um aber den klaren Ausblick auf das Endziel zu erlangen, ist ein vollendeter Guru notwendig, der jeden Zweig der vier Arten von Einweihungsriten ohne geringstes Mißverständnis oder leiseste Zweifel kennt. Er allein kann das letzte Ziel dem Schüler zugänglich machen. Die Zeremonie der Einweihung gibt die Beherrschung verborgener, tiefer Gedanken über das Endziel. In der tiefen Betrachtung über dieses Ziel muß man Schritt für Schritt alle Macht des logischen Scharfsinns aufbieten; und durch vernünftiges Urteil, durch inneres Suchen das Nichtvorhandensein eines Ichs und daher den Trug der allgemein verbreiteten Ansichten über den Bestand dieses Ichs erkennen. Um das Nichtvorhandensein eines Ichs zu erfassen, muß das Bewußtsein in Ruhe gehalten werden. Es gibt verschiedene Arten, das Bewußtsein in diesen Zustand der Ruhe zu versetzen, in dem alle Gedanken, Ideen und Kenntnisse schweigen und das Bewußtsein vom Bewußtwerden der Vorstellungen in einen Zustand vollkommener Ruhe hinübergleitet. So mögen Tage, Monate und Jahre dahingehen, ohne daß es der Mensch gewahr wird; dieser Zustand wird gelassene Ruhe genannt. Wenn man sich darin nicht dem Zustand völligen Vergessens und Unbewußtseins ergibt, sondern seine Einsicht oder die Fähigkeit des Bewußtseins bewahrt, dann wird der klare ekstatische Zustand des ruhigen Bewußtseins erlangt.

Wenn auch dieser Zustand, der ein Zustand des Überbewußtseins genannt werden kann, wirklich vorhanden ist, so können ihn doch Persönlichkeiten oder Ich-einheiten, solange sie eben diese sind, nicht erfahren. Man kann ihn nach meinem Glauben nur dann erfahren, wenn der erste übermenschliche Zustand auf dem Pfade zur Buddhaschaft erreicht ist. Durch Gedankenvorgänge und Schau wird dieser Pfad betreten. Die Schauungen göttlicher Formen, in die sich der Mensch in der Meditation versenkt, sind nur Zeichen, die der Ausdauer dieser Meditation entspringen. Sie haben für sich selbst keinen inneren, selbständigen Wert und Bestand.

Zusammengefaßt ist ein lebendiger Zustand geistiger Ruhe, den ein Gefühl der Kraft und eine starke Fähigkeit zur Untersuchung durch einen klaren, fragenden Verstand begleitet, unbedingt erforderlich. Wie die Sprossen einer Leiter sind sie zum Aufstieg notwendig. Im Meditieren aber über den Zustand der geistigen Ruhe durch geistige Sammlung des Bewußtseins auf Formen und Gestalten oder formlose und gestaltlose Gegenstände muß die allererste Anstrengung in einer Stimmung des Mitleids unternommen werden, in der Sehnsucht, die Verdienste der eigenen Mühen dem All-Guten hinzugeben. Dann muß das Ziel der Sehnsucht, erhaben über alle Bereiche des Denkens, klar umrissen und bestimmt werden. Endlich ist auch ein Beten im Geiste notwendig, und ein so tiefer Wunsch nach dem Heil aller Wesen, daß auch die eigenen Bewußtseins-Vorgänge über das Denken hinausreichen. Dies habe ich als den höchsten Pfad erkannt.

Und noch eins: wie der Name Nahrung allein den Hunger

nicht stillt, sondern dem Hungernden Nahrung gereicht werden muß, so muß auch der Mensch, der die Leere[48] der Gedanken erleben will, so tief meditieren, daß er sie erfährt und nicht nur ihre Bestimmungen erlernt. Um den Zustand des Überbewußtseins zu erfassen, muß überdies noch die mechanische Fähigkeit der Erinnerung an die obengenannten Übungen ohne Unterbrechung geübt und dem Menschen zur Gewohnheit werden. Kurz gesagt, die Betrachtung der Leere, des Gleichgewichts, des Unbeschreibbaren und Unerkennbaren bildet die vier verschiedenen Grade der Einweihungsstufen, die zu dem letzten Ziel des mystischen Vajrayana, des unwandelbaren Pfades, führen. Um sie genau zu verstehen, muß jede körperliche Bequemlichkeit und Üppigkeit geopfert werden. Wer dies in seinem Bewußtsein bewahrt, wird jedem Hindernis ins Auge sehen und es überwinden; denn er wird immer gewillt sein, sein Leben zu opfern, und wird auf jeden möglichen Zufall vorbereitet sein. Ich werde dir, mein Guru, nie wiedergeben können, was du für mich getan, und auch dir nicht, ehrwürdige Mutter, ihr meine Wohltäter. Eure liebende Güte ist größer als irgendein Opfer an weltlichen Gütern und Reichtum. So sei meine Entschädigung eine lebenslange Hingabe an die Meditation und die Vollendung des Wissens im Himmel.

Dir, meinem großen Guru, Dorje-Chang,
Dir, Mutter aller Buddhas, Damema,
Den Avataras, den erlauchten Fürsten,
Bring ich das Tiefste meines eingeschauten Wissens
                                        demütig zu Gehör.

Ist Irren oder Widerred' in meinen Worten,
Um huldvolles Verzeihen bitte ich,
Und um die Weisung auf den rechten Pfad.

Herr, aus der Sonne Deiner Gnade
Fiel strahlend helles Licht auf mich herab,
Und sprengte auf den Lotos meines Herzens,
Aus dem der Duft des Wissens sich verströmte,
Das mich für ewig dir nun hält verbunden,
Verehrung bring ich dir in nimmer endender Versenkung.

Gieß deiner Gnade Segen über mein Bemühen,
Auf daß des Segens Fülle allen Wesen werde,
Und nimm die Schuld von jedem übermüt'gem Wort.

Hocherfreut sprach nun mein Guru zu mir: »Mein Sohn, groß waren die Erwartungen, die ich in dich setzte, und sie wurden alle erfüllt.« Und Damema sprach: »Ich wußte, daß mein Sohn Wille und Einsicht hat, die ihn zum Erfolg führen mußten.« Beide waren zutiefst befriedigt, und wir sprachen noch lange über religiöse Fragen. Dann verabschiedeten sich der Guru und seine Frau, und ich nahm in der Abgeschiedenheit wieder meine Meditation auf.

Um diese Zeit etwa, als mein Guru sich nach Norden, zu den Hirten des Zentrallandes begeben hatte, führte er eine religiöse Zeremonie im Hause eines Marpa Golay aus. Da überkam ihm ein Gesicht: Dakinis erschienen ihm und erinnerten ihn an dunkle Andeutungen, die ihm sein Guru Naropa gemacht hatte, und die er damals nicht verstand. Und sie erklärten und deuteten sie ihm nun. Da faßte er den Entschluß, nach Indien zu gehen, um Naropa zu sehen.

Einige Tage später, nachdem mein Guru in das weiße Tal zurückgekehrt war, träumte ich eines Nachts, daß eine in Seide gekleidete Frau von merkwürdig dunkelblauer Farbe, mit dem sechsfachen Schmuck der Knochen wunderbar geschmückt, zu mir trat. Augenbrauen und Wimpern waren von goldener Farbe. Sie sprach zu mir: »Mein Sohn, durch lange Meditation hast du die Wahrheit des Großen Siegels[49] empfangen. Sie geben dir die Kraft, das Nirvana zu erlangen. Auch die sechs Lehren[50] hast du erhalten. Es fehlen dir aber noch die wertvollen Lehren, durch die du in einem Augenblick zur Buddhaschaft gelangen kannst. Und diese mußt du dir verschaffen.«

Ich dachte über den Traum nach und meinte, die Frau sei eine Dakini, da sie mir in solcher Gestalt erschien. Ich wußte aber nicht, ob diese Schau die Ankündigung eines kommenden Ereignisses oder eine Versuchung des Bösen sei. Doch ich war überzeugt, daß mein Guru, die Verkörperung der Buddhas von gestern, heute und morgen, mir sicher die Antwort geben würde; ihm konnte nichts verborgen bleiben. Ich wußte, daß sein Wissen alles Erkennbare umfaßte, von den heiligen Wahrheiten bis herunter zum Ausbessern irdenen Geschirrs. Und wenn er diesen Traum für eine voraussagende Offenbarung hielt, dann mußte ich die Lehre von der Übertragung des Lebensprinzips erlangen. So riß ich die Bretter herunter, befestigte sie mit Lehm und ging zu meinem Guru. Er schien erschreckt und fragte: »Warum bist du gekommen, anstatt in der Abgeschiedenheit zu bleiben? Du läufst Gefahr, eine Mißgestalt anzuziehen.« Ich erzählte ihm meinen Traum und wollte von ihm wissen, ob er eine Offenbarung oder eine Versuchung war. Sei er das erstere, dann bäte ich ihn, er möge mir die verkündete Weisheit geben. Einige Zeit verharrte er in Schweigen. Dann sagte er: »Ja, es war eine Offenbarung der Dakinis. Als ich im Begriff stand von Indien zurückzukehren, sprach mein Guru, der große Pandit Naropa, über diese Lehre. Aber ich kann mich nicht erinnern, daß ich sie erhielt. Doch will ich alle meine indischen Schriften nachsehen.«

Wir beiden verbrachten nun einen ganzen Tag und eine Nacht mit Durchsuchen der Manuskripte. Wir fanden mehrere Abhandlungen über den Pho-wa,[51] aber nicht ein einziges Wort über die Übertragung des Lebensprinzips. Da sagte mein Guru: »Auch der Traum, den ich im nördlichen Uru hatte, ist ein Zeichen, das mich drängt, dies Werk zu suchen. Vielleicht gibt es auch noch andere Werke, die ich besorgen muß. So will ich nach Indien gehen, sie zu finden.«

Trotz aller Bitten und Vorstellungen, die ihm sein Alter als Hinderungsgrund für diese mühsame Reise vorhielten, war mein Guru fest entschlossen, sie zu unternehmen. Seine Schüler brachten großzügig die Unkosten dafür auf. Die Gaben wurden in einem Becher von Gold umgetauscht, und damit machte er sich auf die Reise nach Indien. Dort erschien er gerade zu der Zeit, da Naropa den Augen der Menschen entschwand.[52] Er aber hatte sich fest vorgenommen, selbst sein Leben für eine Unterredung mit seinem Guru zu opfern; und verschiedene hoffnungsvolle Zeichen und Omen hatte er als Vorhersagen seines Erfolges und der Erfüllung seiner Wünsche gedeutet.

In heißem Gebet suchte er seinen Guru und fand ihn zuletzt in einem tiefen Wald. Er führte ihn in das Kloster Phulahari und fragte ihn nach dem Wissen von der Übertragung des Lebensprinzips. Da sprach der heilige Naropa: »Hast du dich selbst daran erinnert oder eine Offenbarung empfangen?« Und Marpa antwortete: »Ich habe mich nicht selbst daran erinnert, auch keine Offenbarung empfangen. Aber meinem Schüler Thöpaga wurde sie gewährt, und um seinetwillen kam ich hierher.« »Herrlich – rief Naropa – in dem gesegneten Lande von Tibet gibt es einige leuchtende Geister, der Sonne gleich die Bergspitzen erleuchtet.« Dann streckte er seine Hände im Gebete aus und sang:

> In des Nordens nachtdunklen Weiten,
> Als Sonne die Bergesgipfel erhellt,
> Weilt, der Thöpaga genannt.
> Preis seinem herrlichen Sein!

Dann schloß Naropa seine Augen in Ehrfurcht und beugte dreimal sein Haupt gen Tibet. Alle Bergspitzen und Bäume verneigten sich mit ihm dreimal gen Tibet. Noch bis auf den heutigen Tag sollen die Spitzen der Hügel und Bäume in der ganzen Umgebung von Phulahari Tibet zugewandt sein.

Nachdem Naropa alle ins Ohr geflüsterten Tantras der Dakini übermittelt hatte, deutete er gewisse Zeichen als Vorboten künftiger Ereignisse. So sollte die Art von Marpas Gehorsam das Versagen des eigenen Sohnes, doch die ununterbrochene Fortdauer der Hierarchie durch mich vorhersagen. Und so geschah es, daß Marpa nach seiner Rückkehr seinen Sohn Dharma-Doday verlor, wie es bei der Zeremonie seines Gehorsams vorhergesagt wurde.

Am Jahrestag des Todes seines Sohnes, als die Erinnerungszeremonie vollendet war, und Marpa unter seinen Schülern saß, richteten sie gemeinsam das Wort an ihn. Sie erinnerten ihn an sein hohes Alter und an den unglücklichen Verlust seines heiligen Sohnes, der Verkörperung der Buddhas von gestern, heute und morgen, der ein würdiger Nachfolger gewesen wäre, und sprachen: »Wir müssen vor allem darauf bedacht sein, daß wir unsere Kargyütpa-Hierarchie so dauerhaft und hervorragend aufbauen wir nur möglich. Wir bitten dich auch, du mögest jedem von uns Schülern gnädigst bestimmte Anweisungen geben, welche besonderen Lehrzweige jeder vertreten und welche besonderen Richtlinien der Übungen jeder verfolgen soll.« Da antwortete der Guru: »Als geistiger Schüler des großen Pandit Naropa stütze ich mich auf die verborgenen Weisungen, die ich durch Omen und Träume empfange. Die Kargyütpa-Hierarchie hat die Segnungen des heiligen Naropa. Darum geht meine Schüler und habt Acht auf Eure Träume, die ihr mir berichten möget.«

So konzentrierten die Hauptschüler ihr Bewußtsein auf ihre Träume und berichteten die Ergebnisse. Alle oder zumindest die meisten waren gut, aber nirgends waren Offenbarungen über die Zukunft der Hierarchie. Ich aber hatte einen Traum von vier Felsen, den ich meinen Guru in folgenden Versen erzählte:

»Gehorsam Dorje-Changs Geheiß,
Künd ich den Traum der letzten Nacht.
So habe ich geträumt;
Leih, Guru, gnädig mir dein Ohr:

Im Traume sah ich in den mächt'gen Weiten
Des Welten Nordens einen großen Berg;
Sein Gipfel reichte bis zum Himmelszelt.
Und Mond und Sonne zogen um ihn Kreise.
Im hellen Glanze strahlten auf die Himmel,
Den Berg erleuchtend, dessen Fuß die Erde deckte,
Der Flüsse viere ew'ger Lauf entquoll seinen vier Seiten,
Auf daß kein lebend Wesen je mehr dürste.

Und ihre Wasser strömten in ein tiefes Meer;
An ihren Ufern blühten bunte Blumen.
Dies war der ganze Inhalt meines Traums,
Den ich dem ew'gen Buddha, meinem Guru, künde.

Im Traum dann sah ich einen großen Felsen
Im Osten dieses wundersamen Bergs.
Ein Löwe kauert sprungbereit auf seiner Spitze
Und üppig war des Tieres Mähne.

In nackten Fels gekrallt vier ausgestreckte Tatzen;
Der Augen Glut verbohrt sich in die Himmel.

Dann streifte frei der Löwe über diesen Berg.
Dem ew'gen Buddha, meinem Guru künd ich's.

Ein andrer Felsen ragte in des Berges Süden,
Drauf eine mächtge Tigerin mit schaurigem Gebrüll.
In seltsam schönen Streifen prangt ihr Fell,
Dreifach im Innern, mächtig und geschwungen.
In tiefem Dickicht scharrten die vier Pranken,
Und ihre Blicke trafen in den Himmel.
Dann streifte frei sie durch die Niederungen,
Grünweite Ebenen und Wälder.
Dem ew'gen Buddha, meinem Guru künd ich's.

Und wieder sah ich einen Fels im Westen,
Von dessen Spitze sich ein Adler schwang.
Weithin gebreitet waren seine Schwingen.
Sein starr Gefieder spreizte sich nach oben,
Und seine Augen blickten in die Himmel.
Dann hob er frei sich in den blauen Äther
Dem ew'gen Buddha, meinem Guru künd ich's.

Und dann erblickt ich einen Fels im Norden,
Von dem ein wuchtig kühner Geist sich erhob.
Des Flügel waren weit gespannt.
Sein Nest darunter hing am Fels,
Ein flügges Kleines schien es mir zu bergen.
Von kleinen Vögeln war der Horizont erfüllt.
Des Geiers Blick barg sich im Himmel.
Dann zog er weite Kreise in die Höhen,
Dem ew'gen Buddha, meinem Guru künd ich's.

Als günst'ge Zeichen wähnt ich die Gesichte,
Vorboten guter, tugendreicher Taten,
Und in Begeist'rung jubelte ich froh.
So bitt ich, künde mir den Sinn.

Mein Guru war über diesen Bericht hocherfreut und sprach: »Der Traum ist hervorragend.« Dann wandte er sich an seine Frau und befahl ihr, ein reichliches Mahl zu bereiten, zu dem alle Schüler geladen wurden. Der Guru begrüßte die

Versammlung und sprach: »Mila-Dorje-Gyaltsen[53] hatte einen sehr bedeutsamen Traum.« Da baten die Schüler um die Deutung dieses Traumes und die Offenbarung der geheimnisvollen Zeichen. Und unser heiliger Guru, der große Avatara und Übersetzer, sang unvorbereitet die Deutung des Traumes, der das künftige Schicksal der Kargyütpa-Hierarchie kündete, seinen Schülern vor:

Herr, ew'ger Buddha du, die Zuflucht aller fühlend Wesen,
Zu deinen Füßen, heiliger Naropa, sieh mich hier.
Ihr meine Schüler, die ihr hier versammelt,
Dem Sinne lauscht des weisend wunderbaren Traumes,
Den jetzt ich deute.
Des Welten Nordens mächt'ge Weiten,
Symbol sind sie des Buddha-Glaubens in Tibet.
Der große Berg ist der Kargyütpa Orden,
Den der bejahrte Marpa, ich, der Übersetzer, einst gegründet,
Und meine Schüler und die ganze heilge Ordnung.
Der Bergesgipfel, der zum Himmel ragt,
Ist Zeichen unsres Zieles ohnegleichen.
Und Sonne, Mond, die um ihn kreisen,
Sind völliges Erleuchtetsein und Liebe.
Ihr Himmel überhellend Strahlen
Ist Gnade, des Nichtwissens Überwindung.
Des Berges Fuß, der alle Erde überdeckt,
Ist Zeichen unsres allerfüllend großen Tuns,
Der Ströme vier, entquillend den vier Seiten:
Einweihungsriten und der Wahrheit Zeichen.
Und ihre Wasser, Stillung allem Dürsten,
Sinnbild der Rettung und Vollendung aller lebend Wesen.
Ihr Strömen in des Meeres Tiefen
Ist die Verschmelzung inneren und äußeren Lichts.
Die bunten Blüten an den Ufern
Sind unbefleckte Frucht, gelebte Wahrheit.
Ihr meine Schüler, die ihr hier versammelt,
Gut ist des Traums Gesicht, nicht arg.

Der hohe Fels im Osten dieses wundersamen Berges,
Tsurtön-Wang-gay ist es aus Döl.

Der Löwe, sprungbereit auf dieses Felsen Spitze,
Ist Tsurtöns löwenhaftes Sein.
Des Löwen üpp'ge Mähne zeigt ihn
Erfüllt mit Wahrheit aller großen Mysten.
Des Löwen vier in Fels gekrallte Tatzen:
Sein Schmuck aus den vier grenzenlosen Urantrieben.
Des Löwen himmelwärts gerichtet Auge:
Sinnbild des Abschieds vom Sangsara-Sein.
Des Löwen freies Streifen über Bergeshöhen,
Daß er zur ew'gen Freiheit ist gelangt.
Ihr meine Schüler, die ihr hier versammelt,
Das Traumgesicht vom Ost ist gut, nicht arg.

Der hohe Fels im Süden dieses wundersamen Berges
Aus Zhung ist es Ngogdun-Chudor.
Die Tigerin, die brüllend auf des Felsens Spitze,
Ist dessen tigerhaftes Sein.
Der Streifen schöne klare Zeichnung zeigt ihn
Erfüllt mit Wahrheit aller großen Mysten.
Dreifache, überall verteilte Streifen:
Verwirklichung der Dreiheit in sich selbst.
Die tiefen, Dschungel peitschenden vier Pranken
Daß die vier Pflichten er erfüllt.
Die Augen, die zum Himmel aufgewendet,
Sinnbild des Abschieds vom Sangsara-Sein.
Der Tigrin freies Streifen durch das Dickicht
Zeigt, daß Erlösung er erlangt;
Ihr Ziehen durch der Ebenen und Wälder Weiten:
Die Dauer seiner heilgen Ordnung in den Kindern.
Ihr meine Schüler, die ihr hier versammelt,
Das Traumgesicht vom Süd ist gut, nicht arg.

Der hohe Fels im Westen dieses wundersamen Berges
Ist Metön-Tsönpa aus Tsang-rong;
Der Adler, von des Felsens Spitze steigend,
Bild seines adlerhaften Seins.
Die weithin ausgespannten Schwingen zeigen ihn,
Erfüllt mit Wahrheit aller großen Mysten.
Sein himmelauf gespreizt Gefieder,
Ist seine Überwindung der Versuchungen;

Des Adlers himmelwärts gerichtet Auge,
Sinnbild des Abschieds vom Sangsara-Sein.
Sein hoher Flug in blaue Ätherhöhen
Zeigt, daß zur ew'gen Freiheit er gelangt.
Ihr meine Schüler, die ihr hier versammelt,
Das Traumgesicht vom West ist gut, nicht arg.

Der hohe Fels im Norden dieses wundersamen Berges
Ist Mila-Repa von Gungthang;
Der Geier schwebend über seiner Spitze,
Bild seines geierhaften Seins.
Des Geiers weitgedehnte Flügel zeigen ihn
Erfüllt mit Wahrheit aller großen Mysten.
Sein Nest, der Felswand angeklebt,
Sein Leben ist es, hart wie Fels.
Das flügge Kleine in dem Nest,
Meint einen unvergleichlich geist'gen Sohn.
Die kleinen Vögel, Himmelsweiten füllend,
Ausdehnung des Kargyütpa-Ordens zeigen sie.
Des Geiers himmelwärts gerichtet Auge,
Sinnbild des Abschieds vom Sangsara-Sein.
Des Geiers Flug in weite Höhen
Zeigt, daß zur ew'gen Freiheit er gelangt.
Ihr meine Schüler, die ihr hier versammelt,
Das Traumgesicht vom Nord ist gut, nicht arg.

So ist denn meines Lebens Sinn erfüllt,
Auf euch gefallen ist mein Schleier.
Und sind prophetisch meine Worte,
Wird der Kargyütpa heil'ge Ordnung
Vorherrschend ruhmreich blühen.

Als der Guru diese prophetischen Worte gesprochen, wurde jeder Schüler von Freude bewegt. Dann zeigte er ihnen seine Schätze an religiösen Büchern und Schriftrollen voll mystischer Wahrheiten und Weisheiten. Am Tag gab er ihnen Unterweisungen durch Darstellungen, Vorlesungen und Predigt. Des Nachts ermahnte er sie zur Meditation. So machte jeder Fortschritte in seiner geistigen Entwicklung.

Während eines besonderen Einweihungsritus der Gemahlin überkam den Lama eines Nachts der Gedanke, daß er durch seine Hellsichtigkeit für jeden seiner vier Schüler die ihm geeignete, besondere Richtlinie der Studien und Wahrheiten herausfinden müßte, um ihnen dann die dafür nützlichsten Schriften zu geben. Deshalb faßte er den Entschluß, die Omen der Morgendämmerung zu beobachten. Bei Tagesanbruch betrachtete er seine Hauptschüler mit hellsichtiger Schau. Ngogdun-Chudor aus Zhung war mit der Erklärung und Erhellung der Gaypa-Dorje-Rituale beschäftigt; Tsurtön-Wang-gay aus Döl meditierte über den Pho-wa, die Übertragung des Bewußtsein-Prinzips; Metön-Tsönpa aus Tsang-rong war in die Betrachtung über das Öd-Sal, das reine Licht, versunken; und ich selbst meditierte über den Tum-mo, das Erzeugen der Lebenswärme.

So schaute er auf verborgene Weise die innere Befähigung seiner ersten Schüler zur Beherrschung besonderer und für sie geeigneter Studien, in die er sie einweihen sollte.

Dann aber gab er jedem von uns die Gnade seiner besten und letzten Lehren. Lama Ngogpa empfing den Text, der kategorisch die Tantras nach den vier Methoden und den sechs Zielen deutet, die so klare und methodische Erklärungen geben, daß man sie mit einer Reihe Perlen vergleichen könnte, die auf einen Faden aufgezogen sind. Marpa fügte hierzu noch die sechs Schmuckstücke, den Opferlöffel und Rubinen-Rosenkranz aus Naropas früherem Besitz hinzu. Dann gab er ihm die indischen Kommentare zu den schon erhaltenen Texten und ermahnte ihn, durch Predigt an alle fühlenden Wesen dem allumfaßenden Ziel zu dienen.

Tsurtön-Wang-gay aus Döl erhielt von Marpa den Text über den Pho-wa, der einem Vogel gleicht, der aus einem offenen Dachfenster hinausfliegt. Dazu die Reliquien von Naropas Haar und Nägeln, heilkräftige Pillen, die Krone der fünf Dhyani-Buddhas und dazu die Aufforderung, den Pho-wa zu üben.

Metön-Tsönpo aus Tsang-rong empfing den Text über den Öd-Sal, das reine Licht, das einer brennenden Kerze gleicht, die das Dunkel der Nacht erhellt. Dazu Naropas Vajra und Glocke, die kleine Doppeltrommel und die Tragopferschale aus Austermuschel, zugleich mit der Ermahnung, den kurzen Pfad über den Bardö, den Zwischenzustand zwischen Tod und Wiedergeburt zu gehen.

Mir gab Marpa einen Text über den Tum-mo, das Erzeugen der Lebenswärme, die einem lodernden Scheiterhaufen gleicht; dazu Maitris Hut und Naropas Kleid. Dann befahl er mir, in verschiedenen Einsamkeiten auf Bergesspitzen, in Höhlen und Wildnissen mich der Versenkung hinzugeben.

Dann sprach er vor einer großen Versammlung von Schülern zu seinen ersten Jüngern: »Ich gab jedem von euch die Texte und Zweige der Wahrheit, die euch den meisten Gewinn bringen werden. Und ich sage euch voraus, daß diese Lehren auch den Anhängern von euch am besten eignen werden. Mein Sohn Doday-Bum lebt nicht mehr, so übergebe ich euch die ganze Sorge über meine heiligen Kargyütpa-Texte und Reliquien. Erweist euch als frommer Hüter des Glaubens, daß er wohl gedeihe und sich ausbreite.« Hierauf nahmen die drei der Hauptschüler ihren Abschied und zogen in ihr Land zurück.

Zu mir aber sprach er: »Bleibe noch einige Jahre bei mir. Ich habe noch mehr Lehren und Einweihungen, die ich dir mitteilen will. Auch wird sich dein Verständnis in der Gegenwart deines Guru gut entwickeln.«

So schloß ich mich auf Marpas Geheiß in strenger Abgeschiedenheit in Zang-phug, der Kupfer-Höhle ein, von der Naropa prophezeit hatte. Mein Guru und seine Frau schickten mir von aller Nahrung, die sie nahmen, einen Teil und auch einen Teil der Opfergaben bei jeder religiösen Zeremonie, die sie feierten, selbst den kleinsten.

So verbrachte ich meine Zeit in köstlichster Versenkung und entwickelte mein Verstehen in jahrelanger Gegenwart meines Guru, bis die Keime der geistigen Weisheit in meinem Herzen aufgingen.

Dies ist Milarepas vierte verdienstvolle Tat.

Der Abschied von meinem Guru

Weiter fragte Rechung: »Was führte dich zum Abschied von Marpa? Und wie viele Jahre lebtest du in der Abgeschiedenheit?«

Da sprach Jetsün: Es waren nicht viele Jahre, die ich in der Einsamkeit lebte, und so erwachte mein Wunsch, in die Heimat zurückzukehren: In meiner Abgeschiedenheit kam ich zu befriedigendem Erfolg. Gewöhnlich schlief ich niemals ein. Doch eines Morgens geschah es, daß ich lange schlief und einen Traum hatte. In diesem Traum sah ich mein Haus, die »Vier Säulen und acht Pfeiler« in solch zerfallenem Zustand, daß es den Ohren eines Esels glich. Die heiligen Schriften waren vom Wasser beschmutzt, das Feld, das »Worma-Dreieck« von Unkraut überwuchert; meine Mutter gestorben, und meine einzige Schwester streifte freudlos in der Welt umher. Der Schmerz, den ich darüber empfand, daß ich meine Mutter seit unserem unglückseligen Abschied, damals vor vielen Jahren, nicht mehr wiedergesehen hatte, war herzzerreißend.

Ich rief die Namen meiner Mutter und Schwester und weinte bitterlich. Beim Erwachen war mein Kissen naß von Tränen. Als ich meine Gedanken zu sammeln suchte, wurde meine Sehnsucht nach meiner Mutter nur immer größer. Und wieder mußte ich hemmungslos weinen. Da nahm ich mir vor, meine alte Mutter unter allen Umständen noch einmal zu sehen.

In der Abenddämmerung riß ich die Mauer nieder, die meine Einsamkeit umschloß und ging zu meinem Guru, um seine Erlaubnis einzuholen. Er lag in festem Schlaf, als ich nahte. Doch ich setzte mich an das Kopfende des Bettes und trug sanft und flehentlich ihm meine Bitte vor.

Da wachte mein Guru auf. Die Strahlen der Sonne schienen durch einen Spalt oberhalb seines Kissens und erleuchteten sein ehrwürdiges Haupt wie ein Glorienschein. Im selben Augenblick brachte seine Frau das Frühstück herein. Diese drei Ergebnisse trafen gleichzeitig ein, und manches künftige Geschehen war untrennbar mit diesem Zusammentreffen verbunden. Mein Guru wandte sich sofort zu mir und sprach: »Mein Sohn, wie wagst du es, so plötzlich aus deiner Abgeschiedenheit zu treten? Du läufst Gefahr, vom Dämon Mara besessen zu werden. Auch große persönliche Gefahr kann dir drohen. Gehe sofort in deine Einsamkeit zurück!« Aber noch einmal bedrängte ich ihn mit meinem Traum:

O Herr des Mitleids, du Unwandelbarer,
Laß diesen Bettler einmal sehen noch sein Haus
Im unglücksel'gen Tal von Tsa.

Blieb wenig auch von frühem Wohlstand mir zurück,
Bleibt die Besorgnis doch in meiner Brust.
Mein Haus, »Vier Säulen und acht Pfeiler« ist sein Name,
Ob es in Trümmern liegt, das wüßt ich gern.
Mein Zimmer, angefüllt mit heil'gen Schriften,
Ob es zerstört ist oder nicht, das wüßt ich gern.
Mein so geliebtes Feld, »Das Worma-Dreieck«,
Ob Unkraut es verwüstet oder nicht, das wüßt ich gern.
Ob meine Mutter, die mich trug,
Gesund noch lebt, das wüßt ich gern.
Und gern wüßt ich, ob meine Schwester Peta-Gönkyit
Weg oder Irrweg fand.
Und meine Zesay, einst dem Jungen zugesprochen,
Ob sie zur Hochzeit nun bereit, das wüßt ich gern.
Mein Nachbar und mein Onkel Yung-gyal,
Ob er noch lebt, das wüßt ich gern.
Der Tigerdämon, meine böse Tante,
Ob sie gestorben oder nicht, das wüßt ich gern.
Des Hauses Priester Kunchog-Lhabum,
Ob er noch lebt, ob nicht, das wüßt ich gern.
Doch über allem, liebe, alte Mutter,
Wie sehne ich so angstvoll mich nach dir.
Kaum länger tragen kann ich noch die Qual.
So bitt ich, Herr,
Noch einmal laß dorthin mich ziehen,
Und eilends kehre ich zurück.

Da sprach mein Guru: »Mein Sohn, als du zuerst zu mir kamst, sagtest du, nichts könne dich zu deinen Verwandten und deinem Hause zurückziehen. Jetzt aber sehnst du dich nach vielen Dingen. Selbst wenn du zurückgehen könntest, wäre es nicht wahrscheinlich, daß deine Mutter noch am Leben ist. Auch die anderen triffst du vielleicht nicht mehr gesund an. Denn einige Jahre warst du in Ü und Tsang, und hier bist du jetzt seit vielen Jahren. Doch willst du trotzdem gehen, gewähre ich dir deine Bitte. Wenn du aber wieder hierher zurückzukommen hoffst, dann lasse es dir ein Zeichen sein, daß du mich schlafend fandest, als du zu mir tratest; denn wir werden uns in diesem Leben nicht wiedersehen. Die Strahlen der aufgehenden Sonne aber, die in mein Haus schienen, sind Sinnbild, daß du ein strahlend Licht in den heiligen buddhistischen Orden wirst und den Glauben verherrlichst. Die Strahlen der Sonne, die meinen Kopf gleich einem Heiligenschein umstrahlten, sind ein Zeichen, daß die Sekte der meditierenden Kargyütpas in nahe und fern sich ausbreiten und blühen wird. Und daß Damema in diesem Augenblick gerade das Frühstück brachte, zeigt, daß geistige Nahrung dich erhalten wird. So kann ich dich denn gehen lassen. Damema, stelle die Opfergaben auf den Altar.« Während sie dies tat, setzte sich mein Lehrer nieder, um das Mandala-Diagramm vorzubereiten. Als er mir die letzten und höchsten Einweihungen übertragen, mir die Geheimnisse des Traumsymbols[54] und die Tantras gegeben hatte, die nur ins Ohr geflüstert werden dürfen, sprach er: »Sammle deine ganze Aufmerksamkeit. Denn dir allein übertrage ich diese Textgeheimnisse und Einweihungen, wie mir mein Herr Naropa befahl. Du übertrage sie weiter auf die Schüler, die dir die Götter weisen. Und so befehle ich dir, daß du sie unter der Bedingung weitergibst, daß sie dreizehn Generationen lang von einem Guru an einen Schüler weiter übertragen werden. Werden diese Wahrheiten zur Mehrung irdischer Nichtigkeiten eingetauscht, dann wird das Mißfallen der Götter erregt und Schreckliches wird geschehen. Bewahre sie darum mit größter Sorgfalt. Beweist ein Schüler die innere Bereitschaft für diese Wahrheiten, dann gib sie ihm, auch wenn er keine irdischen Güter als Opfergabe dafür bieten kann. Nimm solche Schüler unter deine besondere Obhut, beachte und hüte sie, führe sie zur geistigen Entwicklung und lasse sie den Ruhm des Glaubens erhöhen. Die Art, in der Tilopa Naropa züchtigte, und ich dich bekehrte, wird für die degenerierten, engherzigen Menschen der Zukunft, die nicht mehr fähig sind, die höchsten Wahrheiten zu verstehen, kaum geeignet sein. Darum pflege nicht diese Art der Unterweisung.

In Indien gibt es neun solcher Texte, die manchmal unter leichteren Bedingungen als den genannten erlangt werden können. Vier davon gab ich dir. Fünf weitere sind noch aus Indien zu holen. Einer meiner Schüler wird dorthin reisen, um sie von einem der Schüler von Naropas anderen Jüngern zu empfangen. Versuche dein Möglichstes, in ihren Besitz zu gelangen; sie werden der Menschheit gewiß von größtem Nutzen sein. Solltest du nun noch im geringsten glauben, ich hätte dir irgendeinen Text verheimlicht, weil du keine weltlichen Güter als Opfergabe zu bieten hast, dann laß ab von solchen Gedanken. Nicht weltliche Nichtigkeiten erfreuen mich; viel mehr Freude habe ich an deiner aufrichtigen Andacht und Willenskraft. Darum erhebe das Banner eifriger Hingabe und Versenkung.

Ich habe dir die höchsten, nur mündlich übertragbaren mystischen Wahrheiten gegeben, die mir die Götter offenbarten und Naropa vermittelte. Keinem anderen meiner Schüler habe ich sie mitgeteilt, nicht einmal den ersten. Dir aber habe ich sie vollkommen und vollständig gegeben, wie einem bis zum Rande gefüllten Gefäße.«

Hierauf rief er die Schutzgottheiten als Zeugen für die Wahrheit seiner Worte an und sang nach dieser tief eindrucksvollen Rede unvorbereitet diese Hymne:

Anbetung sei und Preis dem gütigen und gnäd'gen Herrn!
Versenkung in sein Werk ist schon ein heilig Tun.[55]

Wer viel begehrt, verwirret sein Gemüt
Bewahre drum im Herzen diese weisen Lehren:
Viele Scheinformen sind nicht das »Sein«
Viele Bäume tragen nicht Frucht.
Wissen ist nicht die wahre Weisheit,
Wer solches lernt, findet die Wahrheit nicht.
Viel Reden bringt wenig Gewinn.

Bereicherung des Herzens ist heiliger Reichtum,
Wünschst du den Reichtum, sammle dir diesen.
Die Lehr, die gemeines Begehren erstickt, ist der edle Pfad,
Erstrebst einen sicheren Pfad du, beschreite dann diesen.
Befriedigtes Herz ist ein edler König,
Suchst einen edlen Meister du, suche dir dieses.

Gib auf die tränenvoll leid-beladene Welt,
Einsame Höhlen mach dir zur Heimstatt,
Die Einsamkeiten zum Paradies.
Dein flüchtiges Roß: der Verstand der Gedanken reitet.
Den Körper mache zum Tempel der Götter,
Heilmittel sei dir nie endende Andacht.

Dir, der du reich bist an Kraft,
Gab ich die Lehre voll Weisheit.
Dein Glaube, die Lehre, ich selbst sind nur Eines.
Dieser vollkommene Same der Wahrheit, meinem Sohne
                                                            vertraut,
Bringe nun Blätter und Früchte hervor,
Nicht verdorben, zerstreut und vertrocknet.

Nach diesen Worten legte der Guru seine Hände auf meinen Kopf und sprach: »Mein Sohn, dein Fortgehen bricht mir das Herz. Da aber alles Stückwerk der Auflösung unterworfen, ist es unabwendbar. Doch bleibe noch einige Tage bei mir. Prüfe die Texte, und wenn dir etwas unverständlich erscheint, will ich es dir deuten.« Ich gehorchte und blieb noch einige Tage dort. In dieser Zeit erhielt ich die Erklärungen aller zweifelhaften Stellen.

    Auf des Guru Befehl stellte nun Damema Opfergaben zur feierlichen Handlung auf den Altar. Auf einer großen Schale lagen Gaben für die Schutzgottheiten, Opferkuchen für die Dakinis und ein herrliches Mahl für die Bruderschaft. Während der Handlung erschien mein Guru als Hevajra und in verschiedenen anderen göttlichen Gestalten mit den jeweils dazugehörenden Symbolen, wie Zepter, Glocke, Räder, Edelsteine, Lotosblüten, Schwerter und vieles andere. Er zeigte auch die mystischen Mantra-Buchstaben Om, Ah, Hum in verschiedenen Farben. Nachdem er diese Beweise eines Meisters des verborgenen Wissens gegeben hatte, sprach er: »Dies sind psychophysische Kräfte, die nie als prahlende Schaustücke preisgegeben werden dürfen. Ich habe sie dir, Milarepa, als mein Abschiedsgeschenk gezeigt.«

    So sah ich meinen Guru unfehlbar wie Buddha selbst, und meine Freude kannte keine Grenzen. Ich beschloß, ihm nachzueifern und gleiche verborgene Kräfte zu erlangen.

Darauf sprach er zu mir: »Mein Sohn, hast du dies alles gesehen und glaubst du?« »Ja,« gab ich zur Antwort, »Herr und Guru, es wäre unmöglich, nicht zu glauben. Ich will dir in Andacht nacheifern, bis auch ich diese Kräfte erlange.«

»Gut, mein Sohn – sprach er – nun kannst du Abschied nehmen. Ich habe dir die spiegelgleiche Natur aller Dinge gezeigt. Erfahre sie in dir selbst und gehe dafür in die Abgeschiedenheit, in Bergschluchten, unzugängliche Höhlen und in die Einsamkeiten der Wildnis. Die Bergeinsamkeit des Gyalgyi-Shri-La (des heiligen Berges ruhmvolle Einsamkeit) wurde von den Füßen vieler großer indischer Heiliger und Yogi gesegnet, während der Tisé Berg (der Mount Kailasa) von Buddha selbst als der große Berg, die Wohnung des Cakrasamvara erwähnt und als ein geeigneter Meditationsort bezeichnet wurde. Gehe dorthin zum Meditieren. Der Lapchi-Kang ist unter den vierundzwanzig Orten der Pilgerfahrten der heiligste, da er die Godavari der Schriften ist. Riwo-Palbar und Yölmo-Kangra in Nepal werden im »Lalita-Vistara« erwähnt. Auch dort gib dich der Versenkung hin. Chubar in Brin (Drin) ist ein Ort, der den Dakini heilig ist, und jede einsame Höhle, in deren Nähe Brennholz und Wasser liegt, ist ein geeigneter Platz zur Meditation und zum Erheben des Banners der Andacht. Devi-kot und Tsari liegen nebeneinander im Osten, aber noch ist die Zeit ihrer Erschließung nicht gekommen. Ein Schüler deiner Nachfolger wird diese heiligen Orte der Pilgerschaft öffnen und sie behüten. Du selbst sollst dein ganzes Leben der Versenkung weihen und in den vorher erwähnten Orten deine Wohnstätte suchen. Wenn du dies ernsthaft tust, dann wirst du deinen Guru befriedigen und die Güte und Liebe deiner Eltern vergelten. Dabei wirst du dem Urgrunde des All-Guten dienen. Fehlt dir die Andacht, dann wird dir dein langes Leben nur zu einer Fülle von Schuld. Darum verzichte auf allen Ehrgeiz dieser Welt. Vergeude deine Zeit nicht durch sinnloses Reden mit der Menge, die nur nach weltlichem Sein trachtet. Sondern gib dich sogleich der Versenkung hin.«

Tränen füllten des Guru Augen und flossen die Wangen herab, als er weitersprach: »Nun werden wir uns in diesem Leben nicht wieder treffen, mein Sohn. Ich will dich in meinem Herzen tragen, und du bewahre mich in dem deinen. Sicher werden wir uns in den reinen himmlischen Höhen des jenseitigen Lebens wieder begegnen. Darum sollst du frohen Herzens sein.

Zur Zeit der Andacht wirst du einmal, wie ich voraussehe, von einer großen leiblichen Gefahr befallen. Überkommt sie dich, so blicke hier hinein, aber vorher öffne sie nicht«; und mit diesen Worten gab er mir eine versiegelte Rolle. Jedes Wort meines Guru wurde zum tiefen, bleibenden Eindruck in meinem Herzen und half mir in meiner späteren Andachtsübung.

Dann wandte sich der Guru an seine Frau: »Damema, morgen verläßt uns Milarepa; bereite alles Nötige vor. Wenn es mich auch traurig stimmen wird, will ich ihn doch ein Stück Weges begleiten.« Und zu mir sagte er: »Schlaf heute Nacht in meiner Nähe. Wir beide, Vater und Sohn, wollen miteinander reden!« Dies tat ich, und als Damema zu uns kam, fing sie zu jammern und zu weinen an. Der Guru aber sprach: »Damema, warum weinst du? Ist es ein Grund zu Tränen, daß mein Sohn die kostbaren Wahrheiten alle empfangen hat und in die Einsamkeit geht, darüber zu meditieren? Bedenkst du aber, wie alle fühlenden Geschöpfe durch die Unwissenheit ihres hohen Ursprungs und ihrer hohen Bestimmung Leid und Schmerzen erdulden und in Qualen sterben, und wie besonders die Menschen, die durch ihre Geburt einmal die mächtige Möglichkeit erhielten, ihre Seinsbedingungen zu verbessern, sie außer Acht lassen und ohne Erleuchtung sterben, dann kannst du wahrhaftig weinen, ununterbrochen weinen.«

Seine Frau erwiderte: »Du sprichst wahr, doch es ist schwer, so voller Mitleid zu sein. Jetzt weine ich, weil ich nicht anders kann. Der Tod nahm mir einen im Weltlichen wie Geistigen vollendeten Sohn, der die eigenen Wünsche wie die der anderen erfüllt hätte. Und nun verläßt uns auch dieser Sohn, der so treu, so willensstark und klug, so gütigen Herzens, willig und in jedem Sinne fehlerlos ist; und ich muß dies erleben. Wie kann ich da meinen Tränen Einhalt gebieten?« Und sie weinte noch heftiger; auch ich war von Schluchzen überwältigt und mein Guru nicht weniger.

Die Nacht verging in ähnlichen kummervollen Ausrufen,

und wir kamen zu keinem ernsthaften Gespräch. Am nächsten Morgen begleitete mich die ganze Gemeinschaft, die aus dreizehn Menschen bestand, etwa vier oder fünf Meilen weit. Alle waren traurig und brachten ihren Schmerz in Worten und Tränen zum Ausdruck. Als wir an einen Hügel kamen, der Chhöla-Gang (Hügel der Religion) heißt und einen guten Ausblick über das ganze Land gewährt, hielten wir an und nahmen unser Mahl ein. Danach hielt mein Guru meine Hand fest in der seinen und sprach: »Mein Sohn, gern hätte ich dir zuverlässige Begleiter mitgegeben, da du durch Ü und Tsang kommst und Räuber den Silma-Paß in Tsang unsicher machen. Aber ich sehe, daß du allein gehen sollst. Ich will für dich beten und zu den Schutzgottheiten um sicheres Geleit für dich flehen. Gib gut acht auf deinen Weg und gehe zu Lama Ngogpa. Vergleiche mit ihm zusammen die Anmerkungen zu den heiligen Texten, die du empfangen und merke dir die Abweichungen. Dann gehe geradenwegs zu deinem Heimatort. Bleibe dort nicht länger als sieben Tage. Danach gehe in die Einsamkeit, versenke dich in Betrachtung und führe deine Andachtsübungen aus, die fortan deine einzige Aufgabe sein sollen. Nur so wirst du dir selbst und allen lebenden Geschöpfen zum Segen.«

Nun sang ich meinem Guru folgendes Lied:

Herr, du Unwandelbarer, Dorje-Chang,
Erstmals als demutvoller Bettler gehe ich nach Tsang,
Erstmals nun heim als demütiger Schüler.
Und deine heil'ge Liebe, güt'ger Herr und Vater, gibt mir
Der zwölf Berggöttinnen Geleit auf Silmas Paß;
Preis dir, du gnädger Herr.

Vertrauend auf die hehre Macht der Drei Kostbarkeiten,
Von Scharen der Dakinis froh geleitet,
Und selbst mit reinem und erhobnem Herzen,
Geh ich, behütet und beschützt von Göttern.
Wie sollt ich Feinde fürchten, die nur sterblich sind?

Nur eine Bitte noch erfleht mein Herz von dir:
Auf ewig bleibe du mein großer Führer,
In diesem Leben wie im künftigen.

Und segne Körper, Rede mir und Geist,
Bewahre sicher sie vor der Versuchung.

Gewährendes Gehör schenk meinem Flehen,
Bezeuge es mit deines Segens Kraft.
Und laß die tiefe Wahrheit mich erkennen.
Den Segen fleh ich für ein lang gesundes Leben.

In deinen Händen liegt des Bittend Heil,
So segne ihn, daß er die Einsamkeit bestehe.

Nach diesem Gebet sprach mein Guru: »Mein Sohn, deine Rede ist süß. Nun will ich dir meine höchst gepriesenen und letzten Worte mitteilen. Bewahre sie ewig in deinem Herzen.« Dann legte er seine Hände auf mein Haupt und sang folgende Hymne:

Preis allen Gurus!

Mein hochgemuter edler Sohn in rechtem Denken,
Den Dharma-Kaya mögest du erlangen.
Und deiner Nektar-gleichen Rede innig Flehen
Mög im Sambhoga-Kaya die Erfüllung finden.
Dein rechtschaffen und dankbar reines Herz
Erfahre den Nirmana-Kaya.[56]

Dies letzte edle Wort von meinen Lippen
Sei wie das ewige Gesetz
Unfehlbar, unverlöschbar in dein Herz gegraben.

Der Segen sei auf deinem Wirken im Gehorsam,
Der Segen sei auf deiner Schüler Folge,
Der Segen von mir selbst sei dir unfehlbar,
In deinem Herzen berge diese letzten Lehren,
Verwirkliche sie treu.

Nach diesem Gesang ward Marpas Herz voll großer Freude. Dann reichte mir die ehrwürdige Mutter Geschenke zum Unterhalt. Darunter Kleider, Stiefel und Vorräte und sprach dabei: »Mein Sohn, hier hast du einige Geschenke für die kommende Zeit. Nimm sie als kleine Aufmerksamkeit von mir. Sie sind mein letztes Abschiedsgeschenk an dich, mein Sohn. Ich wünsche dir eine glückliche Reise. Mögen wir uns in dem gesegneten heiligen Paradies von Urgyen wiedersehen. Vergiß nicht die letzten geistigen Gaben und das aufrichtige Gebet deiner Mutter, das ich jetzt spreche.« Damit gab sie mir eine mit Wein gefüllte Schädelschale und sang folgende Hymne:

Verehrung, gnäd'ger Marpa, dir zu deinen Füßen!

Mein Sohn, kraftvoll, geduldig,
Im Harren und im Leiden gleichbewährt,
Du Auserkor'ner zu der höchsten Krone,
Birg tief in dir den Nektar deines Guru gotterfüllter
                                Weisheit.
Zieh friedevoll und sicher deines Weges,
Damit wir Freunde uns einst wiedersehen.
In dem gesegnet heil'gen Reich.

Vergiß nicht deine geist'gen Eltern
Und bete viel und stark zu ihnen.
Birg, was du kannst, an stärkend
Heil'ger Schrift und Rede tief in dir.
Zieh friedevoll und sicher deines Wegs,
Damit wir Freunde uns einst wiedersehen
In dem gesegnet heil'gen Reich.

Vergiß nicht deine geist'gen Eltern,
Erinnre ihrer dich voll Dankbarkeit,
Erinnre oft dich ihrer güt'gen Sorge.

Der Götter bergender Atem
Er sei dir reines weiches Kleid.[57]
Zieh friedevoll und sicher deines Wegs,
Damit wir Freunde uns einst wiedersehen
In dem gesegnet heil'gen Reich.

Gedenk der hilflos Armen im Sangsara,
In selbstlos Fühlen üb' dein Herz.

Des größ'ren Mahayana-Pfades Last
Mit starkem Glauben trage sie.
Zieh friedevoll und sicher deines Wegs,
Damit wir Freunde uns einst wiedersehen
In dem gesegnet heil'gen Reich.

Damema, die hochbegabte,
Die letzte Weisung gab sie nun dem Sohn,
Daß er sie tief im Herzen trage.
Und daß wir, Sohn und Mutter,
Als Freunde einst uns wiedersehen
In dem gesegnet heil'gen Reich.

Mög' dieses heiße Wünschen Segen bringen,
Und möge reine Andacht sie vergelten.

Bei diesem Gesang erschütterten Tränen die Stimme Damemas, und der lang anhaltende Schmerz der anderen brach in Tränen und Schluchzen hervor. Ich verbeugte mich zum letztenmal vor meinem geistigen Vater und meiner Mutter und ging rückwärts fort, solange ich noch meinen Guru erblicken konnte. Ich sah sie alle dort stehen mit tränenvollen Gesichtern, und groß war mein Wunsch, wieder umzukehren. Als sie meinem Gesichtskreis entschwunden waren, ging ich in üblicher Weise weiter; und noch einmal sah ich sie von einem Hügel aus, eine verschwommene graue Gruppe. Mein Herz sehnte sich nach ihnen, und nur mit qualvoller Anstrengung riß ich mich von ihnen los. Ich dachte in meinem Innersten daran, daß ich nun die Wahrheiten in ihrer Gesamtheit erlangt hätte und keiner unreligiösen Tat mehr fähig wäre. Über meinen Guru konnte ich mein ganzes Leben lang meditieren, als säße er über dem Scheitel meines Kopfes.[58] Und er hatte versprochen, daß wir uns im nächsten Leben in heiligen Bereichen wiedersehen würden. Auch wollte ich nur eine kurze Zeit fortgehen, nur um meine Mutter zu sehen, die mich geboren; dann konnte ich zu meinem Guru zurückeilen.

Mit diesen Gedanken im Herzen ging ich traurigen Sinns weiter, bis ich das Haus des Lama Ngogdun-Chudor erreichte. Hier verglichen wir die Anmerkungen miteinander, und ich fand, daß er mich in der Erklärung des Tantras überragte, daß ich aber in der Ausübung der Riten und Rituale, die zu der Lehre gehören, und in ihrer Anwendung im täglichen Leben kaum hinter ihm zurückstand. Dafür übertraf ich ihn in anderer Beziehung, wie im Wissen um die göttlich inspirierten, ins Ohr geflüsterten Lehren.

Danach verabschiedete ich mich in gebührender Ehrfurcht. In der Hoffnung, daß wir uns später wiedersehen würden, machte ich mich auf den Weg nach Hause. Nach drei Tagen kam ich dort an, erfreut über die Entwicklung meiner Atembeherrschung, die mich in dieser schnellen Zeit den Weg zurücklegen ließ.

So geschah dies alles: mein Erlangen der gesamten Wahrheit, meine ernsten Studien darüber, und die Forderung des bedeutsamen Traumes, meinen Guru zu verlassen und nach Hause zurückzukehren.

Und so endet Milarepas Erzählung von seiner vierten verdienstvollen Tat.

Die Entsagung

Wieder fragte Rechung: »Ehrwürdiger Guru, ging dein Traum in Erfüllung, als du heimkehrtest, oder war deine Mutter noch am Leben?« Da antwortete Jetsün: Der ungünstige Traum war nur zu wahr. Es sollte mir nicht beschieden sein, meine Mutter noch lebend anzutreffen. *Und Rechung fragte weiter: »Erzähle uns, ehrwürdiger Guru, wie fandest du dein Heim, wem bist du begegnet, und wie nahmen die Menschen dich auf?«*

Darauf fuhr Jetsün in seiner Erzählung fort: Schafhirten traf ich hoch oben in der Bergschlucht, von der aus mein Haus zu sehen war. Ich spielte den Unbekannten und ließ mir genau die Namen der Orte, Häuser und ihrer Bewohner erzählen. Als ich auf mein Haus wies und nach seinem Namen und Besitzer fragte, wurde mir gesagt, das Haus hieße »Vier Säulen und acht Pfeiler« und sei im Augenblick nur von Geistern bewohnt, da kein Lebewesen darin hause. Auf meine Fragen, warum es leer stehe, was mit den Bewohnern geschehen, ob sie verzogen oder gestorben, bekam ich zur Antwort, daß früher eine angesehene Familie darin gewohnt hätte. »Sie hatten nur einen Sohn, dessen ganzer Besitz nach dem frühen Tode des Vaters auf Grund eines testamentarischen Fehlers von den väterlichen Verwandten geraubt wurde. Als der Sohn mündig war, verlangte er sein Erbe zurück. Es wurde ihm aber verweigert; da griff er zu Mitteln der schwarzen Magie, schleuderte Flüche und Hagel über diesen Ort und richtete viel Unheil an. Nun fürchten wir uns alle so sehr vor seinen Schutzgottheiten, daß keiner von uns allein dorthin zu gehen und kaum in diese Richtung zu blicken wagt. So liegt in diesem Hause nur die Leiche der verstorbenen Mutter dieses einzigen Sohnes, und böse Geister hausen dort. Es gab auch eine Schwester; sie aber ließ die Leiche der Mutter zurück und ging fort, bettelnd ihr Leben zu fristen, und kam nicht zurück. Auch der Sohn muß gestorben sein, da keine Nachricht von ihm kommt. Wagst du, dorthin zu gehen, Pilger, so wirst du einige Bücher finden.« Ich fragte den Sprecher, wann dies alles geschehen sei, und er meinte, es seien acht Jahre seit dem Tode der Mutter vergangen. An das weitere erinnere er sich nur aus fernster Jugendzeit oder aus den Gesprächen anderer.

Ich war nun überzeugt, daß die Bewohner des Dorfes mir aus Furcht vor meinen Schutzgottheiten nichts Böses antun würden. Die Nachricht vom Tode meiner Mutter und dem Verschwinden meiner Schwester aber erfüllte mein Herz mit Sorge und Verzweiflung. Ich verbarg mich bis zum Sonnenuntergang in einem Schlupfwinkel und weinte bitterlich. Nach dem Untergang der Sonne ging ich in das Dorf, und wehe – ich sah mein Haus, genau wie ich geträumt hatte. Das schöne Haus, das einst einem Tempel glich, war verfallen und zerstört. Die vielen heiligen Bücher beschmutzt vom Regen, der durch die Ritzen fiel, von hohen Staub- und Erdschichten bedeckt. Vögel und Mäuse hatten darin ihre Nester gebaut und Schlupfwinkel für die Nacht gesucht. Wohin ich auch sah, überall derselbe Anblick von Zerstörung und Trümmerhaufen. Da überwältigte mich die Verzweiflung. Ich suchte den Weg nach den äußeren Räumen und traf auf eine Menge Erde und Lumpen, die mit Unkraut und Gras überwuchert waren. Wie ich diesen Haufen durchwühlte, fielen menschliche Knochen auseinander, und ich fühlte unbewußt, daß es der Leichnam meiner Mutter war. Eine tiefe, unaussprechliche Sehnsucht erfaßte mich. Der Gedanke, daß ich meine Mutter nie wiedersehen sollte, war so unerträglich, daß ich fast mein Bewußtsein verlor. Da erinnerte ich mich der Lehren meines Guru. Ich setzte mich in geistige Verbindung mit dem Geist meiner Mutter und den göttlichen Geistern der Heiligen der Kargyütpa-Sekte, machte ein Kissen aus den Knochen meiner Mutter und verharrte in einem ungestörten Zustand der Ruhe in klarer, tiefer Meditation. Darin erkannte ich, daß es wahrhaft möglich war, meinen Vater und die Mutter aus dem Kummer und Elend des Sangsara-Sein zu retten. Nachdem ich sieben Tage und Nächte in diesem Zustand verharrt hatte, erhob ich mich aus dem Samadhi.[59]

Die Frucht meiner Überlegung war das Wissen, daß es in keinem Zustand des Sangsara-Seins ewigen Segen geben kann. So beschloß ich, die Knochen meiner Mutter zu Pulver zu stoßen, mit Lehm zu vermischen und zu Votiv-Figürchen machen zu lassen. Die Bände der heiligen Schriften wollte ich dafür in Zahlung geben. Ich selbst aber wollte in die Dragkar-Taso-Höhle gehen und dort in ununterbrochener Meditation verharren. Tag und Nacht wollte ich dort sitzen, bis der Tod mein Leben beenden würde. Ich gelobte mir, lieber Selbstmord zu begehen als einem weltlichen Gedanken nachzuhängen, und bat die Schutzgottheiten und Dakini, mein Leben abzuschneiden, wenn ich mich je mit leichten Andachtsübungen begnügen würde.

Nachdem ich diesen Entschluß immer wieder im Geiste durchdacht hatte, sammelte ich die Knochen meiner Mutter in meinen Rock und machte mich auf den Weg. Dann kratzte ich Staub und Schmutz von den Bänden der heiligen Schriften fort und sah, daß ihre Buchstaben noch klar zu lesen waren. Die Bände auf dem Rücken, die Knochen in meine Kleider gewickelt, so ging ich davon. Unsagbare Qual preßte mein Herz im tiefsten Innern zusammen. Die Welt hatte nun nichts mehr, das mich versuchen oder binden konnte. Ich wiederholte das Gelübde, mein Leben in der Erfüllung der Wahrheit der strengsten Askese hinzugeben und fest daran zu halten. In einer fast wahnsinnigen Stimmung sang ich die Verse des festen Entschlusses zu mir selbst:

Du gnädiger unwandelbarer Herr,
Marpa, der Übersetzer – wie du mir gesagt,
Fand ich den Lehrer, der der Dinge Unbestand mich lehrte,
In meiner Heimat, dem Gefängnis der Versuchung.
Laß mich im Segen deiner Gnade,
Bei diesem Lehrer Glauben und Erfahrung finden.

All Ding in seiner Sichtbarkeit und Dauer,
Ist ohn' Bestand, unsicher, wandelbar.
All irdisch' Dasein im Besonderen,
Unwirklich ist's und ohne dauernden Gewinn.
Und so, statt nutzlos Werk zu wirken,
Will nur nach der Wahrheit ich noch suchen.

Zur Lebenszeit des Vaters war unerwachsen noch der Sohn;
Da ich geboren und gereift, der Vater war mir tot.
Doch hätten wissend wir uns auch erkannt – karger Gewinn!
So will ich, nur die Wahrheit noch allein zu suchen,
Zur Dragkar-Taso-Höhle geh'n, mich üben in Versenkung.

Da meine Mutter noch am Leben, der Sohn war lange fort;
Da ich der Heimat Fluren wiedersah, war mir die Mutter tot.
Doch hätten wissend wir uns auch erkannt – karger Gewinn!
So will ich, nur die Wahrheit noch allein zu suchen,
Zur Dragkar-Taso-Höhle geh'n, mich üben in Versenkung.

Da meine Schwester noch daheim, der Bruder sucht die Weite;
Da heimfand dann der Bruder, war die Schwester fort.
Doch hätten wissend wir uns beide auch erkannt – karger Gewinn!
So will ich, nur die Wahrheit noch allein zu suchen,
Zur Dragkar-Taso-Höhle geh'n, mich üben in Versenkung.

Da heil'ge Schriften sich mir boten, die Ehrfurcht fehlte mir;
Da ich zur Ehrfurcht fand, da waren sie beschmutzt vom Regen.

Doch hätten wissend wir uns auch berührt – karger Gewinn!
So will ich, nur die Wahrheit noch allein zu suchen,
Zur Dragkar-Taso-Höhle geh'n, mich üben in Versenkung.

Da sicher stand das Haus, fort war der Herr;
Da heimgekehrt der Herr, in Trümmern lag das Haus,
Doch hätten wissend sie sich auch berührt – karger Gewinn!
So will ich, nur die Wahrheit noch allein zu suchen,
Zur Dragkar-Taso-Höhle geh'n, mich üben in Versenkung.

Da in der Fülle lag das Feld, der Landwirt fehlte;
Und da er wiederkam, verwahrlost war das Feld,
Doch hätten wissend sie sich auch berührt – karger Gewinn!
So will ich, nur die Wahrheit noch allein zu suchen,
Zur Dragkar-Taso-Höhle geh'n, mich üben in Versenkung.

Besitz und Heim und Vaterland
Wie seid ihr schal und leer,
Und Beute jedes Andachtslosen.
Ich aber such der Wahrheit ewigen Bestand.

O Vater, gnäd'ger Marpa, du, der Übersetzer,
Einsam laß mich in der Versenkung Gnade finden.

Nachdem ich in einem Ausbruch religiösen Eifers diese Hymne gesungen hatte, ging ich zuerst zu dem Hause meines Lehrers, der mir das Lesen beigebracht hatte. Er selbst war tot, doch sein Sohn lebte; und ihm bot ich die Bücher an mit der Bitte, aus den Gebeinen meiner Mutter Votiv-Figürchen zu formen. Ängstlich meinte er, daß die Schutzgottheiten sein Haus heimsuchen würden, wenn er die Bücher annähme, versprach aber freundlicherweise die Herstellung der Figürchen. Als ich ihm sagte, daß ihn die Schutzgottheiten nicht heimsuchen würden, da ich ihm die Bücher freiwillig gäbe, nahm er sie an. Dann formte er die Votivgaben, wobei ich ihm half. Sie wurden geweiht und in einen Reliquienschrein gelegt. Ich wollte weiterziehen, doch der Sohn meines Lehrers forderte mich auf, einige Tage bei ihm zu bleiben. Wir wollten über alte Zeiten reden, und er versprach mir, sein Bestes zu geben. Ich aber sagte ihm, daß ich mich eilen müsse und keine Zeit zum Reden hätte, da ich mich sofort in Meditation versenken wolle. Doch er drängte mich, wenigstens noch diese Nacht zu bleiben, um mir Vorräte für die Zeit meiner Andachtsübungen zu bereiten.

Ich willigte ein. Er fuhr in der Unterhaltung fort und sprach: »In deiner Jugend hast du deine Feinde durch schwarze Magie zerstört. In deinem reifen Alter nun übst du die Religion. Wahrhaft bewundernswert ist dies. In der Zukunft wirst du sicher ein Heiliger. Welchen Guru hast du gefunden, und welche geistigen Schriften hast du empfangen?« Dies fragte er voll Interesse, und ich erzählte ihm, daß ich die Lehre der großen Vollendung erhalten hätte und beschrieb, wie ich Marpa fand. Er wünschte mir Glück und redete mir zu, ich solle mein Haus wieder herrichten, Zesay heiraten und mich als Ningma-Lama niederlassen. Ich aber erwiderte, Marpa hätte geheiratet, um anderen zu dienen. Wollte ich ihm nur ohne die Reinheit seines Zieles und ohne seine geistige Kraft nacheifern, dann gliche ich einem Hasen, der den Sprung des Löwen nachzuahmen sucht, und dies könne nur mit einem Sturz in den Abgrund der Zerstörung enden. Ich fügte noch hinzu: »Ich bin überzeugt, daß ich nichts anderes brauche, als ein Leben der Versenkung und Andacht. An einem irdischen Leben habe ich keine Freude. Und der tiefste Sinn aller Befehle meines Guru war das Leben eines der Versenkung hingegebenen Einsiedlers. So will ich danach trachten, das ideale Leben eines Kargyütpa-Frommen zu führen. Meinem Guru zur Freude, zum Dienste an allen fühlenden Wesen und in Hingabe an den Urgrund der heiligen Ordnung. Hierdurch will ich auch meine Eltern aus dem Sangsara-Sein befreien und mir selbst nützlich sein. Ich verstehe nichts als die Betrachtung in der Versenkung und könnte nichts anderes vollbringen. Ich sehne mich auch nach nichts anderem. Nachdem ich die elenden Trümmer meines Hauses und die Reste aus dem Besitze meiner verstorbenen Eltern gesehen habe, steht es unauslöschlich in mir fest, daß alles weltliche Trachten sinnlos ist; und so brennt in mir der Wunsch nach einem Leben der Versenkung. Ein Leben der Behaglichkeit kann denen frommen, die nicht wie ich gelitten haben, und denen der Gedanke an Tod und Hölle nicht so lebendig vor Augen steht. Mich aber haben die Ereignisse zutiefst von der Notwendigkeit einer lebenslangen, eifrigen religiösen Hingabe und tiefer Versenkung, selbst bis zum Tode trotz Hunger und Armut überzeugt.«

Und mit Tränen in den Augen sang ich:

Verehrung, edler Marpa, dir zu Füßen!
Laß deine Gnade mich, den Bettler, zur Befreiung von
                              den ird'schen Banden führen.

Weh euch, ihr weltgebunden
Unglücklichen Wesen,
Wie tief wird, euer denkend, mir der Schmerz,
Wie schwer das Leid, solang ich eures koste.
Wir drehen, wirbeln, bis wir sinken in die Hölle;
Wem Karma wirket Schmerz und Leiden
Der Wahrheit weihe er sein Leben – dies sein bester Teil.

Unwandelbarer Herr du, Dorje-Chang,
Dem Bettler stärk in deiner Gnade den Durst nach
                                        Einsamkeit.
Die Zeit vergeuden Gäste nur des ird'schen Seins,
Das unbeständig, voll des Trugs.
Wie müssen kranken sie am Leid der Sorgen.

Mein Weideland, schon ist es kahl,
Und meine Herden auf den weiten Feldern von Gung-
                                            thang,
Sie hetzen böse Geister ruhelos umher.
Ein Bild ist's allen Trugs,
Aus dem hinweg ich nach Versenkung trachte.

Mein schönes Haus »Vier Säulen und acht Pfeiler«
Dem Rachen eines Löwen gleicht's,
Der Turm, vier Seiten und acht Zinnen, neun das Dach,
Es hängt im Winde wie ein Eselsohr.
Ein Bild ist's allen Trugs,
Aus dem hinweg ich nach Versenkung trachte.

Mein fruchtbar Land, das »Worma-Dreieck«
Voll Unkraut steht es und vergrast.
Verwandte, Vettern, alle sind bereit
Als Feinde gegen mich zu stehen.
Ein Bild ist's allen Trugs,
Aus dem hinweg ich nach Versenkung trachte.

Mein edler Vater Mila-Shergyal[60]
Ohn' jede Spur sank hin sein Leben,
Und die geliebte Mutter Nyang-Tsa-Kargyen,
Ist jetzt ein Häufchen bleicher Knochen.
Ein Bild ist's allen Trugs,
Aus dem hinweg ich nach Versenkung trachte.

Mein Priesterlehrer Kunchog-Lhabum,
Nun ist er Diener gleich den andern.
Und meine heil'gen Schriften, frommer Lehre Hort,
Sind Ratten nun und Vögeln Nisteplatz.
Ein Bild ist's allen Trugs,
Aus dem hinweg ich nach Versenkung trachte.

Mein nachbarlicher Onkel Yung-gyal,
Steht nun auf Seiten meiner Feinde.
Die einz'ge Schwester Peta-Gön-kyit,
Ging unbekannten Wegs dahin.
Ein Bild ist's allen Trugs,
Aus dem hinweg ich nach Versenkung trachte.

O Gnädiger, Unwandelbarer,
So segne du mein Flehn nach Einsamkeit.

Als ich dieses traurige Lied gesungen hatte, sagte mein Wirt seufzend: »Wirklich, du hast recht.« Und seine Frau vergoß viele Tränen. Der elende Anblick meines verfallenen Hauses hatte mich so tief beeindruckt, daß ich immer wieder den Entschluß äußerte, das Leben eines Einsiedlers in einsamer Meditation zu verbringen. Auch in meinem Herzen wiederholte ich wieder und wieder diesen Entschluß. Und ich kann mich wahrhaftig nicht tadeln, daß ich mich in der Versenkung und Andacht übte und nicht in weltlichem Trachten meine Zeit vergeudete.

Dies ist die fünfte verdienstvolle Tat, in der Milarepa durch die hier beschriebenen traurigen Ereignisse zu einem religiösen Leben eifrigster Hingabe geführt wurde.

Die Versenkung in der Einsamkeit

Weiter fragte Rechung, an welchen Orten Jetsün sich der Versenkung hingegeben und Buße und Andacht geübt habe. Darauf antwortete Jetsün: Am nächsten Morgen versorgte mich der Sohn meines Lehrers mit einem Sack Mehl, Butter, Käse und anderem Vorrat und sprach: »Dies diene dir in deiner frommen Einsamkeit zur Nahrung. Behalte uns in Erinnerung!«

Mit diesen Vorräten ging ich fort. In einer geräumigen Höhle in einem Hügel hinter meinem eigenen Hause setzte ich mich zur tiefen Betrachtung nieder. Ich nahm nur karge Nahrung zu mir, und mein Körper wurde erschöpft und schwach; meine frommen Übungen aber machten große Fortschritte. So reichten die Vorräte einige Monate. Als sie zu Ende waren, ich aber ohne Nahrung nicht länger durchhalten konnte, wollte ich von den Hirten auf dem Hügel Butter, Käse und anderes und von den Ackersleuten in den Ebenen etwas Mehl oder Korn erbitten, damit ich, ohne zu verhungern, in der Meditation verharren konnte.

Auf meinem Weg zu den Hirten kam ich zu einem der Zelte aus Jackhaartuch und bat die Bewohner, einem Frommen Almosen an Gewürz, Butter und Käse zu geben. Wie aber das Unglück will, war es das Zelt meiner Tante, die mich sofort erkannte. Wütend ließ sie ihre Hunde los, die ich mit einem Stock zurückhielt und mit Steinen bewarf. Dann lief sie selbst herbei, mit einem Zeltpfahl bewaffnet und schrie: »Du Schande eines edlen Vaters, der du die Leben deiner Verwandten verkauft, dein eigenes Land verwüstet hast! Warum bist du hergekommen? Wehe, daß dein edler Vater einen solchen Sohn empfangen hat!« Mit diesen Worten schlug sie heftig auf mich ein. Ich floh, stieß aber in meiner Hungerschwäche auf einen Stein und fiel in einen Teich, in dem ich fast ertrunken wäre. Sie aber schrie weiter

in ihrem Zorn. Ich erhob mich, so mühsam es ging und
stützte meinen Körper auf den Stock. Dann sang ich zu meiner Tante gewandt:

Zu Füßen meines güt'gen Vaters Marpa beug' ich mich.

Im unheildüstren Heim, im finstern Tal von Tsa
Den Erbsen gleich im Busch, wurden wir weit zerstreut,
Wir Unseligen, trauermüd die Mutter und zwei Waisen.
Bedenkt, s'ist Euer Werk, Ihr Tante und Ihr Onkel.

Als Bettler wandert ich in weite Fernen;
Der Armut unerbittlich Schwert die Mutter fällte.
Um Kleid und Nahrung floh die Schwester in die Irre.
Die unstillbare Sehnsucht, beide noch zu sehen
Trieb in die alte Heimat, dies Gefängnis, mich zurück.

Das liebe Antlitz meiner Mutter werd' ich nie mehr schauen.
Der Kummer trieb die Schwester in die Weite.
Aufschreit mein Herz in tiefster Qual.
Und all die Sorgen, all dies Elend, das wir leiden
Ist's Euer Werk nicht, Ihr Verwandte?

Zum frommen Leben führte mich dies namenlose Leid.
In stiller Hügel Einsamkeit der Einschau hingegeben
Und der Betrachtung meines gnäd'gen Marpas heil'ger
                                                                           Lehre,
Schwand hin der Vorrat und die Nahrung mir, zu fristen
                                                                     dieses Leben.

So zog ich hin, Almosen zu erbitten.
Wie sich ein sterbend Tier hinschleppt zum schützenden
                                                                     Versteck
Zog's mich zum Hause meiner Tante.
Der wilden Hunde Meute hetzt du auf den brüchig
                                                                   schwachen Leib.
Und peitschest noch den wilden Angriff dieser Pein.

Mit deiner Drohung rohem, wildem Fluchen
Schürst du den Gram in meinem Herz aufs neu,

Und deine Schläge mit dem Zeltpfahl decken
Mit Striemen meinen armen Leib.
Vernichten mir fast mein Leben.

Um dir zu zürnen, hätt' ich Grund genug.
Doch folg' ich meines Gurus heil'ger Weisung.
Auch du sei ohne Rache, meine Tante,
Und Nahrung gib mir für mein frommes Streben.

Herr, Marpa du Erbarmungsreicher,
In deiner Gnade sänftige des Bettlers Zorn.

Als ich halb weinend, halb singend, diese Worte sprach, konnte ein Mädchen, das hinter die Tante getreten war, ihre Tränen nicht mehr zurückhalten. Auch meine Tante ward von Reue und Scham erfüllt. Sie ging in das Zelt hinein, und schickte mir durch das Mädchen einen Ballen Butter und geriebenen Käse.

Weiter ging ich nun zu den anderen Zelten. Ich erkannte keinen der Bewohner; aber alle schienen mich zu kennen. Sie starrten mich an und gaben mir schöne Almosen, die ich in meine Höhle brachte. Aus dem Benehmen meiner Tante konnte ich auf den Empfang meines Onkels schließen, und so nahm ich mir vor, keinesfalls in diese Richtung zu gehen. Aber der Zufall wollte, daß ich bei meinem Bittgang zu den Bauern des oberen Tsatals gerade vor die Tür des neuen Hauses von meinem Onkel kam, das er nach dem Unglück bezogen hatte. Er erkannte mich, lief auf mich zu und schrie: »Gleiche ich auch schon einem alten Leichnam, auf dich habe ich gewartet!«; und er warf Steine nach mir, die mich fast tödlich getroffen hätten. Da floh ich; er aber warf mir mit all seiner Kraft weiter Steine nach, und Pfeil und Bogen in der Hand, schrie er hinter mir her: »Du, der du mit Leben handeltst, Verräter du! Hast du nicht dies Land verwüstet? Ihr Nachbarn und Landsleute, jetzt haben wir unseren Feind. Kommt schnell herbei!« Er schoß Pfeile auf mich, und junge Leute der Nachbarschaft warfen Steine nach mir. Ich fürchtete, als Vergeltung für meine schwarzmagischen Taten ein Opfer ihrer Wut und Rache zu werden und schrie laut, um sie mit meiner magischen Macht einzuschüchtern:

»Mein Vater und ihr Guru der Kargyütpa-Sekte, ihr tausend bluttrinkenden und glaubenbewahrenden Gottheiten. Ich, ein Frommer, werde von Feinden verfolgt. Helft mir und rächt mich. Wenn ich auch sterben sollte, ihr, meine Schützer, seid unsterblich!«

Diese Worte erschreckten alle. Sie hielten meinen Onkel fest, und einige mir Wohlgesinnte traten vermittelnd dazwischen. Die anderen, die mich gesteinigt hatten, baten um Verzeihung. Nur mein Onkel wollte mir keine Almosen geben. Die anderen aber gaben mir vieles, das ich in meine Höhle trug. Ich fürchtete nun, den Zorn der Menschen zu wecken, wenn ich dort länger bliebe und beschloß, einen anderen Ort zu suchen. In dieser Nacht aber hatte ich einen Traum, der mir befahl, noch ein paar Tage zu bleiben, was ich auch tat.

Zesay, die mir in meiner Kindheit versprochen war, hörte von meinem Hiersein und kam zu mir mit Speise und Trank. Sie weinte viel und umarmte mich. Als sie mir den Tod meiner Mutter und das Fortgehen meiner Schwester erzählte, verfiel ich in Trübsal und weinte bitterlich. Dann sagte ich zu ihr: »Wie kommt es, daß du noch nicht geheiratet hast?« Sie antwortete: »Die Menschen hatten so große Angst vor deinen Schutzgottheiten, daß mich niemand wollte. Ich hätte auch keinen gemocht. Es ist schön, daß du dich dem religiösen Leben geweiht hast. Aber was willst du mit deinem Haus und Feld machen?« Ich verstand ihren Wunsch und hoffte, es würde ihr im Hinblick auf mein frommes Streben genügen, wenn ich für sie bete, da ich dank der Gnade meines Guru alles weltliche Leben aufgegeben hatte. Ich mußte ihr aber auch ihre äußeren Zweifel nehmen. Darum sprach ich zu ihr: »Wenn du meine Schwester triffst, gib ihr Haus und Feld. Bis dahin aber nimm es selbst und behalte es, sollte meine Schwester tot sein.« Sie fragte, ob ich es nicht selbst haben wolle. Aber ich gab ihr zur Antwort: »Ich werde wie Mäuse und Vögel mein Essen finden; oder ich werde fasten und sterben; darum bedarf ich keines Feldes. Ich werde in Höhlen und abgelegenen Winkeln wohnen; dafür brauche ich kein Haus. Ich weiß, daß ich selbst im Tod alles zurücklassen müßte, wenn ich die ganze Welt besäße. Und gebe ich schon jetzt alles auf, wird es zum Segen in diesem und im nächsten Leben. Ich strebe nach einem Leben, das dem Hoffen der Weltmenschen entgegengesetzt ist. Darum denke nicht weiter an mich als einen Lebenden.« Da fragte sie mich: »Stehen deine Übungen auch im Gegensatz zu denen der anderen Frommen?« Und ich erwiderte: »Natürlich stehen sie im Gegensatz zu denen der Heuchler, die nur um äußerer Verehrung willen das Mönchskleid tragen und um weltlicher Ziele, um Ruhm und irdischer Größe willen den Inhalt von einigen Büchern auswendig lernen. Wenig aber unterscheidet mich von den wirklich Frommen, auch wenn sie anderen Lehren und Glaubensrichtungen angehören. Denn sie haben die gleichen Ziele. Nur wer es weniger ernst und aufrichtig meint, der ist mein Gegner im Glauben.«

Hierauf fragte sie: »Wie kommt es aber, daß dein Leben so arm und elend ist, weit schlimmer als das der ärmsten Bettler? Noch nie sah ich ein ähnliches. Zu welcher besonderen Richtung der Mahayana-Lehre gehörst du?« Ich erzählte ihr, daß ich der höchsten Glaubensrichtung des Mahayana, dem Pfad vollkommener Selbstentsagung folge, um in einer Lebensdauer zur Buddhaschaft zu gelangen. Und daß wir um dieses Zieles willen alle irdischen Dinge und Wünsche lassen müßten.

Da nahm sie wieder das Wort: »Ich sehe, daß sich die Übung deiner Lehre weit von anderen unterscheidet, und wie ich sehe und von dir höre, muß die Übung dieses Dharma nicht leicht sein. Die anderen Pfade wären einfacher gewesen.« Ich antwortete: »Der Yogi, der noch an irgend etwas Irdischem hängt, kann mein Ideal der wahren Hingabe nicht erreichen. Selbst jene aufrichtigen Sucher, die noch am gelben Gewand hängen, haben noch eine kleine Liebe zur weltlichen Ausnahmestellung. Aber wären sie selbst hiervon frei, so bestünde doch noch zwischen ihnen und mir ein großer Unterschied in dem Fortschritt und Erfolg, die Buddhaschaft zu erreichen. Aber das wirst du heute noch nicht begreifen. Doch fühlst du es, dann widme dich dem religiösen Leben. Glaubst du dich dieser Aufgabe noch nicht gewachsen, dann freue dich an Haus und Feld und gehe lieber heim.« Darauf erwiderte sie: »Ich kann dein Haus und Feld nicht annehmen. Gib sie deiner Schwester. Gern würde ich mich dem religiösen Leben weihen, aber so fromm wie du kann ich nicht werden.« Mit diesen Worten ging sie fort.

Als meine Tante erfuhr, daß ich mich um Haus und Feld nicht kümmern wollte und entschlossen war, den Befehlen meines Guru zu folgen, glaubte sie, es vielleicht für sich gewinnen zu können. So kam sie mit einem Vorrat an Gerstenmehl, Butter, Chhang und anderem zu mir und sprach: »Einst, da ich noch unwissend war, habe ich dich schlecht behandelt. Da du aber ein religiöser Mensch bist, mußt du, mein Neffe, mir verzeihen. Wenn du erlaubst, will ich dein Feld bebauen und dich mit Nahrung versorgen.« Ich stimmte ihr zu und sagte: »So soll es sein. Gib mir das Mehl von zwanzig Maß Gerste im Monat; das andere magst du behalten, und du kannst das Feld bebauen.« Hocherfreut ging sie fort. Zwei Monate lang gab sie mir das verabredete Mehl. Dann kam sie wieder und sprach: »Die Menschen sagen, daß deine Schutzgottheiten mir um deiner magischen Kräfte willen schaden könnten, wenn ich das Feld bebaue.« Ich beruhigte sie mit den Worten: »Warum sollte ich jetzt noch weiter Zauberkräfte anwenden? Du wirst dir aber Verdienste erwerben, wenn du das Feld weiter bebaust und mich mit Nahrung erhältst.« Da rief sie: »Dann gib mir die Gewißheit und schwöre, daß du nie mehr einen Zauber anwenden wirst. Das kannst du doch tun.« Ich wußte nicht genau, was sie im Sinn hatte, hielt es aber für richtig, ihrem Wunsch entsprechend zu schwören, da ich allen zu Gefallen sein wollte. So beruhigte ich sie, und erfreut ging sie von dannen.

Während dieser Zeit konnte ich trotz dauernder Versenkung keine Zeichen von Fortschritt im Wissen oder Erfahren der ekstatischen Wärme feststellen. Da ward ich ängstlich. Eines Nachts pflügte ich im Traum ein sehr verkrustetes Stück Land, was all meine Kraft in Anspruch nahm. Als ich verzweifelt diese Arbeit aufgeben wollte, erschien mein geliebter Guru Marpa in himmlischen Höhen und ermahnte mich: »Mein Sohn, biete all deine Willensstärke auf und pflüge weiter, es wird dir gelingen, auch wenn der Boden noch so hart ist.« Marpa selbst führte das Gespann; die Erde ließ sich nun ganz leicht pflügen. Das Feld brachte reiche Ernte. Als ich erwacht war, erfüllte mich der Traum mit großer Freude.

Da kam mir der Gedanke, daß Träume täuschende Spiegelungen eigener Gedanken seien und selbst von den Einfältigsten nicht ernst genommen werden. Daß ich aber einfältiger sei als der größte Narr, wenn ich mich von Träumen bestimmen ließe. Doch da es scheinbar ein Zeichen war, daß meine Anstrengungen mit Erfolg gekrönt würden, wenn ich mich eifrig und ausdauernd der Betrachtung hingäbe, wurde ich ganz froh und sang in dieser Stimmung dies Lied, das mir die wahre Bedeutung des Traumes klar im Gedächtnis halten sollte:

Zu dir, o gnäd'ger Herr, trag' ich mein Flehen.
Gewähr mir Bettler die Beharrung in der Einsamkeit.

Dem Boden ruhigen Bewußtseins gebe ich
Das Wasser und den Dung des festen Glaubens.
Ich leg' hinein den guten Samen unbefleckten Herzens;
Als brüllend Donner geh' darüber hin ein heiß' Gebet.
Wie warmer Regen sink die Gnade dann herab.

Des ungestörten Denkens Pflug und Ochsen,
Gab ich die Pflugschar der Vernunft und Lehre.
Die Ochsen, die von starker, unbeirrter Hand
Am harten Zügel ungeteilten Ziels geführt,

Und von des nimmer müden Eifers Peitsche angespornt,
Zerbrechen des Unwissens harte, böser Gier entstammte
                                                                  Erde
Und reißen aus die Steine der in Sünden starrenden Natur
Mit allem bösen Unkraut schnöder Heuchelei.

Der karmischen Gesetze Wahrheit dann als Sichel,
Fällt hin die Erde eines edlen Lebens.
Und aus der höchsten Wahrheit ausgereifte Früchte
Die Scheune füllen, die kein Denken faßt.

Der Götter Müh'n bereitet dann die kostbarste der Speisen,
Die nun mein demutsvolles, armes Sein erhält,
Wenn hungernd ich nach Wahrheit suche.

So find' ich die Erklärung meines Traumes:
Nicht reift aus Worten wahre Frucht.
Aus Namen wächst kein wahres Wissen.
Doch wer dem heil'gen Streben sich ergibt
Muß in Versenkung Eifer und Beharrung üben.
Wenn er in eifervollem Suchen leidvoll Mühen trägt
Und voll der Sorgfalt sucht, dann kann das Heiligste er
                                                           finden.

Von Hindernis und Störung auf dem Pfade frei,
So sei ein ehrlich Ringen um die Wahrheit.

Nach diesem Gesang entschloß ich mich, meine Meditation in der Dragkar-Taso-Höhle fortzuführen. Als ich mich gerade auf den Weg machen wollte, kam meine Tante mit sechzig Maß Gerstenmehl, einem Kleid aus Fellstücken, einem guten Gewand und einem mit Fett vermischten Butterballen und sprach: »Mein Neffe, hier hast du die Bezahlung für dein Feld, das damit mir gehört. Nimm sie und begib dich weit fort an einen Platz, wo ich dich nicht mehr hören und sehen muß. Denn meine Nachbarn sagen: Thöpaga hat viel Unglück über uns gebracht; und wenn du noch weiter mit ihm zu tun hast und ihm zu Diensten sein mußt, dann wird er uns sicher noch mehr Schaden zufügen und vielleicht auch noch die letzten Menschen dieses Ortes töten. Lieber wollen wir zuvor euch beide erschlagen. Deshalb ist es sicherer, du fliehst von hier. Und willst du nicht gehen, warum soll ich dann in ihre Hände fallen? Sie würden mich ohne Zweifel ermorden.«

Ich wußte, daß die Leute so nicht redeten und antwortete deshalb: »Wäre ich meinen religiösen Gelübden nicht treu, so würde ich meine Zauberkraft ausüben, um mein Feld wieder zu bekommen, zumal ich nicht geschworen habe, es unter solchen Umständen nicht zu tun. Mit Hilfe meiner magischen Kräfte könnte ich dich mit Leichtigkeit augenblicklich in einen bleichen Leichnam verwandeln. Und doch tue ich es nicht. An wem sollte ich denn Geduld üben, wenn nicht an jenen, die mir Unrecht tun? Würde ich heute nacht sterben, was sollten mir dann das Feld oder selbst diese Dinge hier? Geduld heißt es, sei der kürzeste Pfad, der zur

Buddhaschaft führt, und an dir, Tante, muß ich sie üben. Auch seid ihr es gewesen, du und der Onkel, die mich zu diesem Leben der Entsagung führten. So bin ich euch beiden von Herzen dankbar und werde als Vergeltung für diese Taten immer für euch beten, damit ihr in künftigen Lebenszeiten die Buddhaschaft erlangen möget. Und ich will dir nicht nur das Feld, sondern auch das Haus geben.« Dann erklärte ich ihr alles genau und sagte zum Schluß: »Da mein Leben dem Suchen nach Wahrheit geweiht ist, verlange ich nichts als die Lehren meines Guru. So mögen dir Feld und Haus willkommen sein.«

Darauf sprach meine Tante zu mir: »Ein wahrhaft religiöser Mensch muß dir gleichen, mein Neffe; das ist lobenswert.« Und befriedigt ging sie von dannen.

Dieses Erlebnis berührte mich schmerzlich; auf der anderen Seite aber war mir die Sorge um Feld und Haus genommen. Ich beschloß, nun sofort zur Dragkar-Taso-Höhle zu gehen, um mich weiter der Versenkung hinzugeben. Da diese Höhle mir Schutz gewährte, als ich die Grundlehre zum Samadhi, dem Zustand der Ruhe legte, wurde sie Kangtsu-Phug genannt (die Höhle, in der Milarepa auf seinen Füßen in Andacht saß, oder den Grund legte). Am nächsten Morgen machte ich mich mit den Dingen, die mir die Tante als Kaufpreis gebracht hatte, und dem kleinen Rest des früheren Vorrats auf den Weg zur Dragkar-Taso-Höhle. Sie gefiel mir, und ich setzte mich dort nieder. Ich machte mir ein hartes großes Kissen zu einem Sitz, legte mein Bettzeug darüber und nahm das Gelübde auf mich, weder in ein Dorf noch zu einer menschlichen Behausung hinabzusteigen:

Bis zur Erlangung aller Siddhi-Kraft verharr' ich hier in
                              Einsamkeit,
Und stürb' ich Hungers, unberührt ließ ich die Gaben
                         für die Götter und die Toten;
Ersticken müßt ich sonst im Staub.
Und droht ich zu erfrieren, ich stiege nicht zu Tal um
                              wärmend Kleid;
Und stürb' ich vor Verzweiflung, ich stiege nicht zu Tal
                              um weltlich Freude;

Und siecht in Krankheit ich dahin, ich stiege nicht zu Tal
um heilend Arzenei.
Nicht eine kleinste Regung meines Körpers geb' ich
irdisch' Zielen
Drum seien Leid und Wort und Herz allein geweiht
dem Ringen um das Buddhasein.

Helft Guru, Götter und Dakini, helft, dies heilige Gelübde
treu zu halten;
Und segnet mir mein Streben.
Dakini und des Glaubens schützend' Götter helft,
die Sehnsucht mir erfüllen;
Der ich bedarf, die Hilfe sendet mir.

Ich fügte noch hinzu: Sollte ich dies Gelübde brechen, dann mögen die göttlichen Wesen, die den Glauben hüten, mein Leben sofort beenden. Denn besser sterben, als ein Leben ohne Sehnsucht nach Wahrheit zu führen. Und möge dann die Gnade meines Guru und der Devas mein nächstes Leben zu religiösem Streben führen und es mit Festigkeit und Einsicht erfüllen, damit ich alle Hindernisse siegreich auf dem Pfad überwinde.

Nachdem ich dieses gelobt, sang ich die Weihe meiner Gelübde:

Nachkomme du Naropas auf dem Pfad des Heils.
Gewähr mir Bettler die Beharrung in der Einsamkeit!

Nicht sollen Freuden mich der trügerischen Welt versuchen,
Doch werde stark in mir die Ruhe der Versenkung.

Nicht untergehen will ich in der unbewußten Stille,
Des höheren Bewußtseins Blüte blühe auf in mir.

Nicht störe mich die Wirrnis denkerschaffen irdischer
Gedanken,
Des Unerschaff'nen üppig Blattwerk breche auf in mir.

Nicht trübe unruhvoller Denkstreit meine Einsamkeit,
Es reif' die Frucht der Weisheit und Erfahrung.

Nicht störe Mara mich und sein verwirrend Heer,
Der Friede sei im Wissen mir um eigen geist'ges Sein.

Nicht zweifeln laß an Pfad und Lehre mich,
Und laß mich wandeln in den Spuren meines geist'gen
Vaters.

O gnäd'ger Herr du, des Unwandelbaren Leib,
Den Bettler segne, daß er in der Einsamkeit beharre.

Nach diesem Gebet verharrte ich weiter in der Versenkung und lebte nur von etwas Mehl, das ich mit allem vermischte, was ich als Nahrung fand. Ich erwarb geistige Einsicht in die Mahamudra, das Große Siegel; mein Körper aber war zu schwach, um die seelisch-leiblichen Ströme und die Nervenkräfte zu beherrschen. So konnte ich die ekstatische innere Wärme nicht erlangen und blieb gegen Kälte weiter empfindlich.

In tiefster Hingabe betete ich zu meinem Guru. Eines Nachts hatte ich einen lebhaften Traum oder vielmehr ein Gesicht in einem überbewußten Zustand: Es kamen viele Frauen, die allerlei Nahrung für eine Puja, eine religiöse Zeremonie, brachten. Sie sagten, mein Guru Marpa habe sie gesandt, damit sie mich in religiösen Körperübungen unterwiesen.

So begann ich die drei Übungen der leiblichen, sprachlichen und gedanklichen Pflege. Da überkam mich nach einem Jahr der Wunsch nach einer kleinen Erholung, und ich wollte mich gerade auf den Weg machen, als ich mich meiner Gelübde erinnerte. Da sang ich mir diesen Selbstvorwurf:

O Dorje-Chang, der du in Marpas Körper,
Gewähr' mir Bettler die Beharrung in der Einsamkeit!

Du seltsam sonderbarer Milarepa
Zur Selbstermahnung hör dies Wort:

Fern bist du aller Menschenwesen,
Die süße Reden könnten mit dir tauschen.

Du fühlst dich einsam, suchst Zerstreuung,
Doch grundlos ist dein ruheloses Suchen.

Stör' dein Bewußtsein nicht, halt' es in Frieden
Flieht es ins Denken, üblen Sehnens wird es voll.

Bezwing den Wunsch nach der Zerstreuung, zügle die
                                                                            Gedanken,
Verfällst du der Versuchung Macht, zerflattert deine
                                                                            Andacht.
Irr nicht umher, verharr in Ruhe,
An Steine stoßen könnte sich dein Fuß.

Erhebe nicht den Kopf, senk tiefer ihn,
Denn der erhob'ne sucht die Nichtigkeit.

Schlaf nicht, verharre im Gebet.
Denn schlafend überfallen dich der Torheit fünffach Gifte.[61]

Nach diesem Gesang des Selbstvorwurfes verblieb ich Tage und Nächte ununterbrochen in meinen Meditationen. Mein geistiges Wissen vertiefte sich und wuchs. Aber mein Vorrat an Gerstenmehl war nun zu Ende. Ich hatte mich an die Hungerspeise von zwanzig Maß Gerstenmehl im Jahr gewöhnt, aber selbst das war nicht mehr möglich. So hätte ich sterben müssen, ohne die Buddhaschaft erlangt zu haben, ein schmählicher Abbruch meiner Entwicklung. Ich dachte daran, wie die Menschen der Welt beim Verlust ihres aufgehäuften Goldes unglücklich sind. Wieviel unendlich kostbarer war mein Leben, das der Erlangung der Buddhaschaft geweiht war! Und wäre das ganze Weltall mit Gold gefüllt; unendlich viel kostbarer noch ist das der Buddhaschaft gelobte Leben. Andererseits wäre es besser, in meinem religiösen Streben zu sterben, als mein Gelübde zu brechen. Was sollte ich tun? Da fiel mir ein, daß es kein Bruch des Gelübdes sein könne, sondern eine Vermehrung meiner Andacht, wenn ich zu meinem Lebensunterhalt Nahrung suchte, ohne zu menschlichen Behausungen hinabzusteigen. So ging ich vor meine Dragkar-Taso-Höhle und fand dort einen sonnigen Flecken mit guten Wasserquellen, um die viele Nesseln wuchsen. Nun lebte ich nur von Nesselsuppe und verharrte in meiner Versenkung. Keine Kleider deckten meinen Leib, und keine richtige Speise nährte ihn. Er schrumpfte zu einem Skelett zusammen und ward grünlich wie die Nesseln; selbst die Haare hatten einen grünen Schimmer. Oft betrachtete ich die Rolle, die mir mein Guru gegeben, mit besonderer Verehrung. Zuweilen legte ich sie auf meinen Kopf und streichelte sie zärtlich, das beruhigte meinen Magen, auch wenn ich nichts zu essen hatte. Manchmal mußte ich sogar aufstoßen, als ob ich viel gegessen hätte. Ein- oder zweimal war ich schon daran, sie zu öffnen und zu lesen. Aber Zeichen sagten mir, daß die Zeit noch nicht gekommen.

Etwa ein Jahr später kamen zufällig Wilddiebe aus dem Marktflecken Kyirong beutelos vorbei. Zuerst liefen sie davon, als hätten sie einen bösen Geist gesehen. Als ich ihnen versicherte, daß ich ein menschliches Wesen, ein Einsiedler, sei, meinten sie zwar, daß ich nicht danach aussähe, kamen aber näher, um mich anzuschauen. Sie durchsuchten jeden Winkel, jede Ecke meiner Höhle und fragten endlich nach meinen Nahrungsmitteln. »Gib uns welche, und wir werden sie dir großzügig zurückgeben, oder wir werden dich auf der Stelle töten.« So drohten sie. Ich sagte ihnen, daß ich nur von Nesseln lebe und selbst, wenn ich noch etwas anderes hätte, würden sie es nicht gewaltsam bekommen. Denn sie waren roh genug, mich schimpflich hochzuheben. Da antworteten sie, daß sie mich nicht berauben wollten, und was den Schimpf anginge, der sei ihnen gleichgültig. Ich meinte aber, sie könnten sich vielleicht Verdienste erwerben, worauf sie mich wieder hochhoben und mehrere Male auf den Boden fallen ließen. Mein armer, geschwächter Leib schmerzte sehr. Und doch hatte ich nur Mitleid mit ihnen und vergoß Tränen. Einer unter ihnen, der sich an diesem herzlosen Treiben nicht beteiligte, rief: »Gefährten, dieser Mensch ist wirklich ein Lama. Und wäre er es nicht, ihr könntet euch solcher Erbärmlichkeiten einem schwachen Menschen gegenüber nicht rühmen. Er ist doch an unserem Hunger nicht schuld. Darum laßt ihn in Ruhe.« Und zu mir gewandt fuhr er fort: »Einsiedler, ich bewundere dich im Ertragen solcher Bosheit. Ich habe mich nicht daran beteiligt, darum gedenke meiner in deinen Gebeten.« Scherzend fügten die anderen hinzu: »Da wir dich hochgehoben, schließe auch uns in den Schutz deiner Gebete ein.« Der andere aber sprach: »Er wird es sicher tun; aber anders als ihr meint.« Darauf verschwanden sie laut lachend. Ich hatte weder Wunsch noch Absicht, ihnen zu fluchen. Doch traf sie göttliche Vergeltung. Denn, wie ich später erfuhr, wurden sie von dem Stadthalter der Provinz verhaftet, der Führer wurde hingerichtet und alle außer dem einen, der mich nicht geschmäht hatte, geblendet.

Etwa ein Jahr später waren all meine Kleider abgetragen; nur ein paar Lumpen von dem Kleid, das meine Tante mir als Kaufpreis gegeben hatte, und der Sack, in dem das Mehl gewesen, blieben übrig. Ich dachte daran, die Lumpen zu einer Art Bettuch zusammenzunähen; doch wozu, wenn ich etwa in dieser Nacht sterben müßte? Viel besser, in meiner Betrachtung zu bleiben. So legte ich das zerrissene Fell unter mich und schlang seine Enden um den unteren Teil meines Körpers; den oberen bedeckte ich mit dem leeren, kümmerlichen Mehlsack. Mit den übrigen Kleiderfetzen verhüllte ich noch das Notwendigste. Zuletzt aber war alles zu sehr zerrissen, um noch irgendwie als Bedeckung zu dienen. Das schien mir eine übertriebene Selbstverleugnung, und ich wollte die Lumpen zusammennähen. Aber ich hatte weder Faden noch Nadel. Da wickelte ich sie in drei Stücken um meinen Körper, knotete sie an drei Stellen und hielt sie mit einer Art Gürtel aus Stricken zusammen. In dieser Kleidung verbrachte ich meine Tage, so gut es ging, und nachts schützten mich der zerlumpte Sack und die übrig gebliebenen zerfetzten Felle ein wenig vor der Kälte.

So blieb ich etwa ein weiteres Jahr in meinen Meditationen versunken, bis ich eines Tages die Stimmen mehrerer Menschen hörte. Ich spähte hinaus und sah vor der Höhle Jäger mit einer Menge erlegtem Wild. Als sie mich erblickten, riefen die Vordersten: »Das ist ein Gespenst!« und liefen davon. Die Nachfolgenden glaubten nicht an den bösen Geist am hellen Tag und meinten, man solle noch einmal nachsehen, ob er noch da wäre. Als man dies bejahte, wurden selbst die zuletzt gekommenen alten Jäger furchtsam. Ich aber erzählte ihnen, daß ich Einsiedler und kein Gespenst sei und aus Nahrungsnot in diesen Zustand geraten wäre. Doch davon wollten sie sich selbst überzeugen. Als sie nun alle Winkel und Ecken durchstöbert und nur Nesseln gefunden hatten, überkam sie alle eine ehrfurchtsvolle Scheu, und sie ließen mir ihren Rest an Vorräten und viel Fleisch zurück. Voll Ehrfurcht sprachen sie: »Lobenswert ist diese deine Askese. Darum bitten wir dich, bete für die Erlösung der von uns getöteten Tiere und für unsere eigenen Sünden, da wir sie töteten.«

Ich freute mich über die Aussicht, nun wieder menschliche Nahrung essen zu können und hatte ein Gefühl von körperlicher Zufriedenheit und geistiger Frische, die meinen Eifer für die andächtigen Übungen noch stärkten. Die geistige Glückseligkeit war so groß, daß sie alles bisher Gekannte übertraf. Mir kam der Gedanke, daß der Verdienst jener, die dem einsamen Einsiedler ein wenig Nahrung bringen, sicher größer sei, als wenn kostbarste Geschenke in Städte und Dörfer mit ihrer Überfülle gebracht würden. Nur sparsam aß ich das Fleisch, bis es zuletzt voll Maden war. Ich wollte es von den Maden säubern und weiter essen. Dann aber dachte ich, es sei nicht für mich bestimmt, wenn ich mit Maden darum streiten müsse, was einem Diebstahl gleich käme. Und wäre es auch noch so schön, auf die Dauer würde eine Mahlzeit den Diebstahl nicht aufwiegen. So ließ ich den Maden das Fleisch und begnügte mich wieder mit der Nesselsuppe.

Eines Nachts kam einer, der Besitz bei mir vermutete, in meine Höhle, tappte herum und spähte verstohlen in jeden Winkel. Ich mußte hell auflachen und rief ihm zu: »Suche, ob du in der Nacht etwas findest, das ich am Tage nicht sah.« Da mußte auch er lachen und gehen.

Ein Jahr später streiften erfolglose Jäger aus Tsa um meine Höhle, während ich, mit dem dreifach geknoteten Kleiderersatz angetan, im Zustand des Samadhi verharrte. Sie stachen mich mit dem Ende ihrer Bogen, um zu sehen, ob ich ein Mensch oder ein Gespenst sei. Denn nach meinem Aussehen und meiner Kleidung hielten sie mich für einen bösen Geist. Während sie hierüber stritten, öffnete ich den Mund und sprach zu ihnen: »Ihr könnt überzeugt sein, daß ich ein Mensch bin.« Da erkannten sie mich an den Zähnen und fragten, ob ich Thöpaga sei? Ich bejahte, und sie baten mich um etwas Nahrung, die sie mir reichlich wiedergeben wollten und sagten: »Wir haben gehört, daß du vor vielen Jahren einmal in dein Haus zurückkamst. Bist du die ganze übrige Zeit hier gewesen?« »Ja – antwortete ich ihnen – das bin ich, aber ich kann euch keine Nahrung anbieten, die ihr essen könnt.« Doch sie meinten, was für mich gut sei, würde auch ihnen schmecken. Da hieß ich sie Feuer machen, und die Nesseln kochen. Dies taten sie; doch als sie eine würzende Beigabe zur Suppe, Fleisch, Knochen, Mark oder Fett erwarteten, sagte ich ihnen: »Hätte ich dies, dann wäre es ein schmackhaftes Essen. Aber seit Jahren habe ich nichts dergleichen. Darum nehmt die Nesseln an Stelle der Würze.« Nun fragten sie nach Mehl oder Korn, um die Suppe zu verdicken. Und wieder sagte ich ihnen: »Hätte ich dies, dann wäre mein Essen nahrhaft. Aber seit Jahren fehlen sie mir.« Ich riet ihnen, Nesselspitzen dafür zu nehmen. Zuletzt fragten sie nach Salz. Und wieder antwortete ich, daß Salz und Essen schmackhaft gemacht hätte, ich aber seit Jahren ohne Salz ausgekommen sei, und ich schlug ihnen an seiner Statt mehr Nesselspitzen vor. Da riefen sie: »Wenn du von solcher Nahrung lebst und solche Kleidung trägst, dann ist es kein Wunder, daß dein Körper elend ist. Du siehst nicht mehr wie ein Mensch aus. Selbst wenn du ein Diener wärst, hättest du Nahrung und warme Kleider. Du bist der erbarmungswürdigste, ärmste Mensch auf der ganzen Welt.« Ich aber erwiderte: »Sagt das nicht, meine Freunde. Ich bin einer der Glücklichsten und Besten unter allen, die das menschliche Leben empfingen. Ich bin Marpa, dem Übersetzer aus Lhobrak, begegnet und habe von ihm die Wahrheit erlangt, die in einem Leben zur Buddhaschaft führt. Und nun, da ich alle weltlichen Gedanken aufgegeben habe, lebe ich in strenger Askese und Andacht hier in der Einsamkeit fern ab von menschlichen Behausungen. Hier empfange ich, was mir in der Ewigkeit hilft. Indem ich den nichtigen Freuden von Nahrung, Kleidung und Ruhm entsage, unterwerfe ich den Feind, die Unwissenheit in diesem einen Leben. Unter allen Menschen der Welt bin ich einer der mutigsten und dem höchsten Streben ergeben. Ihr aber, die ihr in dem Lande geboren seid, in dem Buddhas edle Lehre herrscht, ihr habt nicht einmal einer frommen Predigt gelauscht, viel weniger noch euer Leben der Lehre geweiht. Dagegen aber tut ihr das Äußerste, um die tiefsten Tiefen und längsten Zeiten eines Daseins in den Welten der Hölle zu erreichen. Sünden über Sünden häuft ihr an und wetteifert noch darin miteinander. Wie töricht und verkehrt sind eure Lebensziele! Ich freue mich nicht allein am Anblick geistiger Glückseligkeit, sondern genieße die Dinge, die mir äußeren und inneren Frieden geben.«

Hierauf sang ich ihnen ein Lied von meinen fünf Zufriedenheiten:

Zu deinen Füßen, gnäd'ger Herr, oh Marpa, knie ich nieder,
Gib mir die Kraft, all irdisch Ziel zu lassen!

Hier in der Dragkar-Taso-Mittelhöhle,
In dieser Höhle tiefstem Grund,
Ließ Repa, ich, der Yogi aus Tibet,
Mich nieder, um vollkommen Buddhasein zu finden.
Weit hinter mir blieb alles Denken nun an Speise, Kleider,
              irdisch Ziel.
Zufrieden fühle ich das harte Lager unter mir,
Zufrieden über mir die Baumwolldecke aus Nepal,
Zufrieden um mich der Betrachtung Band, Halt meinen
              Knien,[62]
Zufrieden auch den Körper, der an mäßig' Speise sich
              gewöhnt,
Zufrieden den erhellten Geist, der zeitlich Wunsch und
              Endziel unterscheidet.
Nichts mehr das stört, zufrieden alles.

Versucht mir nachzuahmen, wenn ihr könnt.
Doch ist nicht euer ganzes Streben ein asketisch Leben,
Seid ihr dem Irrwahn über ein persönlich Ich verfallen,
Erlaßt mir dann ein ungut sinnlos' Mitleid;
Denn ich bin Yogi auf dem Pfad zur ew'gen Seligkeit.

Der Sonne letzte Glut liegt auf des Berges Gipfel,
Zu euren Häusern gehet nun zurück,
Ich aber, der der Stunde unkund, mich zum Tod rüste,
Und der als Ziel sich selbst die ew'ge Buddhaschaft erkor,

Nicht Zeit hab' ich für unnützes Reden mehr.
Und gehe ein in der Samadhi Ruhe.

Als sie dies Lied hörten, sprachen sie: »Du besingst verschiedene Zufriedenheiten und hast wirklich eine sehr schöne Stimme. Wir aber können nicht so harte Entbehrungen auf uns nehmen wie du.« Und damit gingen sie fort.

Bei einem Jahresfeiertag in Kyanga-Tsa sangen sie dieses Lied. Da hörte es meine Schwester Peta, die auf der Suche nach Speise und Trank zufällig zugegen war, und sie sprach zu Ihnen: »Ihr Herren, der Mann, der dies Lied sang, muß ein Buddha sein.« Da rief einer der Jäger: »Seht, wie sie ihren eigenen Bruder lobt.« Ein anderer sagte: »Ob Buddha oder Tier, der Sänger ist dein halbverhungerter Bruder, der dem Hungertod nah ist.« Peta aber schluchzte: »Meine Eltern sind lange tot, meine Verwandten sind mir zu Feinden geworden, mein Bruder zog fort, und ich selbst führe ein Bettlerleben. Was treibt ihr euren Scherz mit meinem Elend?«

Da trat Zesay zu ihr und tröstete sie: »Weine nicht. Vielleicht ist es wirklich dein Bruder. Auch ich traf ihn vor einiger Zeit. Darum geh hin zur Dragkar-Taso-Höhle und sieh, ob er noch dort ist. Dann wollen wir beide zu ihm eilen.«

So kam sie zur Höhle mit einem Krug voll Chhang und einem kleinen Gefäß mit Mehl. Als sie mich zuerst von dem Eingang aus sah, fürchtete sie sich sehr. Mein Körper war durch Entbehrung und Mühsal ausgemergelt, meine Augen tief in die Höhlen gesunken, die Knochen standen weit heraus. Die Muskeln waren zusammengeschrumpft und runzlig. Bläulichgrün war mein Aussehen, und bläulich grüne Haare bedeckten meinen skelettartigen Leib. Die Haare auf dem Kopf standen steif zu Berge – eine fürchterliche Perücke. Die Glieder schienen zu zerbrechen. Mein ganzer Anblick war so furchterregend, daß sie mich für ein Gespenst hielt. Zugleich aber erinnerte sie sich der Worte, daß ihr Bruder dem Hungertod nahe sei. Da nahm sie allen Mut zusammen und redete mich an: »Bist du ein menschliches Wesen oder ein Gespenst?« und ich gab ihr zur Antwort: »Ich bin Mila Thöpaga.« Da erkannte sie meine Stimme, umarmte mich und rief: »O mein Bruder« und brach ohnmächtig zusammen. Auch ich erkannte sie und war froh und traurig zugleich. Mit einiger Mühe brachte ich sie wieder zu sich, und sie legte ihren Kopf auf meine Knie, verbarg ihr Gesicht in den Händen, und eine neue Tränenflut füllte ihre Augen. Schluchzend rief sie: »Unsere Mutter starb in großem Leid, voll brennender Sehnsucht nach dir. Keiner wagte sich, uns zu nahen. Ich konnte die großen Entbehrungen und die Einsamkeit nicht ertragen und zog bettelnd durchs Land. Auch dich hielt ich für tot. Doch da du am Leben bist, hätte ich dich in besserem Zustand erhofft. Mein eigenes Schicksal kennst du nun; doch, wehe, schlimmer steht es um dich! Wer könnte auf Erden elender sein als wir?« Und so jammerte sie weiter und rief immer wieder die Namen der Eltern. Ich versuchte, sie zu trösten, so gut ich es vermochte. Zuletzt aber wurde ich selbst von tiefer Traurigkeit erfaßt und sang dies Lied an meine Schwester:

Gehorsam meinen Gurus, den Gebietern,
Gewährt dem Yogi die Beharrung in der Einsamkeit!

O Schwester du, erfüllt mit irdischen Gefühlen und
                                                                Gelüsten,
Bedenk', daß weltlich Freud und Leiden einst vergehen.
Allein ertragend all dies Müh'n bin ich gewiß,
Die ewige Glückseligkeit zu finden.
Drum höre deines Bruders Wort:

Die Güte allen Wesen zu vergelten,
Die unsre Eltern[63] einst, weih' ich der Frömmigkeit
                                                                mein Leben.

Sieh meine Wohnstatt, Höhlen gleich von Urwaldtieren,
Ein Ort des Grauens jedem anderen.

Mein Essen sieh, wie das für Hund und Schweine,
Ein Grund zur Übelkeit für jeden anderen.

Sieh meinen Leib, nur ein Skelett,
Selbst Feinde müßten bei dem Anblick weinen.

Sieh, all mein Tun scheint dem des Irren gleich.
Ich seh dich, Schwester, voller Trauer und Enttäuschung;
Doch könntest meinen Geist du schaun, den Bodhigeist,
Sein Anblick müßt' die Überwinder freuen.

Voll Eifer auf dem kalten Fels verharr' ich in Betrachtung
Ertragen muß ich, daß sich Haut und Fleisch vom
                                                Knochen lösen.
Ein brennend Feuer ist mein ganzer Körper,
Und meine Farbe ward ein bleiches Grün.

Hier, in der Felsenhöhle eis'gem Schweigen,
Bring unverändert glühende Verehrung ich
Den Gurus, ew'gen Buddhas zeitlicher Verkörperung,
Kann ich die Trauer auch aus dem Gemüt nicht bannen.

So der Versenkung tief und dauernd hingegeben,
Wird übersinnlich Wissen und Erfahren mir zuteil.
Und wird dies unermüdlich Streben dann erfolgreich sein,
Erlang' ich Glück und Wohlbefinden noch in diesem Leben.
Im nächsten endlich dann die Buddhaschaft.

Drum Peta, meine liebste Schwester,
Vergrabe dich in wehem Kummer nicht,
Der Buße gib dich hin in heil'gem Streben.

Da sprach sie: »Wunderbar wäre, hättest du wahr gesprochen. Aber es ist kaum glaubhaft. Wäre es, wie du sagst, so hätten andere Fromme zumindest einen Teil dieser Mühen auf sich genommen, wenn sie auch nicht, wie du, alle hätten ertragen können. Aber nicht einen sah ich, der sich solchen Entbehrungen und Bußen unterwarf.« Bei diesen Worten reichte sie mir Chhang und Nahrung, die sie gebracht hatte, und ich fühlte mich gestärkt und erfrischt, daß meine Andachtsübungen in dieser Nacht tiefer und geistiger wurden.

    Am Morgen nach Petas Abschied hatte ich ein starkes Gefühl von Erregung und physischer Pein. Eine Unzahl frommer und gottloser Gedanken jagten durch mein Bewußtsein. Vergebens wandte ich alle Mühe auf, um mich zu sammeln. Nach einigen Tagen brachte mir Zesay gut geräuchertes und gewürztes Fleisch, Butter, Chhang und Mehl. Peta kam mit ihr. Sie trafen mich beim Wasserholen. Da ich nackt war – ich hatte keine Kleider mehr – schämten sie sich, und mußten trotz ihrer Scham über meine Armut weinen. Sie boten mir Fleisch, Butter, Mehl und Chhang an, und während ich den Chhang trank, sprach Peta zu mir: »Mein Bruder, nicht wie ein natürliches menschliches Wesen siehst du aus, wenn ich dich so betrachte. Warum bittest du nicht um Almosen und nimmst menschliche Speise zu dir? Ich will Kleider für dich suchen und sie dir bringen.« Und Zesay fügte hinzu: »Nimm Almosen an und bitte um Nahrung. Und auch ich will dir ein Kleid bringen.« Ich aber sprach: »Da ich die Stunde meines Todes nicht weiß, kann ich im Betteln um Nahrung keinen Nutzen sehen. Auch habe ich keine Zeit zu verlieren. Ja, stürbe ich vor Kälte, es wäre um der Wahrheit und Religion willen; und darüber könnte ich nicht traurig sein. Die vorgetäuschte Andacht genügt mir nicht, die man im Kreise vergnügter Verwandten und Freunde übt, mit Essen und Trinken vollgefüllt und in feine Gewänder gekleidet, alles auf Kosten wahrer und aufrichtiger Andacht. Nein, ich brauche deine Kleider und deine Besuche nicht; und dein Rat, um Nahrung zu betteln, nützt mir nichts.« Da sprach Peta: »Wie kann dein Herz dann Befriedigung finden, Bruder? Noch mehr Elend würde dich wohl befriedigen, aber selbst dein Scharfsinn kann nicht mehr Mühe und Enthaltsamkeit ersinnen.« Ich antwortete ihr, die drei niederen Daseinsbereiche[64] seien noch viel elender, und die meisten fühlenden Wesen täten ihr Möglichstes, um zum Elend dieser drei Daseinsstufen zu gelangen. Ich aber hätte an meinem Leid genug. Und ich sang das Lied meiner Befriedigung:

Gehorsam meines Herrn, des Guru Leib.
Gewähre mir Beharrung in der Einsamkeit!

Mein tiefes Glück, Verwandten unbekannt,
Die namenlose Trauer, unbekannt den Feinden –
O fände ich in dieser Einsamkeit den Tod,
Welch tiefer Friede dann dem heilig Strebenden.

Mein Altern, unbekannt der Braut.
Mein Kranksein, unbekannt der Schwester –
O fände ich in dieser Einsamkeit den Tod,
Welch tiefer Friede dann dem heilig Strebenden.

Mein Tod, jedwedem Menschen unbekannt,
Mein faulend' Leib, von Vögeln nicht beachtet[65] –
O fände ich in dieser Einsamkeit den Tod,
Welch tiefer Friede dann dem heilig Strebenden.

Mein faulend' Leib ein Fraß den Fliegen
Die abgestorb'nen Muskeln wurmzerfressen –
O fände ich in dieser Einsamkeit den Tod,
Welch tiefer Friede dann dem heilig Strebenden.

Nicht eines Menschen Fuß an dieser Tür,
Und auch kein Blutfleck in der Höhle –
O fände ich in dieser Einsamkeit den Tod,
Welch tiefer Friede dann dem heilig Strebenden.

Und keiner, der sich an die Bahre stellt,
Kein Mensch, der meinen Tod beweint –
O fände ich in dieser Einsamkeit den Tod,
Welch tiefer Friede dann dem heilig Strebenden.

Und keiner, den mein Gehen kümmerte,
Und auch das Ziel nicht, das ich einst erhoffe –
O fände ich in dieser Einsamkeit den Tod,
Welch tiefer Friede dann dem heilig Strebenden.

So möge dies Gebet um meinen Tod,
In dieser abgeschied'nen Einsamkeit
Zur Frucht und Gnade werden allen Wesen
Welch friedvoll' Tod dem heilig Strebenden.

Als Zesay diese Worte vernommen, sprach sie: »Was du einst gesagt und nun vollbringst, stimmt überein. So ist dein Lied der Bewunderung wert.« Doch Peta rief: »Was du auch sagst, mein Bruder, ich kann deinen Anblick ohne Nahrung und Kleidung nicht ertragen. Ich will alles versuchen, um ein

Kleid für dich zu finden und es dir bringen. Deine Andacht läuft dir nicht fort, auch wenn du genügend Essen und Kleidung hast. Da du aber nicht um Almosen bitten willst, wirst du wohl hier ohne eine menschliche Seele in der Einsamkeit vor Hunger oder Kälte sterben, wie du es verlangst. Doch finde ich dich bei meiner Rückkehr noch am Leben, dann bringe ich dir ein Kleid, das ich jetzt suchen will.« Nach diesen Worten verließen mich beide.

Als ich weiter von der guten Nahrung genoß, nahmen meine körperlichen Schmerzen und meine geistige Unruhe derart zu, daß ich in meiner Betrachtung nicht weiter fortfahren konnte. In dieser Lage, die von keiner größeren Gefahr übertroffen werden konnte, öffnete ich die Rolle, die mir mein Guru gegeben hatte. Darin stand, wie ich mein jetziges Leiden tragen sollte, und es klärten sich die Hindernisse und Gefahren auf dem Pfad. So verwandelte sich das Laster in Tugend und vermehrte den geistigen Ernst und Willen. Es stand auch in der Rolle, daß ich zu dieser Zeit gutes, nahrhaftes Essen nehmen sollte. Die Ausdauer meiner Meditation hatte mein ganzes Nervensystem zu einer inneren Wandlung vorbereitet, die aber durch den Mangel an Nahrung verzögert wurde. Nun hatte Petas Chhang die Nerven in gewisser Weise erregt und Zesays Gaben sie noch völlig beunruhigt. Als ich den Inhalt der Rolle durchlas, fand ich die neuen körperlichen wie geistigen Hilfsmittel und Übungen, die ich sofort auszuführen begann. Darauf wurden die kleineren Lebensbahnen meines Körpers gelockert, selbst der Knoten der Mittelbahn löste sich unter dem Nabel,[66] und ich empfand eine übersinnliche Ruhe und Klarheit, die alle ähnlichen früheren Erfahrungen an Tiefe und ekstatischer Inbrunst übertraf. So wurde ein bisher unbekanntes, übersinnliches Wissen in mir geboren. Ich war der Hindernisse ledig und wußte, daß sich das Böse zum Guten verwandelt hatte. Was bisher äußere Unterscheidung war, erschien nun als Dharma-Kaya. Ich erkannte Sangsara und Nirvana als relative, abhängige Zustände und den Urgrund des Weltganzen als Geist, der nichts mit Eigensucht und Parteilichkeit gemein hat. Dieser Urgrund führt zum Sangsara, wenn er in den Pfad des Unglaubens und der Selbstsucht geleitet wird, und endet, wird er zum Pfad der Selbstlosigkeit gelenkt, im Nirvana. Ich war völlig überzeugt, daß die wahre Quelle von Sangsara und Nirvana die Leere, der überweltliche Geist sei. Die so erfahrene Erkenntnis war meinen früheren anstrengenden Andachtsübungen entsprungen, und die zufällige Krisis der gesunden Nahrung hatte sie mit den rechtzeitig in der Rolle aufgefundenen Verordnungen hervorgerufen. Mein Glaube an die Übungen der Mahayana-Lehre, nach denen die wahre überirdische Erkenntnis durch richtige körperliche Sorgfalt und ohne Enthaltsamkeit an guter Nahrung und Kleidung erlangt werden kann, wurde hierdurch festbegründet. Ich erkannte auch den großen Anteil, der Peta und Zesay bei dieser letzten Entwicklung der bisher ruhenden Eigenschaften zukam und war ihnen zu großem Dank verpflichtet. Um meine Dankbarkeit zu zeigen und ihre frommen Taten dem ewigen, unerschöpflichen Ziel zu weihen, sang ich dieses Bittgebet, in dem das Wesen der Abhängigkeit und Verbundenheit aller Dinge dargelegt wird:[67]

Preis, Marpa aus Lhobrak, zu Füßen dir,
Gewähr dem Klausner die Beharrung in der Einsamkeit!

Der Laien Güte und ihr rechtes Denken
Bring ihnen Hilfe wie auch mir.
Den mühsam zu erlangenden, zerbrechlich zarten Körper
Die dargebrachte Nahrung hält ihn hoch.

Der Erde lebenspendend Element,
Der blauen Himmel Fülle von Ambrosia
Vereinen sich und gießen Gnade über jedes lebend Wesen.
Im frommen Streben liegt ihr sicherster Erfolg.

Der todgeweihte Körper, von den Eltern aufgezogen,
Der sel'gen Guru heilig-hehre Lehre
Vereinen sich und geben das Gedeihen frommem Streben.
In ihm verharren, bringt den wirklichen Erfolg.

Die stille Abgeschiedenheit der Felsenhöhle,
Der tiefen Andacht Eifer und Wahrhaftigkeit
Vereinen sich und sichern den Erfolg,
Der dann in geist'ger Weisheit sich erhält.

In Milarepas ruhig heit'rer Stärke der Betrachtung,
Im Glauben aller Wesen der drei Welten[68]
Liegt das Gebot, der Welten Heil zu sein
Und tiefstes Mitleid ist hierzu der Weg.

Der Yogi, in der Höhle hingegeben der Betrachtung,
Der Laie, der mit milder Gabe ihn erhält –
In beiden liegt der Weg zur wahren Buddhaschaft.
Allein notwendig ist die hehre Weihe.

In heil'ger Guru höchster Gnade,
In eifervoller Schüler tätiger Betrachtung
Erfüllt sich der Bestand der heil'gen Ordnung.
Allein notwendig ist der reine Glaube.

Einweihungsriten, die verborg'ne Kraft verleihn zum Segen
Das wahrhaft ernste, tiefe Fleh'n der Frommen
Sind Wege, die zu geistiger Gemeinschaft führen.
Allein notwendig ist des Segens Weihe.

O Dorje-Chang, Unwandelbarer,
Das Bettlers Wohl und Weh ist dir bekannt.

Nach diesem Gebet verharrte ich voll Eifer weiter in meiner Versenkung. Endlich fühlte ich die Kraft, mich in jegliche Gestalt zu verwandeln und die Luft zu durchfliegen. Am Tage wurde ich unendlich wunderbarer Kräfte gewahr; des Nachts konnte ich in meinen Träumen das Weltall in jeder Richtung ungestört durchqueren, von den Höhen bis zu den Tiefen des Berges Meru,[69] und alles sah ich klar vor mir. Ich konnte mich auch im Traum in hundert verschiedene Persönlichkeiten verteilen, die über dieselben Kräfte verfügten wie ich. Jede dieser vielfältigen Gestalten konnte das Weltall durchqueren und sich zu den Himmeln der Buddhas erheben, ihren Lehrern lauschen und wieder zurückkehren, um die Vielen den Dharma zu lehren. Ich konnte auch meinen leiblichen Körper in ein lohendes Feuer verwandeln, oder in die Weite fließenden und ruhenden Wassers. Als ich mich der unendlich wunderbaren Kräfte – wenn auch nur im Traume – mächtig sah, ward ich von Freude und Ermutigung über meinen Erfolg erfüllt.

Von nun an verharrte ich in fröhlicher Stimmung bei meinen Andachtsübungen, bis ich zuletzt wirklich zu fliegen gelernt hatte. Manches Mal flog ich nach Min-khyüt-Dribma-Dzong (dem Schloß, das in dem Schatten der Augenbrauen liegt)[70], um zu meditieren. Und hier entwickelte sich die Lebenswärme weit stärker als jemals früher. Dann flog ich wieder nach der Dragkar-Taso-Höhle zurück.

Als ich einst wieder die Luft durchflog, kam ich zufällig an einem kleinen Dorf vorbei, das Long-da hieß. Hier wohnte ein Bruder der verstorbenen Schwiegertochter meines Onkels. Sie gehörte zu jenen, die in dem eingestürzten Haus den Tod fanden. Dieser Bruder hatte einen Sohn, und beide pflügten gerade ein Feld. Der Sohn führte das Gespann, der Vater den Pflug. Der Sohn sah mich im Fluge und rief: »Sieh nur, dort fliegt ein Mensch!« Er ließ sein Gespann und schaute mir zu. Der Vater aber sprach: »Was gibt es da Wunderbares oder Seltsames zu sehen? Ein böses Weib, Nyang-Tsa-Kargyen hatte einen verkommenen Sohn, der Mila hieß. Und das ist dieser Taugenichts und Hungerleider. Geh' zur Seite, daß sein Schatten nicht auf dich falle, und führe das Gespann weiter.« Der Vater wandte sich zur Seite, um von meinem Schatten nicht getroffen zu werden. Der Sohn aber schaute weiter zu mir hinauf und rief: »Kann ein Mensch fliegen, so kümmert es mich nicht, ob er ein Taugenichts ist. Denn es kann nichts Wunderbareres geben.«

Ich glaubte, nichts sei wichtiger, als allen fühlenden Wesen zu helfen, und wollte mich dieser Aufgabe weihen. Ein unmittelbarer Befehl meiner Schutzgottheiten aber gebot mir, mein ganzes Leben in der Versenkung zu verharren, wie mir mein Guru aufgetragen. Nur so könnte ich dem wirklichen Urgrund des buddhistischen Glaubens dienen und allen fühlenden Wesen helfen. Ich sollte späteren Frommen ein Vorbild sein, und mein nur der Betrachtung hingegebenes Leben sollte sie im Verzicht auf alle weltlichen Ziele und Zwecke zu einem Leben des religiösen Strebens führen. So beschloß ich, mein ganzes Leben in der Versenkung zu verbringen und damit dem Segen aller fühlenden Wesen und dem wirklichen Urgrund des buddhistischen Glaubens zu dienen.

Ich hatte lange genug an diesem Ort gelebt. Ihn kannten

auch einige, mit denen ich hier religiöse Gespräche geführt hatte. Da ich nun im Besitz übersinnlicher Erkenntnisse und übernatürlicher Kräfte war, und zumal mich viele im Fluge geschaut hatten, fürchtete ich das Herbeiströmen von Menschen, die um Schutz vor Unrecht oder Erfüllung selbstsüchtiger Wünsche bitten würden. Weltlicher Ruhm und Besitz konnten den Fortschritt meiner frommen Übungen nur verzögern und mein geistiges Wissen beschatten. So beschloß ich, meine Betrachtungen in der Einsamkeit von Lapchi-Chubar (zwischen Flüssen)[71] fortzuführen. Ich machte mich also auf den Weg, auf meinem Rücken das irdene Gefäß, in dem ich meine Nesselsuppe gekocht hatte. Da ich aber, so lange in Meditationsübungen versunken, von spärlicher Nahrung gelebt hatte und meist ganz unbekleidet war, die Sohlen überdies verhärtet mit Hornhaut bedeckt, fiel ich gleich neben der Höhle über einen Stein. Der Griff des irdenen Topfes sprang ab, der Topf selbst rollte weiter und zerfiel in Scherben. Ein grünes Abbild des äußeren Topfes, die verhärtete Kruste der Nesselsuppe fiel aus dem zerbrochenen Gefäß heraus. Diese Mißbildung, die die Form des Topfes angenommen hatte, erinnerte mich an die unbeständige Natur aller irdischen Dinge. Ich sah darin auch die Ermahnung, in meinen Andachtsübungen auszuharren. Das Ganze schien mir wie ein Wunder, und ich sang in tiefem Glauben diese Hymne:

> Der ird'ne Topf, der war und nun zerbrach,
> Zeigt die Natur der Dinge, die nur Stückwerk sind.
> Doch ist des Menschen Leben ihm noch tieferes Symbol.
> So will ich, Mila, der Geweihte,
> Ohn' Wanken bleiben auf dem Pfad.
> Der ird'ne Topf, mein einziger Besitz,
> Zu meinem Guru macht ihn sein Zerbrechen.
> Das Unbeständige, er lehrt es mich.

Jäger, die in die Nähe kamen, um ihr Mahl einzunehmen, hörten das Lied und sprachen zu mir: »Du hast eine sehr schöne Stimme, Einsiedler. Doch was willst du mit dem zerbrochenen irdenen Topf und mit der Kruste von Nesselsuppe? Und warum bist du so grün und verhungert?« Als ich ihnen den Grund meiner Magerkeit sagte, waren sie voll der Bewunderung und luden mich ein, an ihrem Mahle teilzunehmen. Beim Essen sagte einer der Jäger: »Du scheinst ein kräftig gebauter Mann. Anstatt dich solcher Mühsal und Entbehrung auszusetzen, solltest du eine weltliche Laufbahn ergreifen. Du würdest ein Pferd wie einen Löwen reiten. In Waffen würdest du, wie ein Dornbusch geschmückt, deine Feinde zu Boden zwingen. Du könntest Geld anhäufen, deine zärtlichen Verwandten unterstützen und glücklich sein. Oder Handelsgeschäfte betreiben und genug verdienen, um zufrieden zu leben. Im schlimmsten Falle könntest du als Diener Nahrung und Kleidung verdienen. Jedenfalls aber ginge es dir dann körperlich wie geistig weit besser. Hast du das alles bisher gar nicht gewußt? Nun, dann handle jetzt danach.« Einer der Älteren aber meinte: »Er scheint ein Heiliger zu sein und sieht nicht danach aus, als würde er unserem weltlichen Rat folgen. Darum schweigt lieber« und zu mir gewandt fügte er hinzu: »Du hast eine so schöne Stimme. Bitte sing uns ein Lied, das unser Gemüt erfreut.« Da antwortete ich: »Ihr scheint mich alle für sehr elend zu halten; aber niemand auf Erden ist so froh wie ich. Auch kann sich niemand eines edleren und von mehr Erfolg gekrönten Lebens erfreuen. Aber ihr könnt das nicht verstehen. Ich freue mich über jene Dinge, die meine Glückseligkeit ausmachen, und auch die der Besten unter euch. So hört mir zu.« Und ich sang die Hymne vom Glück des Yogi:

    Tief neig' ich, gnäd'ger Vater Marpa, mich zu deinen Füßen!
In meines Körpers Tempel auf dem Bodhi-Hügel,
In meiner Brust, geweihter Altarnische,
In meines Herzens höchstem Dreieckzimmer,
Dem Winde gleich jagt des Bewußtseins Pferd.[72]
Wo ist der Zügel, der es fängt?
Wo ist der Pfahl, gefangen es zu binden?
Wo Nahrung für das Hungrige?
Wo Tränke für das Dürstende?
Wo ist die Hütte für das Frierende?

Zum Fangen nimm des unverrückbar Zieles Zügel;
Das Eingefang'ne bind' an der Versenkung Pfahl;
Des Guru Lehre nähr' das Hungernde;
Bewußtseins-Strom sei Trank dem Dürstenden.
Der Leere Hütte wärm' das Frierende.
Der Sattel sei der Wille, die Zügel der Verstand;
Und Riemen, Gurt ein unerschüttert Festsein.
Als Kopfzaum, Halfter dien' der Lebensodem.

Der Reiter ist des ungeschwächten Denkens kühne Wach-
samkeit.
Sein Helm des Mahayana allumfassend Lieben;
Sein Panzerhemd die Lehre, Denken und Betrachten.
Auf seinem Rücken liegt der Duldung Schild.
Er führt den Speer des heil'gen Strebens in der Hand;
Zu Seiten hängt ihm des Bewußtseins Schwert.
Gerafft ist der geschmeid'ge Pfeil des Weltenurgrunds,
Gehärtet durch des Zorns, des Hasses Fehlen.
Versehen mit den Schwingen der vier ew'gen Tugenden,
Gespitzt von aller Schärfe der Bewußtseins-Kraft,
Gelegt dann auf den rechten Bogen geist'ger Weisheit,
Gehalten von der Höhlung dort des weisen Pfads, der
rechten Lehre,
Wird er gespannt zur ganzen Länge der Gemeinschaft.
So treffen seine abgeschnellten Pfeile in das Herz der
Völker,
Die Frommen zu erwecken.
Den Geist der Selbstsucht zu erschlagen,
Des Feindes bös' Begehren zu bezwingen
Und alle Geistesfreunde zu behüten.
Durch weiter Ebnen Seligkeit läuft hin das Pferd,
Sein Ziel, der Überwinder Sein einst zu erreichen.
Zerfallen muß die Bindung des Sangsara hinter ihm;
Und vorwärts jagt es zur Erlösung sicherm Hort.

Solch Lauf führt mich zur Buddhaschaft.
Seht selbst, ob euer Bild der Seligkeit dem meinen gleicht:
Das ird'sche Glück begehr ich nicht.

Dieser Gesang erfüllte sie mit Glauben, und in dieser Stimmung gingen sie fort. Ich zog nun weiter nach Chubar und nahm den Weg durch Palkhung. In Tingri legte ich mich auf die Straße, den Ort zu betrachten. Da kam eine Schar fröhlicher Mädchen auf dem Wege nach Snag-mo an mir vorbei. Sie sahen meinen ausgezehrten Körper, und eine von ihnen rief: »Sieh, wie elend dieser Mann ausschaut. Möge ich nie in solcher Gestalt geboren werden!« Darauf eine andere: »Wie erbarmungswürdig! Der Anblick macht mich völlig krank.« Ich hielt sie für arme, unwissende Wesen, stand auf und sprach: »Ihr Mädchen sprecht nicht so. Kümmert euch nicht um mein Aussehen. Selbst wenn ihr wolltet und darum bätet, ihr würdet nicht wie ich geboren. Mitleid ist lobenswert, aber Mitleid und Eigendünkel gehen nicht zusammen und widersprechen sich. Darum lauscht meinem Liede:

> Zu deinen Füßen gnäd'ger Guru bitte ich,
> Gewähre, Marpa, deinen Segen mir und deine Gnade!
>
> Dem schlechten Karma tief verfall'ne Wesen
> Verachtung hegen sie für alle, achten nur sich selbst.
> Im schlechten Karma dünkt den Frauen höchstes nur die
>   Ehe.
> Ihr Hochmut brennt wie Feuer hell:
> Erbarmenswert, die solchem Trug verfallen.
>
> In unsres Kali-Yuga[73] dunklen Zeiten
> Böswill'gen Knechten zollt man höchste Ehren;
> Betrüger gelten mehr als alles Gold;
> Und Steinen gleich räumt man zur Zeit die Frommen:
> Erbarmen für dies arme, unglücksel'ge Volk.
>
> Ihr aufgeputzten junge Schwestern,
> Und Milarepa, ich, der aus Gungthang,
> Verachtung nur und Mitleid ist's,
> Das uns zusammen bindet.
> Doch in des Mitleids heißem Ringen,
> Seht, wer am Ende da gewinnt!

Dies Milarepas wahrheitsreiche Worte
Auf sinnloses Geschwätz unweiser Wesen;
Eintauschen heißt es Wein für Wasser,
Des Bösen Wiedergeltung ist's durch Gutes.

Nach diesem Lied sprach das Mädchen, das mich zuerst bemitleidet hatte: »Dies ist der berühmte Milarepa aus Gungthang, und wir haben törichte Dinge in hochmütigem Eigendünkel zu ihm geschwätzt. Darum wollen wir ihn um Verzeihung bitten.« Und alle veranlaßten das Mädchen dazu, das diese Worte gesprochen hatte. Auch ihr tat es sehr leid. Sie überreichte mir mit tiefer Verbeugung sieben Schalen, die als Geld gegeben werden, und bat, ich möge ihnen noch ein Lied singen. Da sang ich ihnen folgende Worte:

Ich bete andachtsvoll zu meinem gnäd'gen Herrn.
Und von der Wahrheit will ich euch nun künden:

Im Himmelspalast der Gahdan-Götter[74]
Wird statt des Geistes Wahrheit die des Wissens nur
                                                   geehrt.
In der Unterwelt, voll der Paläste von den Nagas,[75]
Kennt man die tiefe Wahrheit nicht, den Reichtum nur.
In dieser Welt der Menschenwesen
Statt Wissende und Weise achtet man nur Lügner.

In Ü und Tsang und in den vier Bezirken,
Wird nicht Versenkung, nur Erscheinung hochgepriesen;
Am Boden dieser bösen Zeit des Dunklen,
Ehrt man das Böse statt des Guten nur.

Der Böse, nicht der Fromme ist
Der Freund jungfroher Mädchen.
Nicht süß sind jungen Mädchen fromme Worte;
Der Liebe Lieder schmeicheln ihnen nur.

Dies ist in Versen offenbarte Wahrheit,
Als Lohn gesungen für die sieben Schalen.
Als freudig Lied, zu künden das Verzeihen.

Hochgestimmt durch dies Lied gingen sie ihres Wegs. Auch ich ging weiter nach Brin. Hier hörte ich von Lapchi-Chubar (Mt. Everest?) und Kyit-Phug (erfreuliche Höhle) oder Nyima-Dzong (sonniges Schloß). Ich wählte diese Höhle und blieb einige Monate dort. Meine Andacht und Meditationsübungen machten gute Fortschritte. Die Leute aus Brin kamen mit Geschenken und Vorräten zu mir. Ich wußte aber, daß dies meine Beliebtheit vergrößern, doch meine Andacht beeinträchtigen und meine tiefe Meditation stören würde. Ich war lange genug geblieben und war in meinen Übungen weiter gekommen, so mußte ich eine neue Höhle in der Einsamkeit suchen und beschloß, auf die Weisung meines Guru hin nach Lapchi-Chubar zu gehen. Als ich mich eben auf den Weg machen wollte, kam meine Schwester Peta zu mir, um mir ein Stück Tuch zu bringen, das sie aus Wollresten gewoben hatte. Sie wollte es mir in Dragkar-Taso geben, und als sie mich dort nicht mehr fand, suchte und fragte sie überall nach mir. In Gungthang-Töt hörte sie, daß ein Einsiedler, der einer sich von Nesseln nährenden Raupe glich, aus Palkhung nach La-Töt-Lho (den oberen südlichen Hügeln) gegangen sei. So verfolgte sie meine Spur. In Tingri sah sie den Lama Bari-Lotsawa (den großen Bari-Übersetzer) auf hohem Sitz unter einem Schirme tronend, in fünffarbige Seide gekleidet. Seine Schüler umgaben ihn, und einige bliesen auf Muscheln, Cymbeln, Klarinetten und Flöten; eine große Menge stand herum und bot ihm Tee und Chhang an. Wie Peta dieses Schauspiel sah, dachte sie: andere Fromme freuen sich hieran; die Religion meines Bruders aber ist für ihn eine Quelle von Elend und Leid und eine Schande für die Verwandten. Wenn ich ihn jetzt treffe, will ich ihn zu überreden suchen, Schüler dieses Lama zu werden. In solchen Gedanken fragte sie, ob mich jemand gesehen oder von mir gehört hätte. Sie erfuhr, daß ich in Brin sei, und fragte sich weiter nach mir durch, bis sie nach Kyit-Phug kam, wo ich mich damals aufhielt. Bei meinem Anblick rief sie aus: »Bruder, so geht es nicht weiter mit deinem Hungern und Nacktsein, das du als deine Art religiösen Lebens ansiehst! Du läßt alle Scham und Schicklichkeit außer acht. Nimm dies Tuch um und geh zu dem Lama Bari-Lotsawa, der wirklich ein Lama ist, aber anders als du in Haltung und

Gebahren. Er sitzt auf einem Thron, hat einen Schirm über sich gebreitet, ist in seidene Gewänder gekleidet, und seine Lippen werden mit Tee und Chhang benetzt. Schüler und Anhänger umgeben ihn, eilen ihm voraus und blasen zu zweit die Trompeten. Wo er auch geht, strömen ihm die Menschen zu und bringen ihm Opfergaben in Mengen, mit denen er seine Verwandten erfreut. Er kann sich wirklich rühmen, ein großer Lama zu sein. Ich möchte, daß du als Schüler in seine Dienste trittst. Wärest du auch nur sein geringster Schüler, es wäre besser als dein jetziges Leben. Deine ärmliche Frömmigkeit und mein glückloses Dasein, was wollen sie in dieser Welt? Damit können wir unser Leben nicht fristen.« Und sie begann bitterlich zu weinen, und unser Geschick zu beklagen.

Ich suchte sie zu trösten: »Peta, sprich nicht so. Schamvoll betrachtest du meine Nacktheit, weil ich alle Kleider und Decken von mir geworfen. Doch ich bin stolz, als Mensch die Wahrheit erlangt zu haben. Hierin liegt nichts Schamloses. So bin ich geboren und finde keine Schande darin. Diejenigen aber, die das als sündhaft Erkannte tun und damit ihrer Eltern Herz brechen, und jene, die nach Besitz trachten, der den Gurus und der Dreiheit geweiht ist und dabei um ihrer selbstsüchtigen Wünsche willen betrügerisch und gemein handeln, sie bringen anderen Leid und Pein und schaden sich am Ende selbst. Jedem rechtschaffenen Wesen, Göttern wie Menschen, werden sie zum Abscheu und Ekel. Sprichst du aber von Schande beim Anblick meines Körpers, dann mußt auch du Scham empfinden, weil deine Brüste, die bei deiner Geburt nicht vorhanden waren, nun so stark entwickelt sind. Du irrst dich, wenn du meinst, daß ich in diesem erbärmlichen Aufzug mich der Versenkung hingebe, weil ich weder Kleider noch Nahrung erwerben kann. Furcht erfaßt mich über Leiden und Trübsal dieses Sangsara. Ich fühle sie so stark, als würde ich lebendig in Flammen geworfen. Das Anhäufen von irdischem Besitz und das Haften daran erfüllt mich ebenso wie das Erstreben der acht irdischen Ziele[76] mit soviel Abscheu und Ekel wie den Leberkranken der Anblick reicher Nahrung. Für mich sind sie wie Mörder meines Vaters. Darum nahm ich diese ärmlich bettelnde Lebensweise an. Überdies befahl mir mein Guru Marpa, der Übersetzer, alle irdischen Neigungen, Ziele und Dinge aufzugeben, den Mangel an Nahrung, Kleidung und Ruhm zu ertragen, in den verschiedensten Orten einsamer Zurückgezogenheit zu leben, ohne mich beständig an einem Platz zu binden, und mich unter Aufgabe jeder Erwartung dieses Lebens mit aller Kraft dem frommen Streben zu weihen. Diese Befehle meines Guru führe ich aus und werde so die Kraft erlangen, meinen Schülern zeitliche Freuden und Behagen zu übermitteln, und für jedes lebende Wesen wie auch für mich ewige Glückseligkeit zu erlangen. Ich gab alle Gedanken an dieses Leben auf, weil ich nicht weiß, wann der Tod zu mir kommt. Wollte ich Reichtum und Wohlbehagen, ich würde soviel bekommen wie der Lama Bari-Lotsawa. Warum sollte ich dann sein geringster Schüler werden? Aber ich will in diesem einen Leben zur Buddhaschaft gelangen; darum gebe ich mich mit aller Kraft dem frommen Streben und der Versenkung hin. Peta, gib auch du alle irdischen Ziele auf und komm mit deinem älteren Bruder nach Lapchi-Kang,[77] um ein Leben der Versenkung zu führen. Kannst du weltliche Gedanken aufgeben und dein Leben in betrachtender Andacht verbringen, dann wird die Sonne deiner zeitlichen und ewigen Glückseligkeit wunderbar erstrahlen. Darum lausche meinem Lied:

> Du aller lebend Wesen Hort, ewiger Buddha, Herr,
> Den irdisch Wollen nie getrübt,
> Der du die Schüler gnadvoll segnetest,
> Tief beug' ich mich zu deinen Füßen Marpa, Übersetzer!

> Hör, liebe Schwester Peta, auf mein Wort,
> Die du in ird'schen Wünschen bist verstrickt.

> Des Schirmes gold'ne Spitze als das eine,
> Die schön gelegten seid'nen Fransen als das and're,
> Die Zwischenstreifen, wie des Pfaus Gefieder ausgespannt, das dritte,

> Am Ende der polierte Stiel aus rotem Holz als das vierte:
> Dies vierfach, wenn es nötig, dein ältrer Bruder könnt es dir bereiten.

Doch allem Weltsein bin ich fremd,
Und daß ich's floh, läßt meiner Sonne Glück erstrahlen.
Drum laß auch du das Weltsein fahren,
Und folg mir zur Betrachtung hin nach Lapchi-Kang.
Zusammen zur Betrachtung laß uns zieh'n nach Lapchi-Kang.

Nach diesem Gesang sprach Peta zu mir: »Ich sehe, daß du, mein Bruder, nur Bequemlichkeit und Behagen in der Welt siehst. In dieser Hinsicht aber haben wir beide wenig aufzugeben. All diese schönklingenden Wahrheiten und Reden sollen nur deine Unfähigkeit verbergen; Entschuldigungen sind sie, daß du nicht so wohlhabend bist wie Lama Bari-Lotsawa. Ich aber will nicht nach Lapchi-Kang gehen, wo ich nichts zu essen und anzuziehen habe. Dort würde ich nur in unerträgliches Elend geraten, das ich nicht erst in Lapchi zu suchen brauche. Ich weiß nicht einmal, wo es liegt. Und ich möchte dich, mein Bruder, auch dringend bitten: bleibe an einem Ort, damit ich dich leichter finde und hetze nicht hin und her. Wie ein von Hunden verfolgtes Wild suchst du Schutz in unbewohnten Hängen und Felsen. Die Menschen hier scheinen dich mit Verehrung zu betrachten; so wäre es am besten, du bliebst ständig hier. Auf alle Fälle aber bleibe noch eine kurze Zeit. Und nähe dir ein Unterkleid aus diesem Tuch. In wenig Tagen komme ich zurück.« Ich versprach ihr, noch einige Tage zu bleiben, und sie ging bettelnd Tingri zu.

Inzwischen schnitt ich das Tuch auseinander und nähte mir eine Kappe, die den ganzen Kopf bedeckte, Handschuhe für meine Hände, Bekleidung für meine Füße und ein Stück, um meine Nacktheit zu verbergen. Nach ein paar Tagen kam meine Schwester zurück. Sie fragte, ob ich das Tuch zu einem Gewand zusammengenäht hätte, und ich bejahte es, legte alle Stücke an und zeigte ihr, was ich gemacht. Sie aber rief: »Bruder, du bist kein Mensch mehr; dir fehlt nicht nur jeder Sinn für Scham, du hast auch noch das von mir so mühsam erbettelte Tuch verdorben. Zeitweise scheinst du dich nur der Andacht widmen zu können, zeitweise aber scheinst du, zu aller Mutweil Lust zu haben.« Ich antwortete:

»Ich bin das vorzüglichste der menschlichen Wesen, denn ich mache das Bestmögliche aus der kostbaren Gnade eines gesegneten Lebens. Da ich die wahre Scham erkannte, habe ich mich dem religiösen Leben geweiht und meine Gelübde streng gehalten. Da du dich über meine natürliche Gestalt schämtest, ich aber den Anlaß deiner Scham nicht abschneiden konnte, nähte ich mir mit viel Mühe diesen Schurz, auf Kosten meiner Andacht, wie du sagst. Und da meine anderen Glieder auch Organe desselben Körpers sind, meinte ich, auch für sie würde eine Bedeckung notwendig sein, und so nähte ich mir diese. Dein Tuch wurde nicht vergeudet, sondern für den von dir beabsichtigten Zweck verwendet, und ich habe nun die Organe der Schande bedeckt. Da du viel schamhafter und empfindsamer bist als ich, muß ich dir sagen, daß du selbst noch viel mehr Scham empfinden müßtest. Wenn du einsiehst, daß es besser ist, den Gegenstand der Scham zu beseitigen, als ihn zu behalten, räume auch du den deinen so schnell wie möglich fort.« Sie antwortete nichts, sondern blickte finster vor sich hin. Da sprach ich weiter: »Weltliche Menschen betrachten voll Scham, was gar nicht schamhaft ist. Das wirklich Schamlose sind böse Taten und schlauer Betrug. Hierüber aber fühlen sie keine Scham. Sie wissen nicht, was wirklich schamhaft ist und was nicht. Darum höre auf meinen Gesang:«

    Vor allen Gurus aus der heil'gen Ordnung beug ich mich,
    Den Grund der wahren Scham laßt mich erkennen!

    O Peta, Liebe, voll der spröden Scham,
    Auf deines Bruders Sang nun achte gut:

    Aus töricht hergebrachten Formen stammt dein Schämen,
    Und grundlos überfällt es dich.
    Was soll mir Frommen, wahre Scham erkennend,
    Die Scham, wenn ich des Leibes Nacktheit,
    Mein dreifach Sein[78] ich zeige?
    Wenn allbekannt, daß Menschen zweierlei Geschlechts,
    Dann weiß man auch, daß jedem ist sein eigenes Organ.

Das wirklich schamhafte, gemeine Tun,
Die meisten seh'n es nicht.
Der Schande Tochter wird gekauft mit Geld,
Im Schoß gewiegt der Schande Kind.
Ein gierig böses Denken, nicht aus Glauben stammend,
Bös' Tun, erbärmliches Betrügen, Diebstahl, Raub,
Betrügerische Freunde und Verwandte, die Vertrau'n
                                        erschleichen:
Das sind in Wahrheit Taten schamlos und gemein.

Einsiedler, die entsagt dem ird'schen Treiben,
Dem Suchen geist'ger Wahrheit sich geweiht
In heil'gen Schriften von dem myst'schen Pfad,
Die in Versenkung auszuharren streng gelobten,
Wie fern ist ihnen alles hergebrachte Denken über Scham.
Drum suche, Peta, nicht dein jetzig Elend zu vermehren,
In reinen Bahnen stärke dein Verstehen.

Nach diesem Lied reichte sie mir die für mich erbettelten Vorräte an Butter und Fett und sprach: »Natürlich wirst du nichts von all dem tun, worum ich dich bitte. Aber ich kann dich nicht aufgeben. Darum nimm dies, und ich will versuchen, noch mehr zu bekommen.« Hierauf wollte sie gehen; ich aber bat sie noch solange zu bleiben, bis die Vorräte verzehrt wären. Ich wollte ihr Herz der Religion zuwenden, und wenn sie auch keine Verdienste durch andächtige Übungen erwerben sollte, so würde sie doch in dieser Zeit keine Sünden begehen. Solange sie nun bei mir blieb, sprach ich mit ihr über religiöse Dinge und das Gesetz des Karma. Zuletzt gelang es mir, ihr Herz ein wenig dem Glauben zuzuwenden.

Zu dieser Zeit kam meine Tante zu mir. Sie hatte ihren Bruder, meinen Onkel, verloren und bereute nun aus tiefstem Herzen das Böse, das sie mir angetan hatten. Sie brachte eine Yakladung der verschiedensten Dinge mit sich. Zuerst suchte sie mich in Brin und ließ dort Sachen und Yak zurück, nahm mit, was sie tragen konnte und ging geradewegs zu dem Ort, an dem ich lebte. Peta sah sie von einem Hügel aus und rief: »Wir wollen die grausame Tante, die soviel Elend über uns gebracht hat, nicht treffen.« So zog sie die kleine Brücke hoch, die über den gähnenden Abgrund zwischen der Böschung der einen Seite und dem Eingang meiner Höhle lag. Als unsere Tante an den Rand des Abhangs auf der gegenüberliegenden Seite kam, rief sie: »Nichte, zieh die Brücke nicht auf, deine Tante will hinüber.«

Darauf sprach Peta: »Eben deshalb ziehe ich sie hoch.« Da rief sie: »Du hast ganz recht, Nichte; aber ich komme jetzt in tiefster Reue über meine Taten zu euch. Darum laß die Brücke herunter. Willst du es nicht tun, dann sage wenigstens deinem Bruder, daß ich hier bin.«

In diesem Augenblick kam ich hinzu und setzte mich auf einen kleinen Hügel auf der anderen Seite der Brücke. Meine Tante verneigte sich auf der gegenüberliegenden Seite einige Male und bat mich aufrichtig, zu mir kommen zu dürfen. Ich wußte, daß es mir als Frommen nicht gezieme, ihr am Ende diese Begegnung zu verwehren; zuerst aber wollte ich ihr deutlich all ihre Grausamkeiten und Verfolgungen vor Augen halten. Darum rief ich: »Ich habe alle Bindungen an meine Verwandten aufgegeben, vor allem aber zu euch, Tante und Onkel. Ihr hattet nicht genug daran, uns in der Kindheit und Jugend schwer zu verfolgen; selbst als ich mich dem religiösen Leben geweiht hatte und zufällig an eure Türe als Bettler kam, fielt ihr so grausam über mich her, daß ich euch nicht mehr als Verwandte betrachten kann. Ich will dir all deine Grausamkeiten und Verfolgungen in einem Liede ins Gedächtnis zurückrufen. Darum lausche diesem Gesang:«

Du gütiger und gnäd'ger Vater Marpa, Übersetzer,
Des Mitleids voll für alle – vor dir neig ich mich;
Sei mir Verwandter, dem Verwandtelosen!

Du, meine Tante, weißt du noch dein böses Tun?
Erinnerst du dich nicht, so tue es mein Lied.
Hör mir nun zu, und echt sei deine Reue.

Im schlimmen Lande Kyanga-Tsa,
Der gute Vater sterbend ließ er uns zurück, die Witwe
                                        und die Waisen.

Um allen Reichtum hast du uns betrogen und hast ins
                              Elend uns gebracht.
Wie Erbsen durch den Drusch, so wurden wir zerstreut,
Durch dich, o Tante, und den Onkel.
Und alle Bindung an Verwandte, Freunde ward zerstört.

Als später, weitgewandert in den fernen Landen,
Ich heimkam, um die Mutter und die Schwester noch zu
                                          sehen,
War mir die Mutter tot, die Schwester in der Weite.
Zerquält von Angst sucht ich das heil'ge Streben,
Und fand in ihm noch einzig Trost;
So wählte ich das fromme Leben.
Doch aller Nahrung bar, Almosen bettelnd,
Trat, Tante, ich vor deine Tür.
Und da erkanntest du den armen Mönch,
Und goßest grimmen Zornes Rede über mich.
Die Hunde hetztest mit »Cho, Cho«, du auf mich los;
Zerschindend schlug dein Zeltpfahl mir den Rücken,
Als wär ich dreschreif Korn.
So stürzt ich in den Wassertümpel,
Daß ich mein kostbar Leben fast verlor.
Du nanntest wütend mich den »Lebenshändler«,
»Schimpf unsres Stammes« schriest du noch,
Mit diesen harten Worten mir das Herz verwundend,
Von Elend und Verzweiflung ganz zerschlagen,
Der Atem stockte mir, und ich blieb stumm.
Mit listenreicher Tücke trogst du mich
Um Haus und Feld, die mir doch wesenlos.
Dämonin bist du nur im Körper einer Tante,
Die alle Liebe aus dem Herz mir riß.

Und als zur Tür des Onkels ich dann kam,
Haßvolles Denken, schändlich Tun und wüste Worte fand
                                              ich.
»Des Landes Teufel der Verwüstung kommt«, so schrie er,
Und rief die Nachbarn auf zu meinem Tod.
Mit schmählich Worten warf er Steine,
Und schoß, mich zu vernichten, kleine scharfe Pfeile.
Mit unlöschbarem Schmerz erfüllte er mein Herz.

Auch hierbei war der Tod mir nah.
O Schlächterherz in meines Onkels Leib,
Die ganze Ehrfurcht zu dir hast du mir genommen.

In meiner Armut, meiner Not gefühlloser als Feinde
                          waren mir Verwandte.
Doch da ich später in Betrachtung saß, zum Hügel kam,
Um mich zu seh'n, die standhaft liebende Zesay.
Ihr freundlich Wort gab da mir Trost,
Und Labung fiel von ihr ins Leid durchzuckte Herz.
Sie kam mit reichen guten Speisen
Und rettete vom Hunger mich.
Hold ist sie über alle Maßen.
Doch da das fromme Leben sie nicht sucht,
Kann ich ihr Kommen nicht ersehnen.
Dich aber, Tante, mag ich nicht mehr sehen,
So kehre um, solange es noch Zeit,
Denn besser ist's dir, gleich zu gehen.

Nach diesem Lied vergoß meine Tante viele Tränen; sie verbeugte sich immer wieder und sprach: »Recht hast du, Neffe, wahrlich recht; aber habe Geduld mit mir, ich bitte und beschwöre dich.« Sie war wirklich aufrichtig in ihrer Reue und wollte meine Vergebung erlangen. So sagte sie: »Ich konnte den Wunsch, dich zu sehen, nicht mehr unterdrücken. Deshalb bin ich gekommen. Gewähre mir die Aussprache, die ich ersehne, sonst mache ich meinem Leben ein Ende.« Ich konnte mein Herz nicht länger verhärten und wollte die Brücke herablassen. Meine Schwester aber versuchte, mich aus vielen Gründen daran zu hindern. Schließlich tat ich es doch. Man sagt, es sei nicht gut, mit einem Wortbrüchigen zusammen zu leben oder aus derselben Quelle zu trinken. Sonst würden Schmutz und Schande daraus entstehen. Hier aber handelt es sich nicht um einen Wortbruch im geistigen Sinn. Außerdem gebot mir mein religiöses Streben die Vergebung. So ließ ich die Brücke herab, gewährte die Aussprache und predigte über das Gesetz des Karma. Meine Tante bekehrte sich völlig, gab sich der Buße und Betrachtung hin und erlangte schließlich die Befreiung.

Da wandte sich Shiwa-wöd-Repa an Jetsün und sprach:

»Es übertrifft all unser Verstehen, Jetsün, wenn wir von deiner beharrenden Treue im Glauben und deiner unbeirrbaren Ausdauer hören, mit der du die Wahrheit aus den Händen deines Guru zu erlangen suchtest, wenn wir an deine Sanftmut und Gläubigkeit in den schrecklichen Prüfungen denken und an deine Beharrung und Willenskraft in den Übungen der Andacht und Betrachtung in einsamen Berghöhlen. Dagegen erscheint unsere fromme Hingabe wie ein Spiel, das dann und wann gemächlich betrieben wird, und solche Andacht wird uns wohl nie aus dem Sangsara erlösen. Was sollen wir tun?« rief er und weinte bitterlich.

Da sprach Jetsün: Verglichen mit den Leiden und Schmerzen des Sangsara und der Höllenwelten, scheint in Wahrheit mein Eifer und Glaube gar nicht so groß gewesen zu sein. Nachdenkliche Menschen, die einmal die Lehre vom Karma hörten und daran glauben, werden ähnlichen Eifer und ähnliche Willenskraft beweisen. Jene aber, die nur die Worte der Lehre hören und nicht ihre Wahrheit erfassen, erlangen nicht die Kraft, den acht weltlichen Zielen und Dingen zu entsagen. Darum ist der Glaube an die Lehre vom Karma so wesentlich. Alle Frömmigkeit besteht darin, das Gesetz vom Karma zu beachten. So ist es besonders wichtig, gewissenhaft und unablässig Gutes zu tun und das Böse zu unterlassen. Zuerst habe ich nichts von der Natur der Leere gewußt, doch fest an das Gesetz vom Karma geglaubt. Und als ich mir meiner tiefen, abscheulichen Sünden bewußt wurde, glaubte ich, reichlich die drei furchtbaren Höllen verdient zu haben. Daher meine tiefe Ehrfurcht vor meinem Guru und mein Glaube an ihn; daher die äußerste Anspannung des Willens und der tiefe Eifer in meiner Meditation. Deshalb auch ermahne ich euch alle, in strenger Askese und tiefer Einsamkeit zu leben, euch in die heilig mystischen Wahrheiten zu versenken und die Gebote der heiligen Lehre auszuführen. Wenn ihr dies tut, versichere ich, der Alte, euch, daß ihr die Befreiung aus dem Sangsara erlangen werdet. *Hierauf wandte sich Ngan-Dzong-Tönpa Budhi-Raja an Jetsün und sprach die rühmenden Worte: »Jetsün Rinpoch'e, du selbst bist der große Buddha Dorje-Chang, der sich in menschlicher Gestalt offenbart, um diese Taten den lebenden Wesen dieser Welt zum Segen zu vollbringen. Bist du es nicht, dann hast du* zumindest in zahllosen Jahrtausenden große Verdienste erworben und den Zustand des Großen Wesens erlangt, das nicht wieder in den Sangsara zurückkehrt. Du warst bereit, sogar dein Leben der Religion zu opfern und verharrtest voll Eifer in andächtiger Versenkung. Dein Leben trägt alle Zeichen einer Verkörperung des Buddha. Uns Menschen, die wir um des eigenen Selbstes willen leben, sind deine Sanftmut, dein beharrlich fester Glaube in den Zeiten, da du deinem Guru folgtest, und die Mühsal, die du ertragen mußtest, zutiefst unfaßbar. Unmöglich für uns, auch nur in Gedanken diese Leiden um der Wahrheit willen zu ertragen. Wer vermöchte, sie auf sich zu nehmen; und selbst hätte einer Wille und Mut zu solchem Versuch, seine äußere Hülle würde es nicht ertragen. Jetsün muß ohne Zweifel ein Bodhisattva oder Buddha sein, oder er war es in früheren Leben. Gesegnet sind wir, die wir dein Antlitz gesehen und deine Stimme gehört. Wir alle, denen diese Gnade zuteil wurde, werden gewiß die Befreiung erlangen, wenn unser frommes Streben auch nicht so ernst und tief sein kann. Nun künde uns aber, so bitten wir dich, welch Bodhisattva du in früheren Leben warst.«

Da sprach Jetsün: Ich bin nicht sicher, wessen Verkörperung ich bin. Doch selbst wenn ich die Verkörperung eines Wesens aus den drei niederen Daseinsbereichen wäre, so würdet ihr doch auf Grund eures Glaubens, wenn ihr in mir Dorje-Chang oder eine andere Gottheit seht, Gnade und Segen von dieser Gottheit empfangen. Persönliche Liebe und Achtung bewegen euch, mich für eine Wiederverkörperung zu halten. Damit aber begeht ihr die große Sünde des Zweifels und der Skepsis gegen den Dharma. Denn euch fehlt die Kraft wahrer Hingabe. Nur durch die Macht des heiligen Dharma gelangte ich zu dieser geistigen Entwicklung, die mich in späten Jahren dem vollendeten Buddhasein näherkommen ließ, wenn ich auch in der Jugend und im frühen Mannesalter böser Sünden schuldig war. Nur weil ich fest an die Wirklichkeit des Gesetzes vom Karma glaubte, gab ich mich ganz der Wahrheit hin und ließ alle Gedanken an dieses Leben und der Welt. Besonders glücklich war ich, daß ein vollendeter Guru mich führte und mir die für mich geeigneten Wahrheiten und Schriften gab, die mich auf den kurzen Pfad des mystischen Mantrayana führten. Er gab mir die Wahrheit ohne unnützes Beiwerk und Verzierungen, verlieh mir die notwendigen Einweihungen und gab mir die Kraft, mich in rechter Weise in diese Wahrheiten zu versenken. Hätte sie ein anderer empfangen und sich darin versenkt, so hätte auch er unbedingt in einem Leben vollkommene Erleuchtung erlangt. Doch gibt man sich ein Leben lang nur den zehn gottlosen Taten und den fünf grenzenlosen Sünden hin, dann muß man ebenso sicher in die elendsten Höllen versinken. Wer nicht an das Gesetz des Karma glaubt, wird sich auch nicht unermüdlich den frommen Übungen hingeben. Wer aber an diesem Gesetz festhält, wird über das Elend der drei niederen Stufen zweifellos zu innerst erschrecken und wird vom tiefen Wunsch nach dem Buddhasein erfaßt. Dann wird auch sein Glaube und seine Sanftmut gegen den Guru, sein Eifer und Wille in der Betrachtung der Wahrheit und ebenso die Art seiner Erfahrungen des geistigen Wachstums und Wissens den meinen in jeder Beziehung gleichen. Wer diese geistige Entwicklung empfangen hat, wird stolz von der Welt als Wiedergeburt eines Buddha oder Bodhisattva angesehen. Hierin aber zeigt sich in Wahrheit der mangelnde Glaube an den kurzen Pfad des Mantrayana. Darum ermahne ich euch alle, daß euer Glaube an das Gesetz des Karma stark werde, und ihr euch dem Erlernen und Üben der Mantrayana-Lehren hingebt. Ich habe die geistige Erkenntnis erlangt, weil ich alle Gedanken an Nahrung, Kleider und Namen aufgab. Frommen Herzens ertrug ich alle Beschwerden und unterwarf mich jeder körperlichen Entbehrung. Ich versenkte mich an den einsamsten, verborgensten Orten in die Betrachtung; und so erlangte ich Wissen und Erfahrung. Folgt auch ihr dem Pfad, den ich ging, und übt wie ich fromme Hingabe.

Dies ist die sechste verdienstvolle Tat, in der berichtet wird, wie Jetsün nach Aufgabe aller Gedanken an weltliches Wohlergehen, Bequemlichkeit, Name und Ruhm, den Befehlen seines Guru gehorchte. In nie ermüdender Versenkung verbrachte er in einsamen Höhlen und Einöden sein Leben der frommen Hingabe.

Der Dienst an den lebenden Wesen

Wieder sprach Rechung: »Herr, deine Geschichte kann in ihrer wunderbaren Stimmung und ihrem tiefen Sinn nicht übertroffen werden. Ein Hauch von lächelnder Güte liegt über dieser Erzählung; im ganzen aber ist sie so leidvoll, daß man die Tränen nicht zurückhalten kann. Doch nun bitten wir dich, erzähle uns auch die heiteren Dinge.« Jetsün aber sprach: Keinen tieferen Grund zur Fröhlichkeit könnt ihr finden, als das Wissen um den Erfolg meines eifrig andächtigen Bemühens, das mir die Kraft gab, die schön gestalteten menschlichen und nichtmenschlichen Wesen zu retten, auf den Pfad der Befreiung zu führen, und damit dem Urgrund des buddhistischen Glaubens zu dienen.

Weiter fragte Rechung: »Meister, wer waren deine ersten Schüler? Waren es menschliche oder nichtmenschliche Wesen?« Jetsün antwortete: Nicht-menschliche Wesen waren meine ersten Schüler, all jene, die kamen, um mich zu quälen. Dann fand ich einige menschliche Schüler, und die Göttin Tseringma[79] kam, um mich durch das Schauspiel verschiedener übernatürlicher Kräfte zu prüfen. Danach erst sammelten sich langsam andere menschliche Schüler um mich. Jetzt weiß ich, daß meine Lehren den nicht-menschlichen Wesen durch Tseringma und den menschlichen durch Üpa-Tönpa verbreitet werden.

Nun fragte Seban-Repa: »Meister, an welchen Orten hast du dich der Versenkung hingegeben? Wir wissen nur von deiner Haupteinsiedelei in der Höhle von Lapchi-Chubar und von einigen abgelegenen Höhlen, die du früher erwähntest.« Darauf Jetsün: Eine andere Einsiedelei war Yölmo-Kangra in Nepal. Dann war ich in sechs bekannten äußeren, in sechs unbekannten inneren Höhlen auf hohen Felsenklüften, und in sechs verborgenen, zusammen also in achtzehn Höhlen. Dazu kamen zwei weitere, so daß es zwanzig waren. Dann noch in vier größeren bekannten und in vier größeren unbekannten Höhlen, die zu den vorher erwähnten gehören. Außerdem gab ich mich in verschiedenen kleineren Höhlen und Einsiedeleien der Versenkung hin, überall dort, wo für das Notwendigste genügend gesorgt war, bis zuletzt der Gegenstand der Meditation, sie selbst und der Meditierende so stark miteinander verbunden waren, daß ich nun nicht mehr weiß, wie ich meditiere.

Die ganze Versammlung himmlischer und menschlicher Schüler, Männer und Frauen, die der Lehre des Dharma lauschten, bewegte diese Worte in ihrem Herzen. Die Erzählung erfüllte sie mit tiefem glühendem Glauben und berührte ihr Innerstes so stark, daß sie den acht weltlichen Zielen des Ehrgeizes und Überflusses entsagten. Sie erkannten nun mühelos die wahre Bedeutung der Lehre und wurden vom religiösen Leben so völlig befriedigt, daß sie sich für immer zu ihm bekannten.

Die Fortgeschrittenen unter den menschlichen Schülern faßten den Entschluß, Körper, Herz und Rede dem Dienst aller lebenden Wesen und dem Glauben zu weihen. Sie gelobten, in ungestörter, unbeweglicher Meditation und Buße in Höhlen und einsamen Plätzen zu verharren. Die nichtmenschlichen Schüler gelobten und versprachen, den Glauben zu erhalten und zu schützen. Und viele der geistigsten Laienschüler, Männer wie Frauen, entsagten dem weltlichen Leben und folgten Jetsün. Sie verbrachten ihre Zeit in der Versenkung und erlebten den wahren Zustand. So wurden sie zu Yogi und Yogini. Jene, die weniger geistige Einsicht besaßen, gelobten, eine Anzahl von Jahren und Monaten der Andacht zu leben. Die weltlichsten der Laien versprachen, gewisse gottlose Taten für den Rest ihres Lebens zu lassen und besondere fromme Werke zu tun. So wurden sie alle erlöst.

Die ganze vorliegende Erzählung beruht auf Jetsüns eigenen Berichten. Es ist die Aufzeichnung seiner Lebensgeschichte. Die ausführlichere Darstellung dieser geschichtlichen Ereignisse teilt man in drei Hauptteile ein. Der erste Teil handelt von den böswilligen Angriffen der nicht-menschlichen Wesen, die schließlich besiegt und erlöst wurden. Der zweite Teil handelt von den menschlichen Schülern, von denen die glücklichsten zur vollkommenen geistigen Entwicklung und Befreiung geführt wurden.

Einer dieser Schüler, Rechung-Dorje-Tagpa brachte die Dakini-Tantra aus Indien nach Tibet, und der größte und beliebteste Schüler wurde Maha-Purusha (der große Heilige), den Buddha in seinen Lehrreden erwähnte. Er war geweihter Priester und Guru der Vajra-Dhara-Schule, ein großer Bod-

hisattva. Er wurde Dawöd-Shyönu (jugendliches Mondlicht) genannt, ist aber bekannter als der unvergleichliche Gelehrte von Tagpo, der zum Segen aller lebenden Geschöpfe die Geburt eines menschlichen Wesens annahm.

Die Dakini hatten vorausgesagt, daß Jetsün fünfundzwanzig Heilige unter seinen menschlichen Schülern haben würde. Diese sind: Die acht geliebtesten, aus dem Herzen geborenen Söhne, die dreizehn geistigen Söhne und die vier Schwestern im Glauben.

Der dritte Teil spricht von verschiedenen anderen Schülern, Laien wie Eingeweihten, die Jetsün im Dharma unterwies und erzählt von zahlreichen Begegnungen, Ereignissen und religiösen Reden aus den Zeiten, da Jetsün in den verborgenen Höhlen lebte.

So führte Jetsün unzählige glückliche Menschen zur Befreiung. Die geistig Entwickelten fanden die vollkommene Reife und Befreiung; die weniger Fähigen wurden sicher auf den Pfad der Befreiung geführt. Auch die Geringsten unter ihnen bekehrten sich restlos in ihrem Herzen und wandten sich dem edlen Pfad des rechten Lebens zu. Selbst jene, denen das Karma den Anteil an der kostbarsten Wohltat versagte, empfingen in ihrem Herzen die Liebe zum Guten, die ihnen zur Gewohnheit wurde und gewannen somit den Segen der himmlischen und irdischen Glückseligkeit in der nächsten Zukunft. Durch diese unendliche Liebe und Gnade ließ Jetsün den buddhistischen Glauben hell aufleuchten wie das Tageslicht und rettete zahllose Wesen vom Elend. Dies alles wird ausführlich im »Gur-Bum«, den hunderttausend Gesängen Jetsüns berichtet.

Und dies ist die siebente verdienstvolle Tat Jetsüns, sein Dienst an allen lebenden Wesen durch die Früchte seiner frommen Andacht.

Das Nirvana –
Berichte der Schüler über den Tod ihres Meisters

Zur Zeit, da Jetsün seine oben beschriebenen vielfachen Pflichten erfüllte, lebte im Innern von Brin ein gelehrter Lama mit Namen Tsaphuwa. Reich und mächtig, gebührte ihm der Vorsitz bei den Versammlungen in Brin. Dieser Mann schien nach außen Jetsün sehr zu verehren; innerlich aber zersprang er vor Neid und versuchte, Jetsüns scheinbare Unwissenheit bei einer öffentlichen Versammlung seiner Anhänger durch schwierige Fragen bloßzustellen. So bestürmte er Jetsün unter dem Anschein, seine eigenen Zweifel zu klären, mit vielen und verschiedenen Fragen.

Im ersten Herbstmonat des Holz-Tiger-Jahres[80] fand ein großes Hochzeitsfest statt, zu dem auch Jetsün geladen war. Er nahm den höchsten Sitz in der ersten Reihe der Gäste ein, und Geshe[81] Tsaphuwa saß neben ihm. Der Geshe verbeugte sich vor Jetsün und erwartete das gleiche von ihm. Jetsün seinerseits aber verbeugte sich nicht. Denn niemals hatte er sich vor einem anderen verneigt, es sei denn vor seinem Guru. Und von dieser Gewohnheit wich er auch an diesem Tage nicht ab.

Stark verärgert, dachte der Geshe bei sich: Wie komme ich, ein so gelehrter Pandit, dazu, mich vor einem solchen Nichtswisser zu verbeugen, und er denkt nicht einmal daran, meinen Gruß zu erwidern? Ich werde alles tun, um ihn vor den Leuten herunterzusetzen. Damit zog er ein Buch über Philosophie hervor und wandte sich an Jetsün: »Sei doch so freundlich und zerstreue meine Zweifel, indem du dies Buch durchgehst und es mir Wort für Wort erklärst.«

Darauf antwortete Jetsün: »In den rein wörtlichen Erklärungen dieser Dialektik bist du erfahren genug. Doch um ihre wahre Bedeutung zu erfassen, muß man auf die acht weltlichen Ziele verzichten, ihnen die Köpfe abschlagen, den trügerischen Glauben an ein persönliches Ich überwinden, und durch Betrachtung der Untrennbarkeit von Nirvana und Sangsara das geistige Ich in einsamer Bergabgeschiedenheit erobern. Ich habe niemals reine Sophistik oder Haarspalterei geschätzt oder erlernt, wie sie in längst festgelegten Formen von Frage und Antwort aufgezeichnet ist und im Gedächtnis bewahrt wird, um dann dem Gegner an den Kopf geworfen zu werden. Sie führt nur zur Gedankenverwirrung und nicht zur wirklichen Erfahrung der Wahrheit. Ein solches Wortwissen verstehe ich nicht. Und hätte ich es je gewußt, dann habe ich es längst vergessen. Darum achte auf das Lied, das ich jetzt singen werde, um meine Gründe für das Vergessen der Buchweisheit darzustellen«:

Zu des verehrten Übersetzers Marpa Füßen, Lob und Preis!
Laß über Glauben mich und Lehre niemals streiten.

Da die Gnade meines Herrn meinen Geist durchdringt
Ist all Zerstreuungssucht aus mir gewichen.

Seit langem der Betrachtung über Lieb' und Mitleid
                                            hingegeben,
Vergaß ich alle Scheidung zwischen mir und andern.

Seit langem in der Versenkung meines Guru, der mir zu
                                            Häupten strahlt.
Die mächtig und dem Schein nach Herrschenden vergaß
                                            ich ganz.

Seit langem in der Versenkung der mir unlösbar
                                            verbund'nen Götter meines Heils,
Das niedrig fleischlich Sein vergaß ich ganz.

Seit langem in mündlich übertrag'ne Weisheit mich
                                            versenkend,
Was Schrift und Druck in Büchern faßt, vergaß ich ganz.

Seit langem erforschend was an Wissen gültigen Bestand,
Der irrend' Torheit Wissen vergaß ich ganz.

Seit langem die dreifache Personalität[82] in mir lebendig
                                            schauend,
Der Furcht und Hoffnung nachzudenken, vergaß ich ganz.

Seit langem dies Leben und das künftige als eins
                                            betrachtend,
Die Furcht vor Tod und vor Geburt vergaß ich ganz.

Seit langem aus eigenem Erfahren Eigenes erkundend,
Der Freund und Brüder Ansicht zu erfragen, vergaß ich
ganz.

Seit langem angleichend neu Erfahrenes dem geist'gen
Wachstum,
All Glaubensmeinung, alle Lehr' vergaß ich ganz.

Seit langem versunken in das Unzerstörbare, nicht rastend
Ungeborne,
Jedwed' Bestimmung eines Sonderziels vergaß ich ganz.

Seit langem betrachtend sichtbare Erscheinungen als
Dharma-Kaya,
Jedwed' bewußt erdachtes Sich-Versenken vergaß ich ganz.

Seit langem haltend mein Bewußtsein in dem ungebor'nen
Zustand letzter Freiheit
All künstlich überliefert' Brauch vergaß ich ganz.

Seit langem der leiblichen und geist'gen Demut hingegeben,
Des Stolzes und des Hochmuts aller Mächtigen vergaß ich
ganz.

Seit langem den Leib als meine Klausnerei betrachtend,
Der Ruhe, des Behagens alles Klosterlebens vergaß ich ganz.

Seit langem alles Irdischen Bedeutung kennend,
Der Worte und der Sätze Herkunft vergaß ich ganz;
Doch du, Gelehrter, suche sie in einem Meisterwerk zu
zeigen.

Da sprach der Geshe: »Das mag nach deinem Yoga-Glauben alles stimmen; nach Ansicht unserer Metaphysiker aber führen solche religiösen Reden zu nichts. Ich beugte mich vor dir, weil ich dich für einen hochentwickelten Menschen hielt.«

Nach diesen Worten brach das Mißfallen der Umstehenden, vor allem aber auch der Anhänger des Geshe durch, und sie riefen wie aus einem Munde: »Geshe Tönpa, wie gelehrt du auch sein magst, und wie viele deinesgleichen auch in der Welt herumlaufen mögen, ihr all seid nicht so viel wert wie das kleinste Härchen auf Jetsüns Körper, noch seid ihr imstande, auch nur die kleinste Pore eines Härchens zu erfüllen. Du solltest dich lieber mit dem Platz an der Spitze unserer Reihe begnügen und dich weiter durch Wucher bereichern. Von der Religion aber hast du nicht den geringsten Hauch verspürt.«

Diese Worte brachten den Geshe in Wut. Da aber alle einmütig gegen ihn waren, wagte er sich nicht vor. So schwieg er nur mürrisch und dachte: Dieser Nichtswisser Milarepa betrügt durch das Schauspiel ausgefallener Taten, Reden und Lügengeschwätz die Menschen so, daß sie ihm eine Menge Almosen und Geschenke bringen; und ich, der große Gelehrte, der reichste und einflußreichste Mann dieses Ortes, gelte trotz meiner religiösen Fähigkeiten weniger als ein Hund. Dem muß ein Ende gemacht werden.

In diesem Vorsatz brachte er eine seiner Geliebten dazu, Jetsün vergiftete saure Milch zu bringen und versprach ihr dafür einen kostbaren Türkis. Sie führte diesen Befehl aus, als Jetsün in Brin-Dragkar (dem Felsen von Brin) saß. Jetsün wußte, daß er nun, nach Erfüllung seiner Pflicht, die vom Karma begünstigten Schüler auf den Pfad der Befreiung und Vollendung zu führen, am Ende seines Lebens stünde, auch wenn er dieses Gift nicht trinken würde. Da er aber vorher wußte, daß die Frau nach dem Verbrechen den Türkis nicht mehr bekommen würde, sprach er zu ihr: »Im Augenblick mag ich diese Nahrung nicht annehmen. Bringe sie später, und ich werde sie nehmen.«

Im Glauben, Jetsün habe ihre Absicht erkannt, kehrte die Frau verwirrt und unglücklich zu dem Geshe zurück und erzählte ihm ausführlich, was geschehen. Sie war überzeugt, daß Jetsün hellsichtig ihre böse Absicht erkannt und deshalb die Nahrung verweigert habe. Ihr Verführer aber suchte sie zu ermutigen und sprach: »Hätte Jetsün hellsichtige Kräfte, so hätte er dich nicht gebeten, ihm die geronnene Milch später zu bringen; er hätte sie dir zurückgegeben und sie dich selbst trinken lassen. Du kannst den Türkis schon jetzt bekommen; denn sei überzeugt, er nimmt die vergiftete Milch.« Und er gab ihr den Türkis. Sie aber widersprach:

»Es ist allgemein bekannt, daß Jetsün hellsichtige Fähigkeiten besitzt, und sein erstes Zurückweisen der Milch beweist es. Ich bin froh, wenn er auch das zweitemal die Nahrung zurückweisen wird. Deshalb will ich deinen Türkis nicht. Ich fürchte mich zu sehr, zu ihm zu gehen. Und werde es sicher nicht tun.«

Da antwortete der Geshe: »Nur ungebildet Volk glaubt an seine Macht. Da es in den Schriften nicht bewandert ist, läßt es sich von ihm betrügen. Doch in den Schriften werden die Hellseher ganz anders beschrieben; so bin ich überzeugt, daß er nicht hellsehend ist. Bietest du ihm noch einmal die Nahrung an, und er nimmt sie, dann wollen wir uns, die wir bisher zusammen gelebt haben, auch öffentlich als Mann und Frau bekennen. Denn das Sprichwort sagt: einerlei, ob ein großes oder kleines Stück, wenn man Knoblauch ißt. Dann wird nicht nur der Türkis, sondern all mein Besitz dein Eigen sein. Und Wohl und Wehe werden wir miteinander teilen. Da wir nun auch die Mühsal zusammen haben, tue dein Bestes bei dem neuen Versuch.«

Die Frau nahm den Geshe beim Wort und erlag zum zweitenmal der Versuchung. Wieder mischte sie das Gift in die geronnene Milch und bot sie Jetsün in Trode-Trashi-Gang als Gabe an. Lächelnd nahm Jetsün die Gabe, und sie meinte, der Geshe habe recht, und Jetsün besitze keine hellsichtigen Kräfte. In demselben Augenblick aber sprach er: »Hierfür hast du zum Lohne einen Türkis erhalten.« Voll Reue und Furcht begann sie zu zittern und gestand mit bebender, von Schluchzen erschütterter Stimme: »Ja, Herr, ich bekam einen Türkis.« Dann warf sie sich ihm zu Füßen und bat, er möge die vergiftete Milch nicht trinken, sondern sie ihr zu trinken geben, da sie dieser gemeinen Tat schuldig sei.

Jetsün aber sprach: »Auf keinen Fall kann ich dir die Milch zu trinken zurückgeben. Mein Mitleid mit dir ist viel zu groß. Täte ich es, so würde ich die Gelübde eines Bodhisattva verraten, und die schwerste geistige Schuld auf mich laden. Außerdem ist mein Leben zu Ende. Mein Werk ist vollendet; es wird Zeit, daß ich in eine andere Welt hinübergehe. Deine vergiftete Milch wird mich in keiner Weise beeinflussen. Trotzdem habe ich sie zuerst verweigert, um dir den versprochenen Türkis zu sichern. Da er dir nun gehört, will ich das Gift nehmen, um den Wunsch des Geshe zu erfüllen und dir den begehrten Türkis zu lassen. Doch dem Versprechen, das er dir für die erfolgreiche Ausführung des Verbrechens gab, darfst du nicht trauen. Denn er wird dich täuschen. Kein Wort von allen Beschuldigungen, die er gegen mich hervorbrachte, ist wahr. Es wird die Zeit kommen, da ihr beide euer Tun tief bereuen werdet. Und wenn diese Zeit da ist, dann werdet ihr euch vielleicht ganz der Reue und Andacht hingeben. Vermögt ihr es aber nicht, dann vermeidet zumindest solch verruchte Sünden, selbst wenn euer Leben auf dem Spiele stünde und betet zu mir und meinen Schülern in tief demütigen Glauben. Bliebt ihr ohne Hilfe, so wäret ihr beide für lange Zeiten von der Glückseligkeit ausgeschlossen, und Leiden wäre euer Los. Darum will ich dies eine Mal versuchen, euer böses Karma aufzuheben. Ich befehle dir aber, hierüber bis zu meinem Tode zu schweigen. Die Zeit wird kommen, da dies allen offenbar wird. Wolltest du auch meinen anderen Worten nicht vertrauen, hier hast du dann die Gelegenheit, an mich zu glauben. Darum bewahre dies wohl in deinem Herzen und warte auf die Erfüllung.« Nach diesen Worten trank Jetsün die vergiftete Milch.

Als die Frau dies Erlebnis dem Geshe erzählte, sprach er: »Nicht alles Gesagte muß auch wahr sein; denn das Sprichwort lehrt: Nicht alles Gekochte taugt zur Nahrung. Genug, daß er das Gift genommen. Nun sieh dich vor und schweige.«

Da ließ Jetsün allen Leuten in Tingri und Nyanam und all jenen, die ihn kannten und an ihn glaubten, sagen, sie möchten ihn besuchen, und jeder möchte eine kleine Opfergabe bringen. Ebenso lud er alle ein, die ihn sehen wollten und es nie erreicht hatten. Auch allen Schülern wurde die Botschaft gebracht. Unter dem Eindruck einer verhängnisvollen Vorbedeutung kamen sie alle, Männer und Frauen, Eingeweihte und nicht Eingeweihte, Bekannte und Freunde, und versammelten sich in Lapchi-Chubar. Viele Tage predigte ihnen Jetsün über die scheinbare Wahrheit, das Gesetz vom Karma, und die wirkliche Wahrheit, den Dharma-Kaya.

In diesen Tagen sahen die geistigeren Hörer die Himmel von Göttern erfüllt, die ihrem Meister lauschten, und viele andere schauten im Himmel und auf Erden eine unzählige

Menge göttlicher und menschlicher Wesen. Alle lauschten den Predigten über den Dharma und fühlten, wie eine freudige Stimmung alle Versammelten erfaßte. Jedem der Anwesenden offenbarten sich vielerlei Erscheinungen: Regenbogen am klarblauen Himmel, vielfarbige Wolken in der Form von königlichen Schirmen, Bannern und anderen heiligen Gegenständen, und Regenschauer buntfarbiger Blüten. Sie alle hörten erlesenste Musik aus verschiedenen Musikinstrumenten; und herrlichste, nie gekannte Düfte erfüllten die Luft. Andere, die geistig weniger hochentwickelt waren und diese Zeichen guter Vorbedeutung sahen, fragten Jetsün nach dem Grund dieses Gefühls einer wunderbaren Gemeinschaft der himmlischen Zuhörer, die die Himmel füllten, mit den hier auf Erden versammelten Hörern und nach dem Sinn der verschiedenen Erscheinungen, dieser Zeichen guter Vorbedeutung, die jeder der Anwesenden erblickte.

Jetsün antwortete: »Die Zahl der geistig Entwickelten unter den menschlichen Wesen, der Eingeweihten und nicht Eingeweihten, ist nicht groß. Doch jene Frommen unter den göttlichen Wesen, die eifrig bemüht den Dharma hören, füllen die Himmel und strahlen über alle zugleich Freude und Fröhlichkeit des Herzens; so bringen sie mir in Verehrung die fünf himmlischen Gegenstände der Freude dar. Dieser Anblick erfüllt euch mit Jubel, und ihr gewahrt die glückhaft günstigen Zeichen.«

Da erhob sich die Frage: »Warum aber sind die göttlichen Wesen den meisten von uns unsichtbar?« und Jetsün antwortete: »Viele der Götter haben den Zustand des Anagami[83] und andere Grade der Heiligkeit erreicht. Um sie zu sehen, bedarf es vollendeter Schau und des größten Bemühens, die beiden Arten von Verdienst zu erlangen; ebenso notwendig ist auch das Freisein von den zwei verdunkelnden Unreinheiten, die aus dem Nichtwissen geboren werden. Offenbaren sich nun die größten Gottheiten, dann erscheinen auch ihre Anhänger. Wer den Anblick dieser göttlichen Wesen ersehnt, muß genügend Verdienst erwerben, um alles böse Karma zu sühnen. Dann wird er in sich selbst den höchsten und heiligsten aller Götter, den reinen Geist erschauen.«

Und Jetsün sang eine Hymne, um die Götter zu schauen:

Zu deinen Füßen, gnadenreicher Marpa, Preis und Lob,
Gieß über deine geist'gen Kinder, sie zu mehren, deinen
                                                          Segen!
Zu Milarepa mir, dem Klausner kommen
Die göttlich Wesen vom Tushita-Himmel
Und aus den andern heil'gen Sphären, meinem Wort zu
                                                          lauschen.
Sie füllen alle Richtungen der Himmel.
Doch nur der Schauung fünffach Weg Erkennende
Erfreu'n sich ihres Bildes, nicht gemeines Volk.
Ich selbst seh' ungehindert jedes dieser Wesen,
Die mir, zum Segen der Versammelten
Voll Ehrfurcht Himmelsgaben bringen.

Mit Regenbogenglanz sind ganz erfüllt die Himmel,
Und himmlisch Regen fällt aus lieblich duftenden Geblüh.
Jed' Wesen hört der Melodien süße Harmonie und atmet
                                                        Weihrauchduft;
Und göttlich Liebe und Glückseligkeit auf jeden fällt,
                           der um mich hier versammelt.
Dies der Kargyütpa-Heil'gen fruchtbar Gnadenwirken.

Ihr selbst nehmt gnadenreiche Zuflucht zu dem Glauben;
Und wollt ihr Götter schauen und der Engel Schar,
Dann hört voll Andacht meiner Hymne zu:

Weil ihr im alten Leben böses Karma euch bereitet,
Sucht ihr, sobald die Mutter euch gebar, in Sünden den
                                                        Genuß,
Und gut verdienstvoll Tun erfreut euch nicht.
Eh euch die Schläfen noch ergrau'n, seid ihr verstockt;
So häuft ihr sicher euch die Folgen bösen Tuns.

Und fragt ihr nach des bösen Karma möglicher Vernichtung
So wißt, der Wunsch nach Güte nur kann es vertilgen.

Wer aber wissend bösem Tun verfällt,
Ein karges Essen tauscht für Schande er.

Wer eig'ne Bindung selbst nicht kennt,
Und sich zum Führer aufwirft über and're,
Bringt diesen Schande und sich selbst.

Wünscht ihr von Herzen, allem Unrecht zu entflieh'n,
Nie dürft ihr andern Leides tun.

Zu Füßen eures Guru und der Götter,
Die frühen Sünden all bekennen und bereu'n,
In Zukunft Unrecht nie zu tun geloben:
Der schnellste Weg ist's böses Tun zu sühnen.

Der Sünder Mehrzahl ist von scharfem Sinn,
Von rastlos unruhvollem Hasten nach Genuß,
Der Liebe bar und bar des frommen Strebens;
Und damit schon in Finsternis der Sünde.
Und immer neu ist ihnen Buße und Bekenntnis not.

Drum sei ein jeder von euch voller Eifer,
Die Sünden zu entsühnen und Verdienst zu sammeln.
Dann wird euch nicht allein die Schau
Der Dharma-liebend Himmelsgötter,
Der Götter heiligste und höchste werden offenbar.

Die Schau auch wird euch eures Geistes Dharma-Kaya,
Erschaut ihr ihn, erschauet ihr das All,
Die grenzenlose Schau, Sangsara und Nirvana.
Und alles Karma wird darin zunichte.

Nach Jetsüns Hymne erlangten die zutiefst geistig Entwikkelten unter den versammelten Göttern und menschlichen Wesen die wahre Einschau in den Zustand des Dharma-Kaya, den Zustand des Nirvana. Die weniger Entwickelten erfuhren den übersinnlich göttlichen Zustand ekstatischer Glückseligkeit und Leere, wie sie ihn früher nie gekannt und fanden den Zutritt zum Pfad. Und keiner war unter den Versammelten, der nicht von der Sehnsucht nach der großen Befreiung erfüllt wurde.

Dann wandte sich Jetsün an die Versammlung und sprach: »Meine Schüler, Götter und Menschen, und alle, die ihr hier versammelt seid: Unser Zusammenkommen heute ist die Frucht eines guten Karma aus früheren Leben. Und in diesem Leben haben wir durch fromme Gemeinschaft eine reinere und heiligere Verwandtschaft begründet. Da ich aber sehr alt bin, ist es nicht gewiß, ob wir uns in diesem Leben wiedersehen werden. Darum ermahne ich euch, die euch gegebenen religiösen Reden in eurem Herzen zu bewahren und sie nicht zu vernachlässigen. Setzt diese Lehren nach bestem Vermögen ins tägliche Leben um, und ihr werdet als erste Schülergemeinde die Wahrheit empfangen, die ich dann predige, in welchem Reich buddhahafter Vollendung ich auch sein werde. Darum freuet euch in dieser Gewißheit!«

Als die anwesenden Leute von Nyanam die Worte des Herrn Jetsün hörten, fragten sie untereinander, ob der Meister diese Welt verlassen würde, um anderen Welten den Segen zu bringen. Dann wollten sie ihn bitten, in das Paradies von Nyanam einzugehen oder zumindest Nyanam durch einen letzten Besuch zu segnen. So gingen sie zu Jetsün, umfaßten seine Füße und flehten ihn mit tränennassen Augen in heißem Glauben und glühender Liebe an, ihre Bitte zu erfüllen.

Desgleichen bestürmten die Schüler und Laien-Anhänger aus Tingri Jetsün, nach Tingri zu gehen. Auf dieses Drängen aber erwiderte Jetsün:

»Ich bin zu alt, um nach Nyanam oder Tingri zu gehen. Ich will meinen Tod in Brin und Chubar erwarten. Deshalb gebe mir jeder von euch seine letzten guten Segenswünsche und kehre wieder heim. Ich werde euch alle im heiligen Paradies wiedersehen.«

Da baten sie ihn, wenigstens seinen Segen über alle Orte zu sprechen, die er besucht hatte, und vor allem über die Menschen, die sein Antlitz geschaut, seine Stimme gehört und seinen Lehren gelauscht hatten. Doch nicht sie allein sollten den Segen empfangen, sondern alle lebenden Geschöpfe im ganzen Weltall.

Da antwortete Jetsün auf ihre Bitten: »Ich danke euch für euren Glauben an mich und danke euch für alle mir im Leben gewährten Unterstützungen. Ich habe euch meine Dankbarkeit gezeigt, indem ich euch nur Gutes wünschte;

und um euch Gutes zu erweisen, habe ich euch den Dharma gelehrt. Daraus mußte notwendig zwischen uns eine gegenseitige Bindung entstehen. Nun, da ich ein Yogi bin, der die Wahrheit erlebt hat, ist es meine Pflicht, euch einen Segenswunsch für weltlichen und geistigen Frieden und Glückseligkeit jetzt und in Ewigkeit zu geben.« Und Jetsün sang:

Du aller Wesen Vater und Beschützer, im Wissen deiner
                              eig'nen Segenswünsche,
Du, Marpa, Übersetzer, zu deinen Füßen beug ich mich!

Ihr meine Schüler hier versammelt, hört mir zu:
All eure Herzensgüte habt ihr mir erwiesen,
Wie ich auch euch die meine gab.
So mögen wir durch gegenseit'ger Hilfe Bande fest verbunden,
Im ew'gen Reiche der Glückseligkeit uns wiederseh'n.

Die ihr Almosen spendet hier um mich,
Mög' euch ein lang und glücklich Leben freuen.
Der Geist sei frei von allem bösen Denken,
Sei fromm und nur auf den Erfolg im Heiligen gerichtet.

Ein heiter stiller Friede segne dieses Land,
Frei sei's von Krankheit und von Krieg.
Reich sei die Ernte, schwer das Korn,
Im rechten Tun sei jeder hier beglückt.

Wer mein Gesicht geschaut, gehört hat meine Stimme,
Wer Kunde hat von meinem Leben, sie im Herzen hegt,
Wer meinen Namen, die Geschichte meines Lebens hört,
Der sei mit mir im ew'gen Reiche der Glückseligkeit.

Ein jeglich Wesen, das in fernen Tagen,
Ganz Wille zur Versenkung ist,
Es sei durch meinen eig'nen strengen Lebenswandel,
Von jedem irrend' Hindernis befreit.

Und wer um frommes Streben Schweres trägt,
Verdienst er sammelt ohne Grenzen.

Wer auf den Heil'gen Pfad die ander'n lenkt,
Einst grenzenlose Dankbarkeit gewinnt.
Wer die Beschreibung meines Lebens hört,
Erwirbt sich grenzenlose Gnade.
Und durch das unbegrenzt' Verdienst aus Dankbarkeit und Gnade,
Sei jedes Wesen, das mein Leben hört, befreit;
Und ernte höchsten Lohn, versenkt er sich darein.

Wo immer ich gewohnt, worauf gebettet ich den Leib,
Und jedes kleinste Ding, das mein gewesen,
Bring' Fried' und Freude überall.

Und Erde, Feuer, Wasser, Luft,
Und alle ätherfernen Weiten,
Sie ganz zu fassen, sei mir Kraft.

Die Devas, Nagas, der acht Stufen Geister,
Des Ortes Genien und Dämonen,
Ihr schändlich Wirken treff' euch nicht.
Und nach dem Dharma wirk' ein jedes mit an diesen Wünschen.
Daß auch das kleinste Lebewesen
An den Sangsara nicht mehr sei gebunden,
Sie zu erlösen, werde mir die Kraft.

Diese Worte erfüllten die Laien-Schüler mit großer Freude. Denn nun erschien es ihnen wieder zweifelhaft, ob Jetsün von ihnen fortgehen wolle. Und die Leute aus Nyanam und Tingri suchten um so eifriger seine Gnade und seinen Segen und lauschten um so andächtiger seinen religiösen Reden.

Sowie sich die Versammlung zerstreut hatte und jeder nach Hause gegangen war, verschwanden auch von selbst die Regenbogen und anderen Erscheinungen.

Nun ließen die Leute aus Brin ernsthaften Sinnes Jetsün durch Shiwa-Wöd-Repa und andere fortgeschrittene Schüler bitten, er möge zu ihnen predigen. Da ging Jetsün in eine einsame Hütte auf der Spitze des »im Berühren gefährlichen« Felsens. Dieser Felsen wurde für das Haupt des bösen Schlangengeistes gehalten, und die Einsiedelei war auf ihm erbaut worden, um den Schlangengeist zu unterwerfen. Hier predigte Jetsün weiter zu den Laienschülern aus Brin. Als er geendet hatte, sprach er zu ihnen: »Wer noch etwas an diesen Lehren geklärt oder gedeutet haben will, soll sich beeilen. Denn ich weiß nicht, ob ich noch lange leben werde.«

Da sammelten die Schüler die Opfergaben zu einer Puja und hörten den besonderen ergänzenden Unterweisungen über die Lehre zu. Dann richteten Bri-Gom-Repa und Seban-Repa das Wort an Jetsün und fragten ihn: »Deine Worte lassen uns fürchten, du könntest in das Nirvana hinübergleiten. Es ist doch nicht möglich, daß der Lauf deines Lebens beendet ist?« Jetsün aber antwortete: »Mein Leben und mein Einfluß auf die Bekehrung der Menschen ist vollendet. So muß ich nun die Folge meines Geborenseins tragen.«

Einige Tage später machten sich Zeichen einer Krankheit bemerkbar, und Ngan-Dzong-Repa begann mit den Vorbereitungen für ein Sühneopfer zur Verehrung der Guru, Deva und Dakini, im Namen der Schüler. Zugleich bat er Jetsün, Heilmittel und andere Hilfen anzunehmen. Er wollte schon Laien und Schüler zu den nötigen Vorbereitungen auffordern, da aber sprach Jetsün: »Allgemein gilt, daß die Krankheit eines Yogi eine Ermahnung bedeutet, im frommen Streben zu verharren. Für seine Erholung dürfen keine besonderen Gebete gesprochen werden, ihm muß die Krankheit eine Hilfe für den Fortschritt auf dem Pfade sein, und er muß stets zu Leid und Tod bereit sein. Ich, Milarepa, habe dank der Gnade meines gütigen Guru Marpa nach seiner eigenen Lehre alle besonderen Riten zur Überwindung der Krankheit ausgeführt und bedarf nun keiner Kräfte und keiner Mittler. Ich habe meine Feinde in Freunde verwandelt; deshalb brauche ich weder Gebete noch Sühneopfer. Ich bedarf auch keiner austreibenden oder versöhnenden Riten gegen Dämonen. Denn alle bösen Zeichen und Vorbedeutungen habe ich in Schützer des Glaubens verwandelt, die die vier Arten der Zeremonie vollziehen werden. Die aus den fünf Giften geborenen Krankheiten habe ich in den Segen der göttlichen fünf Weisheiten verwandelt. Darum brauche ich keine Heilmittel, die aus den sechs Hauptgewürzen[84] zusammengestellt sind. Die Zeit ist erfüllt, da der sichtbare, trugvolle physische Körper, die aus dem Bewußtsein entwickelte Form des göttlichen Leibes, in die Reiche geistigen Lichtes übergehen muß. Und hierfür sind keine Weiheopfer notwendig. Das weltliche Volk, das in diesem Leben böses Karma angehäuft hat und deshalb seine Folgen, die Leiden von Geburt, Alter, Krankheit und Tod in dieser Welt ernten muß, sucht vergebens der Heftigkeit und Qual dieser Leiden zu entrinnen oder sie durch Sühnezeremonien und heilende Behandlung abzuschwächen. Weder Macht und Einfluß eines Königs, noch die Tapferkeit des Helden oder der Zauber der Schönheit, weder die Wohlhabenheit des Reichen, die Flucht des Feigen, noch die Beredsamkeit des gewandten Anwalts können auch nur für einen Augenblick den Lauf der Zeit aufhalten oder verzögern. Es gibt keine Mittel und Lehren, seien sie milder, edler, bezaubernder oder strenger Art, um den unabänderlichen Ratschluß abzulösen oder aufzuhalten. Wer aber diese Leiden wirklich fürchtet und ihr Wiederkommen ernstlich vermeiden will, wer eifervoll den Zustand ewiger Glückseligkeit erstrebt, für den habe ich ein geheimes Mittel.

Da baten ihn die Schüler, ihnen dies Mittel zu geben; und Jetsün sprach: »Alle weltlichen Ziele haben nur ein unvermeidbares und unentrinnbares Ende im Leid: Erwerb endet in Verlust, Aufbau in Zerstörung, Begegnung in Trennung, Geburt in Tod. Darum geht daran, getreu den Befehlen eines großen Guru, die Wahrheit jenseits Geburt und Tod zu erfahren. Dies allein ist das beste Mittel oder Wissen. Doch ich habe euch noch mein letztes, wichtiges Testament zu eröffnen. Vergeßt nicht, daß ich es später tun werde.«

Wieder richteten Shiwa-Wöd-Repa und Ngan-Dzong-Repa das Wort an Jetsün und sprachen: »Jetsün, würdest du wieder gesund, dann könntest du noch vielen lebenden Wesen Gutes tun. Deshalb bitten wir dich noch einmal, auch wenn du unseren Bitten nicht ganz willfahren willst, bringe gütigst ein wirksames tantrisches Opfer der Verehrung zu deiner Genesung dar, damit wir uns nicht später Vorwürfe machen müssen. Und nimm die Arzeneien.«

Jetsün aber sprach: »Wüßte ich meine Zeit nicht vollendet, ich folgte eurem Wunsch. Wer sich aber erniedrigt, einen tantrischen Ritus zur Verlängerung des eigenen Lebens auszuführen, ohne die selbstlose Absicht, anderen zu dienen, der macht sich eines unsauberen Handelns den heiligen Gottheiten gegenüber schuldig, wie es unsauber wäre, von einem König den gemeinen Dienst des Aufwischens und Scheuerns zu verlangen. Solches Handeln trägt seine Strafe in sich. Darum ermahne ich euch, niemals heilige tantrische Riten um weltlicher Ziele willen auszuführen, wenn auch das selbstsüchtige Volk um solches Tun nicht zu tadeln ist, denn sie wissen es nicht besser. Ich aber habe mein ganzes Leben zum Segen aller lebenden Wesen in unaufhörlicher Übung der höchsten tantrischen Wahrheiten verbracht. Dies wird nun zum Abwenden des Bösen dienen. Um dieses frommen Strebens willen weiß mein Bewußtsein nicht, wie es sich von dem festen Sitz der Wahrheit im Samadhi lösen soll, und dies wird für den Ritus zu einem langen Leben genügen. Marpas Heilmittel haben selbst die Wurzeln der Krankheiten aus den fünf Giften: Stolz, Begierde, Haß, Neid und Verblendung ausgerottet. Und dies wird als Heilmittel dienen. Für euch aber genügt es nicht, wenn ihr nur fromm seid und die religiöse Laufbahn eingeschlagen habt. Ihr müßt auch Versuchungen und Prüfungen als Hilfen auf dem Pfad verwenden. Wenn die Zeit noch nicht vollendet ist, und das Leben wird von einem bösen Ereignis bedroht, dann darf man zu Heilmitteln und Ritualen Zuflucht nehmen. Voraussetzung ist nur, daß sie den Pfad unterstützen. Auch Buddha, der an das Wohl seiner noch wenig entwickelten Schüler dachte, streckte seine Hand aus, ließ den Arzt Jīvka Kumara den Puls fühlen und nahm die verschriebenen Arzneien. Als aber seine Zeit erfüllt war, ging selbst Buddha hinüber in das Nirvana. Nun ist auch meine Zeit erfüllt, und ich will weder Heilmittel noch Zeremonien zu meiner Genesung gebrauchen.«

So ließ Jetsün nichts für sich geschehen. Die zwei fortgeschrittenen Schüler aber flehten ihn an, er solle ihnen noch weiter Unterweisungen geben: »Wenn Jetsün wirklich in andere Bereiche hinübergleitet, wie sollen dann die Bestattungszeremonien richtig ausgeführt, die Knochen und Reliquien verehrungsvoll aufbewahrt und die Stupas und Votiv-Figürchen geformt werden? Wer soll dann dein Nachfolger sein, und wie sollen die Zeremonien am Jahrestag deines

Scheidens ausgeführt werden? Welcher Schüler soll diesen oder jenen Zweig der religiösen Übung verfolgen, wer soll den Unterweisungen lauschen, wer darüber nachdenken oder in der Einsamkeit sich darein versenken? Für dies alles gib uns deine mündlichen Anweisungen.«

Darauf antwortete Jetsün: »Dank der gütigen Gnade Marpas habe ich alle Pflichten des Sangsara erfüllt und die Befreiung erlangt. Die drei Grundformen meiner Persönlichkeit, Körper, Rede und Geist wurden in den Körper der Wahrheit verwandelt. So weiß ich nicht, ob ich einen Leichnam zurücklassen werde. Darum sind keine Stupas und keine Votivgaben aus Lehm notwendig. Da kein Kloster und kein Tempel mein eigen ist, brauche ich keinen Nachfolger zu bestimmen. Die kahlen, unfruchtbaren Hügel und Bergspitzen und die anderen einsamen Zufluchtsorte und Einsiedeleien mögt ihr alle besitzen und bewohnen. Alle fühlenden Wesen der sechs Daseinsbereiche mögt ihr als eure Kinder und Anhänger beschützen. Statt Stupas zu errichten, bewahrt zärtliche Liebe zu allen Teilen des Dharma und richtet das siegreiche Banner des frommen Strebens auf. An Stelle der Votivgaben wiederholt ohne Unterlaß täglich die vierfachen Gebete. Als Zeremonien zur Erinnerung an mein Scheiden bringt mir aus eures Herzens Tiefen aufrichtigste Gebete dar. Und zur Erlangung praktischen Wissens gebt alle Übungen auf, die eure bösen Leidenschaften verstärken oder zur Selbstsucht führen, auch wenn sie tugendhaft erscheinen. Tut alles, um die fünf bösen Leidenschaften zu überwinden zum Segen der lebenden Wesen, selbst wenn es sündhaft scheinen sollte. Denn wißt, das ist der wahre und heilige Dharma.

Wer diesen Rat hört und ihn nicht befolgt, sondern ihn verletzt und in Mißachtung des göttlichen Gesetzes darüber hinweggeht, wird, so gelehrt er auch sein mag, seinen Platz in der niedersten Hölle finden. Das Leben ist kurz, und die Zeit des Todes unsicher. Darum gebt euch der Versenkung hin. Vermeidet böses Tun und erwerbt, selbst unter Einsatz eures Lebens, Verdienste nach eurem Vermögen. Man könnte den Sinn kurz zusammenfassen: Handelt so, daß ihr keinen Grund habt, euch über euch selbst zu schämen. Und haltet fest an dieser Regel. Tut ihr dies, dann könnt ihr sicher sein, daß ihr niemals den Befehlen des höchsten Buddha zuwider handelt, wenn auch geschriebene Regeln dagegenstehen sollten. Andere Vorschriften über Zuhören und Befreitwerden gibt es nicht. Und das Herz des alten Mannes wird zufrieden sein, wenn ihr hiernach handelt. Wenn aber sein Herz zufrieden ist, dann habt ihr eure Pflichten gegen Nirvana und Sangsara erfüllt. Keine andere Lehre kann mich befriedigen, so angenehm sie auch vom weltlichen Standpunkt aus erscheinen mag.«

Und zur Ergänzung sang Jetsün die Hymne über die sinnvollen Dinge:

Zu deinen Füßen, Marpa, Übersetzer, neig ich mich!
Die ihr im Glauben hier versammelt, meine Schüler,
Lauscht mir und hört die letzte Weisung
Des alten Milarepa, eures geist'gen Vaters.
Ich, Yogi Milarepa,
Durch Gnad' und Güte Marpas von Lhobrak
Hab ich erfolgreich meine Pflicht vollbracht.
Ihr meine Schüler, meine Jünger,
Die ihr mir folgt, nach meinem Worte handelt,
Noch hier in diesem Leben werdet ihr
Für euch und and're heil'gen Dienst vollbringen,
Zu meiner und des höchsten Buddha Freude.
Daneben ist all ander Tun mir nicht gefällig
Und nutzlos für die andern und euch selbst.
Wenn nicht der Guru aus hierarchisch unverletzter Reihe,
Wie kann verdienstvoll sein die Einweihung?
Wenn nicht der Dharma wird zum eignen Wesen,
Wie kann verdienstvoll sein die Tantra-Übung?
Wenn nicht Verzicht auf alle ird'schen Ziele,
Wie kann verdienstvoll sein Betrachtung auserwählter
                                                                         Lehren?
Wenn nicht geeint der Lehre Körper, Wort und Geist,
Wie kann verdienstvoll sein die Übung heil'ger Opfer?
Wenn nicht durchs Gegenteil besiegt der Zorn,
Wie kann verdienstvoll sein Versenkung in Geduld?
Wenn nicht wird ausgelöscht Parteiung, Neigung und Miß-
                                                                          fallen,
Wie kann verdienstvoll dann Verehrung sein?

Wenn nicht aus letzter Wurzel aller Selbstsucht wird entsagt,
Wie kann verdienstvoll sein das Spenden an die Armen?
Wenn nicht die Wesen der sechs Lokas dir verwandt,
Wie kann verdienstvoll sein der Sitz in heil'ger Ordnung?
Wenn nicht die reine Liebe und Verehrung dir im Herzen,
Wie kann verdienstvoll sein der Bau der Stupa dir?
Wenn nicht die Kraft dir, alle Tageszeit dich zu versenken,
Wie kann verdienstvoll sein das Figürchen Formen?
Wenn nicht Gebete aufglüh'n aus der tiefsten Brust,
Wie kann verdienstvoll sein der Jahrestage Feier?
Wenn nicht im Ohre dir die heil'gen Lehren,
Wie kann verdienstvoll sein das Leid der Schmerzen?
Wenn nicht im Leben gläubig liebend wird der Heilige verehrt,
Wie kann verdienstvoll sein Verehrung seiner Bilder und Reliquien?
Wenn nicht erwachen Reu und Buße dir im Herzen,
Wie kann verdienstvoll sein das Wort: entsage und bereue?
Wenn nicht Versenkung in die Liebe stärker als das Ich,
Wie kann verdienstvoll sein ein hingeplappert »Oh, ihr Armen«?
Wenn nicht besiegt all bös' Begehren,
Wie kann verdienstvoll sein ein hie und da erwies'ner Dienst?
Wenn nicht des Guru Wort als gültig wird beachtet,
Wie kann verdienstvoll sein der Schüler Zahl?
All Handeln, das nicht Segen bringt,
Ist nur von Schaden, laß es drum.
Der seine Sendung hat vollbracht, der Yogi,
All neuer Pflichten ist er ledig nun.

Dies Lied hinterließ einen tiefen Eindruck auf die Schüler. Bei Jetsün aber machten sich Zeichen ernster Krankheit bemerkbar. Da kam der Geshe Tsaphuwa mit etwas Fleisch und Chhang zu Jetsün, scheinbar um ihm ein Geschenk zu machen, in Wirklichkeit aber um nach seinem Befinden zu sehen und sprach zu ihm: »Ein Heiliger wie Jetsün sollte nicht so schwer erkranken. Doch da es nun geschah, sollte es möglich sein, die Krankheit unter deine Schüler zu verteilen. Wäre sie übertragbar, dann könntest du sie einem Menschen wie mir geben. Was aber soll geschehen, da beides nicht möglich ist?«

Lächelnd gab Jetsün zur Antwort: »Es gab wirklich keinen Grund für diese Krankheit. Ich hatte dabei aber keine Wahl, wie du wohl selbst weißt. Man könnte ganz allgemein sagen, daß die Krankheit eines Yogi nicht dieselbe ist wie die gewöhnlicher Menschen. Den ersten mag sie als Zufall erscheinen, mir aber wird diese Krankheit zur Zier. Und Jetsün sang:

Die Welt wie auch die Befreiung erstrahlen im reinen Licht.
Meine Hände sind in der Geste
Des Großen Siegels[85] verschränkt.
So lebt in mir der teilnahmslosen Ruhe Größe
Und Mut, dem Hindernisse fremd.
Dämonen, Krankheit, Sünden, Finsternis,
Zur größeren Verherrlichung mir dienen.
Als Nerven, Säfte, Samen liegen sie in mir,
Als Gaben nehm ich sie zum Schmucke der Vollendung.
Die Sünden bösen Denkens seien all gesühnt,
Die Krankheit, mir so hoch willkommen,
Ich könnt' sie übertragen, doch es ist nicht not.

Da dachte Geshe, Jetsün verdächtige ihn als Urheber seiner Vergiftung, sei seiner Sache aber nicht ganz sicher und besäße, auch wenn er wolle, nicht die Kraft zur Übertragung. Deshalb sagte er: »Jetsün, ich erführe gern den wahren Grund deiner Krankheit. Wird sie von bösen Geistern hervorgerufen, dann sollte man sie beschwören. Stammt sie aus deiner körperlichen Verfassung, aus einer Ungleichheit der körperlichen Säfte, dann sollte sie in Gleichgewicht und Ordnung gebracht werden. Diese Heilung aber verstehe ich nicht. Doch wenn du sie übertragen kannst, dann gib sie mir.« Jetsün aber antwortete: »Ein gewisses lebendes Wesen wurde von einem der übelsten Geister, dem Dämon der Selbstsucht, besessen. Dieser Dämon verursachte meine Krankheit, indem er die Harmonie meiner körperlichen Verfassung zerstörte. Der Dämon aber kann nicht ausgetrieben und die Krankheit nicht geheilt werden. Würde ich dir die Krankheit übertragen, du würdest sie auch nicht einen

Augenblick ertragen können. Darum will ich es nicht tun.«

Doch der Geshe dachte bei sich: Er will nur nicht zugeben, daß er die Krankheit nicht übertragen kann, deshalb erweckt er den Anschein, als ob er es nicht wolle. Und so drängte er noch einmal: »Übertrage sie mir!«

Da sprach Jetsün zu ihm: »Es sei, wie du sagst, doch ich werde sie nicht auf dich übertragen, sondern dort auf die Tür, damit du ihre Kraft erkennen kannst.« Mit diesen Worten übertrug Jetsün die Krankheit auf die Tür des Meditationszimmers. Sie begann, ächzend zu krachen und zu splittern, schlug und schwankte hin und her und schien aus allen Fugen zu gehen. Zu gleicher Zeit aber war Jetsün von seinen Schmerzen befreit.

Auch dies hielt der Geshe nur für eine magische Täuschung, und so sprach er zu Jetsün: »Wunderbar, doch nun übertrage sie mir.« Und Jetsün erwiderte: »Gut, Geshe, ich will dir ein wenig von ihrer Kraft zeigen.« Er nahm den Schmerz von der Tür und übertrug ihn auf Tsaphuwa – doch es war nur die Hälfte des Schmerzes; und er fragte ihn, ob diese Stärke ertragbar sei.

Den Geshe befiel ein so unerträglicher Schmerz, daß er umzusinken drohte. Als er so die Kraft und Qual des Leidens fühlte, dem Jetsün unterworfen war, bereute er tief und aufrichtig sein böses Tun. Er legte Jetsüns Füße auf sein Haupt, vergoß reichlich Tränen und schluchzte: »Oh, Jetsün, heiliger Herr, diese Krankheit wurde dir, wie du, ehrwürdiger Herr, selbst sagtest, von diesem elenden Geschöpf gebracht, das von Selbstsucht und Neid besessen war. Erhöre mein Flehen und nimm all mein irdisch Gut, allen beweglichen und unbeweglichen Besitz. Doch verzeihe mir dies Verbrechen, damit sein böses Karma mich nicht überwältigt.«

Da diese Worte in aufrichtiger Reue gesprochen wurden, gewährte Jetsün ihm gern die Verzeihung. Er nahm alle Pein von ihm und sprach: »Mein ganzes Leben war kein Haus und kein Besitz mein eigen, und auf meinem Totenbett verlangt es mich nicht im geringsten nach Besitz. Was sollte ich mit weltlichen Gütern? Darum behalte deine Gaben und übertritt nicht wieder die Gebote des Dharma. Ich will aus tiefstem Herzen beten, daß dich für dein jetziges Vergehen kein böses Karma treffe, und du kein Leid dafür erdulden mögest.« Dann sang er:

> Marpa, Vollendeter, zu deinen Füßen Lob und Preis!
> Selbst die in böser Wirkung unbegrenzt verruchtesten fünf
> Sünden
> Sind auszulöschen, wenn die Reue tief.
> Daß doch der Wesen Sünden hinschwänden
> Durch die Kraft meiner Verdienste
> Und die aller Buddhas der drei Zeiten!
> Daß doch all dein Leid
> Ich auf mich nähme und es lindere!
> Wer Guru, Lehrer, Eltern hat beleidigt,
> Mit ihm faßt mich Erbarmen an.
> Drum sei daraus entstehend böses Karma,
> Von mir genommen und gelöscht.
> Mögst fern du bleiben allen schlechten Freunden,
> Und tugendhafte dir nur nahen
> In allen künft'gen Stufen deines Seins,
> Und keiner dir in schlechter Absicht mindern
> Des aufgehäuft' Verdienstes Fülle.
> So sei jed' lebend Wesen nun erfüllt,
> Von wechselseit'ger Güte und des Boddhisattva Geistes
> Großmut.

Dieses Lied beruhigte den Geshe, und im Eifer seiner grenzenlosen Freude und Gläubigkeit gelobte er, fortan alle üblen Taten zu vermeiden und sich bis zum Tode ganz der frommen Andacht zu weihen. So sprach er zu Jetsün: »Die bösen Taten, die ich, der Versuchung unterliegend, in der Vergangenheit wirkte, erwuchsen aus meiner Liebe zu Reichtum und Besitz. Von nun an aber begehre ich nicht mehr Haus, Land, Reichtum oder weltliche Güter. So diene all mein Besitz zum Unterhalt der Schüler und Anhänger Jetsüns, die sich frommen Übungen hingeben, da Jetsün keiner Güter bedarf; ich bitte dich, sie so anzunehmen.«

Trotz dieser ernsthaften Worte lehnte Jetsün den Besitz des Geshe ab. Später aber übernahmen ihn die Schüler und deckten die Unkosten für Jetsüns Bestattungszeremonien und die Jahresfesttage, die zur Erinnerung von Jetsüns Hinscheiden eingesetzt wurden und noch heute gefeiert werden. So wurde denn zuletzt selbst Tsaphuwa ein wahrhaft Frommer.

Und Jetsün sprach: »Als Frucht meines hiesigen Aufenthalts wurde ein verhärteter Sünder durch Reue bekehrt und wirklich zur Befreiung geführt. Da meine Aufgabe hier vollendet ist, zwingt den Yogi nichts mehr, in einer irdischen Form zu bleiben. Ein Yogi, der in einem Dorfe den Tod erwartet, gleicht einem König, der in dem Hause eines einfachen Landmanns stirbt. Deshalb muß ich nach Chubar gehen, um dort zu sterben.«

Da entgegnete Seban-Repa: »Bei deiner Krankheit wird dich eine Fußreise zu sehr ermüden. Deshalb wollen wir dich in einer Sänfte hinbringen, Herr.«

Doch Jetsün erwiderte: »Für mich gibt es keine Wirklichkeit, weder in der Krankheit noch im Tode. Hier habe ich die Erscheinung der Krankheit offenbart, die des Todes will ich in Chubar zeigen. Darum brauche ich keine Sänfte. Einige der jungen Schüler mögen nach Chubar voran gehen.« Dies taten sie; doch Jetsün hatte schon vor ihnen die Brilche-Höhle (die Yack-kuh Zunge) erreicht. Die älteren Schüler, die später kamen, begleiteten einen anderen Jetsün; und noch ein anderer hatte auf dem »gefährlich zu berührenden Felsen« die Erscheinung der Krankheit offenbart. Während der eine Jetsün von ergebenen Schülern auf der Reise nach Chubar begleitet und bedient wurde, predigte ein anderer denen, die zu einer letzten Rede im roten Felsen versammelt waren. Und ein anderer Jetsün wieder erschien jedem, der in seinem Hause blieb und ihm zum Abschied fromme Opfer darbrachte. Als alle versammelt waren, fragten sie Jetsün nach diesem geheimnisvollen Vorgang, und er antwortete ihnen: »Ihr habt alle recht. Ich habe mit euch allen gespielt.«[86]

Danach wohnte Jetsün in der Höhle von Brilche in Chubar, und seine Krankheit schritt weiter fort. Zu dieser Zeit geschahen Wunder ekstatischer Schauungen, und Regenbogen erhellten wie bei den ersten Reden das ganze Land: die Spitzen der Berge glühten auf, und jeder hielt diese Zeichen für günstige Vorboten. So wußten sie alle, daß Jetsün in eine andere Welt hinüberscheiden wollte.

Nun fragten die ersten Schüler, Shiwa-Wöd-Repa, der Herr von Ngan-Dzong und Seban-Repa Jetsün nach dem Reich, in das er eingehen wolle, und wohin sie ihre Gebete richten sollten. Sie fragten ihn auch nach seinen letzten Befehlen und Weisungen. Jeder bat um besondere Anleitung und Richtlinien für seine Andachtsübungen.

Da sprach Jetsün: »Eure Gebete richtet dorthin, wohin euch Glaube und Vertrauen lenkt. An welchem Ort ihr auch in ernstem, aufrichtigem Sinn betet, werde ich bei euch sein und eure Wünsche erfüllen. Darum betet aufrichtig und gläubig. Jetzt will ich in das Reich der Glückseligkeit eingehen, in dem der Erhabene Akshobhya herrscht: und dies ist mein letzter Befehl und Wille nach meinem Tode: Gebt Rechung, der, wie ich voraussehe, bald kommen wird, meinen Bambusstab und dies Baumwollgewand, das, wie ihr alle seht, mein einziger Besitz ist. Sie seien ihm ein Talisman des Glücks, wenn er über die Beherrschung der Lebensströme meditiert. Bis Rechung eintrifft, darf niemand meinen Leichnam berühren. Der Hut des Meisters Maitri und dieser schwarze Stab aus Agaru sollen dazu beitragen, den Glauben durch tiefe Versenkung und hohes Streben erfolgreich aufrechtzuhalten. Gebt sie deshalb Üpa-Tönpa. Diese Holzschale mag Shiwa-Wöd nehmen; und diese Schädelschale gebe ich Ngan-Dzong-Tönpa. Seban-Repa vermache ich mein Feuerzeug, den Löffel aus Bein Bri-Gom-Repa. Den anderen Schülern lasse ich meinen Baumwollmantel zurück, den sie untereinander in Streifen zerteilen mögen. Von einem weltlichen Standpunkt aus mögen diese Dinge wertlos erscheinen; jedes aber birgt einen geistigen Segen in sich. Nun hört mein wichtigstes Testament, das nur meine ersten Schüler und Laien-Anhänger, Männer wie Frauen, erfahren dürfen: Alles Gold, das Milarepa während seines Lebens angesammelt hat, liegt hier unter diesem Herd verborgen; und mit ihm die niedergeschriebenen Anweisungen, wie es unter euch alle verteilt werden soll. Vergeßt nicht, nach meinem Fortgang danach zu suchen, und handelt nach den Vorschriften, die ihr dort findet.

Für die Ausübung der religiösen Lehren im täglichen Leben bewahret dies im Herzen: Einige unter euch mögen stolz sein auf ihre äußerlich sichtbare Heiligkeit, aber im Herzen streben sie in Wahrheit nur danach, Namen und Ruhm in der Welt zu erlangen. Dies heuchlerische Wesen, das nach den Genüssen dieser Welt begehrt und doch nach außen hin fromm und ergeben scheint, gleicht dem Essen köstlicher, reicher Nahrung, die mit tödlichem Gift gemischt ist. Trinkt nicht das Gift der Begierde nach weltlichem Ruhm und Namen. Werft alle Bindung an weltliche Pflichten, die nur zu dieser Begierde führen, beiseite und weiht euch aufrichtig ernstem, frommem Streben.«

Die Schüler fragten nun, ob sie in geringem Maße weltlichen Pflichten nachgehen sollten, um anderen zu helfen, und Jetsün sprach zu ihnen: »Wenn auch nicht die leiseste Selbstsucht mit diesen Pflichten verbunden ist, dann sind sie erlaubt; doch solches Unverhaftetsein ist wahrhaft schwer. Werke, die zum Wohle anderer ausgeführt werden, haben nur dann Erfolg, wenn sie ganz frei von Eigenwünschen sind. Man sollte nicht darauf bedacht sein, anderen zu helfen, bevor man nicht selbst die Wahrheit in ihrer ganzen Fülle erfahren hat. Sonst gleicht man einem blinden Führer von Blinden. Solange der Himmel besteht, wird es lebende Wesen geben, die den anderen helfen. Und für jeden kommt die Gelegenheit zu solch einem Dienst. Bis zu dieser Gelegenheit aber sollte jeder nur die Erreichung der Buddhaschaft zum Wohle aller lebenden Wesen als Ziel im Auge haben. Seid demütig und sanftmütig. Kleidet euch in Lumpen und nehmt Entbehrungen in Nahrung und Kleidung auf euch. Ertragt körperliche Kasteiung und geistige Lasten. So werdet ihr Wissen durch Erfahrung erlangen. Damit euer Eifer und eure Reue auf den rechten Pfad geführt werden, bewahret diese Ermahnungen.«

Nach diesen Worten sang Jetsün diese Hymne:

Zu Marpas, des Gebieters Füßen Lob und Preis!
Die ihr nach Frömmigkeit und Weisheit strebt,
Ohn' weisen Guru, dem ihr dient und folgt,
Wird nur gering die Gnade sein,
Auch wenn ihr gläubig seid und Sanftmut übt.
Die ihr nicht teilhaft seid der mystisch tiefen Weihe.
Die Worte nur und Tantras schlagen euch in Fesseln.

Die ihr die Tantra-Lehren nicht bewahrt,
Der Riten Übung wird zum Fallstrick euch.
Die ihr euch nicht versenkt in heil'ge Lehren,
Verzicht auf Irdisches wird unnütz Folter euch.
Die ihr durchs Gegenteil nicht böse Leidenschaft bezwingt,
Die Predigt nur des Worts ist leerer Schall.
Die ihr die tiefen Lehren und den Pfad nicht kennt,
Beharrlichkeit bringt euch nur wenig Frucht.
Die ihr die feine und geheime Lehrart nicht erkennt,
Des Eifers Übung macht den Weg nur lang.
Die ihr nicht anhäuft größeren Verdienst,
Im Wirken für euch selbst bleibt dem Sangsara ihr verstrickt.
Die ihr nicht alles irdisch' Gut dem frommen Streben weiht,
In der Versenkung wird euch nicht viel Wissen.
Die ihr in euch Zufriedenheit nicht findet.
Was Güter ihr gespeichert, wird der andern Reichtum.
Die ihr des innern Friedens Licht nicht findet,
Die äußere Ruh und Freude wird nur Quell der Qual.
Die ihr der Ehrsucht Dämon nicht bezwingt,
Die Sucht nach Ruhm führt zu Verderb und Streit.
Gefallsucht weckt die giftigen fünf Triebe,
Erwerbgier scheidet von dem treusten Freund.
Des einen Höhe ist des andern Fall.
Wahre den Frieden, fern ist der Streit.
Bleibe in Sammlung, fern ist Zerstreutheit.
Bleibe allein, der Freund kommt von selbst.
Setz dich zuunterst, erhöht wirst du werden.
Eile mit Ruhe, schnell naht das Ziel.
Laß irdisch Ziele, das höchste erlangst du.
Betrittst du den Pfad den geheimen, wird dir der kürzeste Weg,
Erfährst du die Leere, füllt sich mit Mitleid dein Herz,
Kennst du nicht Scheidung von dir und den andern, bist du zu dienen bereit,
Bist du erfolgreich im Dienste der andern, dann findest du mich,
Und findest du mich, dann erwirbst du das Wesen des Buddha,
Zu Buddha und mir, und der Schüler Gemeinde,
Versenket im Beten euch, ohn' Unterscheiden.

Nach dieser Hymne sprach Jetsün: »Ich weiß, daß ich nicht mehr lange lebe, folgt meinen Lehren und handelt wie ich.«

Dann versank er in den ruhigen Zustand des Samadhi. So verschied Jetsün im Alter von vierundachtzig Jahren am vierzehnten Tag des letzten der drei Wintermonate des Holz-Hasen-Jahres (1135 n. Chr.) in der Morgendämmerung.

Bei seinem Hinscheiden ward das Versinken des physischen Körpers in dem Reich der ewigen Wahrheit[87] offenbar, und die Devas und Dakini zeigten größere und herrlichere Wunder als je zuvor; viele der Versammelten sahen diese Erscheinungen. Der wolkenlose Himmel schien von den Farben des Regenbogens erfüllt, die sich von einem Hintergrund geometrisch angeordneter Zeichnungen abhoben; in ihrer Mitte verschieden farbige vier- und achtblättrige Lotosblumen. Auf den Blättern waren wunderbare Mandalas, mystische Kreise gezeichnet, schöner als sie je die Hand des begabtesten Künstlers hätte entwerfen können. Am Horizont standen wunderbar gefärbte Wolken, die die Formen von königlichen Schirmen, Bannern, Vorhängen, Tüchern und anderen Opfer-Gegenständen annahmen. Reicher Blumenregen fiel herab. Wolken in verschiedensten Farben und wie Stupas geformt erhellten die Spitzen der Berge und jede von ihnen neigte sich gen Chubar. Wunderbare Melodien erklangen, von himmlischen Gesängen zum Lobe des scheidenden Heiligen begleitet; ein köstlicher überirdisch schöner Duft durchströmte die Luft, und jeder atmete ihn ein. Himmlische Wesen, Devas und Dakani, die Opfergaben in Händen hielten, als wollten sie Jetsün willkommen heißen, wurden von vielen der Menschen gewahrt. Und noch wunderbarer war es, daß die Menschen sich nicht vor dem Anblick der unbekleideten Devas schämten, und die himmlischen Wesen sich nicht von dem unerfreulichen Geruch der Menschen abgestoßen fühlten. Götter und Menschen kamen zueinander und grüßten sich in freier Gemeinschaft. Für diese Augenblicke wurden sie in das goldene Zeitalter des Sat-Yuga zurückgeführt.

Die Leute von Nyanam, die von dem Tode Jetsüns gehört hatten, kamen sogleich nach Chubar und machten den Schülern und Laien von Brin den ehrenden Vorschlag, den Leichnam in Nyanam zu begraben. Doch der Vorschlag wurde zurückgewiesen. Da baten die Leute von Nyanam, man möge mit der Beerdigung warten, bis alle Getreuen aus Brin zusammengerufen seien, damit sie noch ein letztes Mal den verstorbenen Guru sehen könnten. Diese Bitte wurde ihnen gewährt und sie gingen nach Brin und brachten eine Menge Menschen zurück, die die Überreste ihres Guru gewaltsam forttragen sollten. Ein Streit schien unvermeidlich; da aber traten die ersten Schüler dazwischen und sprachen: »Ihr Männer von Nyanam und Brin, ihr alle habt an Jetsün geglaubt und seid seine Jünger geworden. Da Jetsün nun in Chubar gestorben, steht es uns nicht zu, seinen Körper in Nyanam zu verbrennen. Ihr Leute aus Nyanam bleibt hier bis die Bestattung vorüber, dann sollt ihr einen gebührenden Anteil an den Reliquien der Asche empfangen.« Die Leute von Nyanam aber hielten sich für die mächtigsten und an Zahl überlegen; darum versuchten sie, den Leichnam mit Gewalt fortzutragen, als ein Deva aus den himmlischen Höhe erschien und in der Stimme Jetsüns sang:

Ihr Schüler, die ihr hier vereint,
Ihr Laien, die ihr an der Leiche zerrt,
Hört meinen Urteilsspruch:
Ein Deva-Schüler Jetsüns bin ich,
Und Friede soll mein Rat euch bringen.
Der Menschen bester, Milarepa,
Im ungebor'nen Dharma-Kaya versenkt er seinen Geist.
Und außerhalb des Geists ist keine wahre Form.
Auch Milarepas ird'sche Form versank im Dharma-Kaya;
Drum sinnlos über seinen Leichnam hier zu streiten,
Wenn ihr das wirklich Hinterlass'ne nicht empfingt.
Nur Toren streiten über Milarepas Leib,
Doch kaum wird er durch Streit erworben.
Drum betet voller Demut und im Glauben.
Das Bitten aus des Wesens tiefsten Tiefen,
Läßt aus der Gnade guter Wünsche Grenzenloses wachsen,
Wenn auch der Dharma-Kaya ungeboren bleibt.
Und jeder wird an Hinterlassenschaft empfangen,
So wie ein jeder es verdient.

Nach diesem Lied verschwand der Deva einem Regenbogen gleich; und die Schüler waren so tief erfreut, als hätten sie noch einmal ihren geliebten Guru geschaut. Sie ließen ab vom Streit und vereinten sich im Gebet.

So gewahrten die ersten Schüler und Leute aus Brin einen Leichnam Jetsüns in ihrem Kreise; doch auch die Leute aus Nyanam erblickten einen in ihrer Mitte. Sie nahmen ihn und begruben ihn in der Düt-dül Höhle von Lapchi auf dem Felsen, der »Adlers Ei« heißt. Auch diese Bestattung wurde von wunderbaren Erscheinungen begleitet: Regenbogen erhellten den Himmel, Blütenregen fiel zur Erde, himmlischer Duft erfüllte die Luft; und überall in Lapchi und Chubar erklangen himmlische Melodien.

Der Leichnam in Chubar wurde von den ersten Schülern und Laien bewacht. Ununterbrochen sprachen sie in hingebendem Eifer Gebete, bis zum siebenten Tag. Da sahen sie einen Heiligenschein von strahlendem Glanz dem Leichnam wie einem himmlischen Wesen entsteigen, und der Körper war nicht mehr größer als der eines achtjährigen Kindes.

Nun sprachen die ersten Schüler: »Rechung scheint nicht mehr zu kommen. Wenn wir die Verbrennung noch länger verschieben, wird nichts mehr von dem Körper übrig bleiben. So werden wir unseren Anteil an den Reliquien verlieren und nichts mehr zur Verehrung behalten. Darum wollen wir die Verbrennung sofort vollziehen.«

Alle stimmten zu, und jeder warf noch einen letzten Blick auf das verblichene Antlitz, dann errichteten sie einen Scheiterhaufen auf einem Felsblock, von dem aus Jetsün wie von einem Thron am Fuße der Brilchen Höhle gepredigt hatte. Dorthin wurde der Leichnam mit großem Gefolge getragen, und ein Mandala wurde in Farben auf die Erde gezeichnet. Die Opfergaben der himmlischen Wesen zu dieser Beerdigung waren weit zahlreicher als die der irdischen Jünger, die ihre Gaben voller Bescheidenheit nach bestem menschlichen Vermögen brachten. Noch vor Anbruch des Tages sollte das Feuer an den Scheiterhaufen gelegt werden. Doch sie vermochten ihn nicht zu entzünden. Gleichzeitig aber erschienen fünf Dakini aus einer von Regenbogen umstrahlten Wolke und wiederholten den Befehl des Meisters, seinen Leichnam nicht zu berühren, bis Rechung käme.

Darauf sprach Ngan-Dzong-Tönpa: »Der Befehl, daß niemand die übriggebliebene Hülle des Herrn berühren darf, bis Rechung erscheint, stimmt mit den Worten der Dakini überein. Doch da wir nicht wissen, ob Rechung erscheinen wird, auch wenn wir die Bestattung des heiligen Leichnams noch weiter hinausschieben, so scheint es möglich, daß er entschwindet, ohne einen greifbaren Überrest zurückzulassen.« Doch Shiwa-Wöd-Repa antwortete: »Alles stimmt überein: Jetsüns Befehl, der Dakini Sang und der Scheiterhaufen, der sich nicht entzünden läßt. Darum wird Rechung bestimmt bald kommen, und bis dahin wollen wir beten.« So fuhren sie im Beten fort.

Zu jener Zeit weilte Rechung im Kloster Loro-Döl. Eines Nachts, es war eben nach Mitternacht, hatte er einen Traum von hellsichtiger Schau, während er sich in einem Zustand ungetrübten überbewußten Schlafes befand. Er sah ein strahlendes Chaitya, einen Reliquienschrein aus Kristall in Chubar stehen, und sein Strahlenglanz erfüllte die Himmel. Dakini wollte ihn forttragen, und die Brüder im Glauben und Laienschüler des Jetsün, von vielen anderen menschlichen und einer Schar himmlischer Wesen unterstützt, halfen ihnen dabei. Die Himmel schienen von der Menge erfüllt, und alle sangen und brachten ihre Verehrung dar. Unbeschreiblich wunderbar und zahllos waren diese Opfergaben. Auch er verneigte sich vor dem Reliquienschrein. Dann sah er Jetsün sich aus dem Chaitya beugen und hörte seine Stimme: Mein Sohn Rechung, du bist nicht gekommen, als ich dich darum bat. Und doch freue ich mich, dich wiederzusehen. Wahrhaft tröstlich ist dieses Zusammentreffen von Vater und Sohn. Da wir aber nicht wissen, ob wir uns bald wiedersehen werden, wollen wir dies seltene Vergnügen ganz auskosten und über geeignete Fragen sprechen. Dabei streichelte er voll Liebe und Güte Rechungs Kopf. Und eine seltene Glückseligkeit, tiefe Liebe und Gläubigkeit durchströmten ihn, wie er sie nie zuvor gegen Jetsün empfunden. In diesem Augenblick wachte er auf. Er erinnerte sich an alles, was Jetsün früher zu ihm gesprochen, und es kam ihm der Gedanke, ob dies nicht ein Zeichen war, den Tod des Guru zu künden. Dieser Gedanke erweckte ein Gefühl tiefer Gläubigkeit in ihm, und er neigte sich im Gebet. Da erfaßte ihn eine unbezähmbare Sehnsucht und drängte ihn, Jetsün sofort zu suchen, wenn auch noch nicht der verheißene Augenblick gekommen war. Da wurden zwei Dakini am Himmel sichtbar, die zu ihm sprachen: »Rechung, wenn du dich nicht eilst, um deinen Guru zu sehen, wird er im heiligen Reich entschwunden sein, und du wirst ihn in diesem Leben nicht mehr schauen. Zögere nicht länger.« Nach diesen Worten ward der Himmel vom Glanze der Regenbogen erfüllt. Von dieser Schau tief erschüttert und in großer Sehnsucht nach seinem Guru, machte sich Rechung sofort auf den Weg. Es war gerade die Zeit, da die Hähne von Loro-Döl krähten.

Dank seinem Vertrauen zu dem Guru und der Beherrschung der Atemvorgänge durcheilte Rechung an einem Morgen eine Entfernung von zwei Monatsreisen auf dem Esel und erreichte bei Tagesanbruch die Spitze des Passes zwischen Tingri und Brin, die Pozele genannt wird. Während er hier für einen Augenblick rastete, sah er die auffallende Klarheit des Himmels und das ungewöhnliche Spiel der Regenbogen und andere wunderbare Erscheinungen, die die Spitzen der Berge und das ganze Himmelszelt erhellten und in ihm Freude und Trauer zugleich erweckten. Er sah auch die unzähligen Scharen von himmlischen Wesen, Göttern und Göttinnen, die zahllose Opfergaben trugen und sich in Verehrung und tiefem Gebete gen Lapchi neigten und fragte sie nach der Bedeutung dieser Zeichen. Da antworteten ihm die Göttinnen: »Wo hattest du deine Augen und Ohren, Mann, daß du nach diesen Erscheinungen fragst? Sie werden offenbar, weil Jetsün Mila-Zhadpa-Dorje, der auf Erden geweilt und von Götter und Menschen verehrt ward, nun in heiligere und reinere Bereiche hinübergleitet. Darum huldigen ihm diese himmlischen Wesen, die den heiligen Dharma ehren; und alle Menschen, die in Chubar versammelt sind, bringen ihm ihre Verehrung dar.«

Als Rechung diese Worte hörte, empfand er einen so tiefen Schmerz, als würde sein Herz aus dem Körper gerissen, und er lief, so schnell er konnte. Da er sich Chubar nahte, sah er auf einem Felsblock, der wie der unterste Teil eines Reliquienschreines geformt war, Jetsün, der auf ihn wartete, ihn herzlichst begrüßte und zu ihm sprach: »Ist mein Sohn Rechung endlich gekommen?« Dabei strich er ihm liebevoll über das Haupt, wie es Rechung im Traume geschaut. Überglücklich in dem Gedanken, daß Jetsün nicht entwichen war, legte Rechung die Füße des Guru auf sein Haupt und betete inbrünstig. Jetsün antwortete auf all seine Fragen und sprach zu ihm: »Mein Sohn Rechung gehe langsam voran, ich will deinen Empfang vorbereiten.« So ging Jetsün voraus und war im Augenblick nicht mehr zu sehen.

Als Rechung Chubar erreichte, sah er vor der Höhle, in der Jetsün früher gewohnt, alle Schüler und Laien-Anhänger um seinen Leichnam versammelt. Sie waren von Trauer erfüllt und brachten in vielerlei Handlungen ihre Verehrung dar. Einige der jüngsten Schüler Jetsüns, die Rechung nicht kannten, verweigerten ihm den Zugang zu dem Leichnam. Hierüber tief betrübt, sang Rechung in seiner Qual diese Hymne der sieben Arten des Opfers an seinen Guru:

Verkörperung des ew'gen Buddha, Herr,
Du Zuflucht aller lebend Wesen,
In deiner großen Liebe, Herr, und Weisheit,
Hörst du die Klagen des Verzweifelten,
Der zu dir ruft, ich Rechung-Dorje-Tagpa?
Aus Not und Elend rufe ich zu dir.
Oh, schenke Liebe und Erbarmen,
Mich zu behüten, deinen Sohn;
Denn keinem gleich bedarf ich ihrer.
Dein Angesicht zu sehen, floh ich zu dir, Vater.
Das Schicksal doch verwehrte diese Gunst dem
          unglücksel'gen Sohn.
So sende deine Liebe, Vater mir und Gnade.
Zu dir, du liebevoll Allwissender,
Des gestern, heut und morgen ew'ger Buddha, Herr,
Fleh' im Gebete ich als demutvoller Bettler.
Getreulich deinem Rat verehr' ich dich und flehe:
Vergib die Sünden meines gottlos' Zweifelns, meine
              Ketzerei.
Voll glühender Bewund'rung deines großen edlen Tuns,
Fleh' ich, daß nie zu drehen du erlahmst,
Des mystisch heil'gen Dharma rollend Rad.
Verdienste all aus Andacht und Versenkung,
Ich weih' sie Jetsün deiner Seligkeit.

So nimm dies Opfer an,
Und laß mich schau'n dein ewig Sein.
Groß war ich einst in deiner Gunst,
Jetzt wehe, fehlt mir selbst die Kraft, zu schauen deinen Leib.
Fehlt mir zum Anschaun deiner wirklichen Gestalt die Stärke,
Begnadet wär' ich schon, erschaute ich dein ewig Sein.
Und seh' ich einst dein ewig Sein,
Ob wirklich oder in der Hellsicht Schau,
Dann gib die kostbar selt'nen Lehren mir,
Mein kritisch Zweifeln im Versteh'n der zwiefach Lehr' zu überwinden.
Wenn du, Allwissender, dich nicht erbarmst
Des Sohnes Flehen, wen erhörst du dann?
Entzieh mir, Vater, nicht das Wunder deiner Gnade,
Aus deinem unsichtbaren Reich schau gnädig du zu mir.
Du Wissender um die drei Zeiten,
Erbarm dich mein, der angstvoll zu dir ruft.
Mit der göttlichen Weisheit fünf Tugenden, Vater behüte mich,
Mich, Rechung, der ich getrunken das Gift der fünffachen Gier.
Der fühlenden Wesen aller erbarme du dich,
Vor allem erbarme dich meiner, o Herr.

Als Rechung dieses aufrichtige, trauervolle Gebet gesprochen, und seine klare Stimme den Leichnam erreicht hatte, wurde die Farbe des verblichenen Leichnams noch einmal hell, der Scheiterhaufen entzündete sich und das Feuer lohte hell auf. Zur selben Zeit kamen Shiwa-Wöd-Repa, Ngan-Dzong-Tönpa, Seban-Repa und andere Glaubensbrüder und weibliche Laienschüler, um Rechung willkommen zu heißen. Er aber war so tief verletzt, daß die Schüler, die ihn nicht kannten, sein Herantreten an den Leichnam verhindert hatten, daß er vor Beendigung seiner Gebetshymne nicht nähertreten wollte. Rechungs Glaube aber war so groß und aufrichtig, daß Jetsün, der schon in den Zustand des reinen Lichts eingegangen war, seinen Leichnam wieder zum Leben erweckte und zu den jüngsten Schülern sprach: »Oh, ihr jungen Schüler, handelt nicht wie eben. Ein Löwe ist besser als hundert Tiger. Und ein solcher Löwe ist mein Sohn Rechung. Laßt ihn herantreten.« Und zu Rechung sprach er: »Nimm es dir nicht so zu Herzen, mein Sohn Rechung, sondern tritt näher zu deinem Vater.«

Zuerst erschrak jeder der Anwesenden vor diesem Wunder, dann aber wurden sie alle von einer großen Seligkeit erfüllt. Rechung selbst berührte Jetsün, und Tränenfluten brachen aus seinen Augen. Eine so unmäßige Freude und zugleich tiefe Trauer erfaßte ihn, daß er ohnmächtig zusammenbrach.

Als Rechung wieder zu sich kam, waren alle Schüler und Anhänger um das Krematorium versammelt, und Jetsün war in dem unzerstörbaren Körper[88] auferstanden, in den der geistige Körper und der Körper der Erscheinungen zugleich versinken. Die Flammen des Scheiterhaufens nahmen die Form von einer achtblättrigen Lotosblume an, und in ihrer Mitte saß Jetsün wie die Staubfäden der Blüten in halberhobener Stellung auf seinen Knien, und seine in redender Haltung erhobene Rechte hielt die Flammen nieder. »Höret den letzten Willen dieses alten Mannes«, so erklang seine Stimme; und als Antwort auf Rechungs Gebet und als letzte Lehre an seine Schüler sang er diese Hymne über die sechs wesentlichen Befehle inmitten des Scheiterhaufens, die linke Hand gegen die Wange gepreßt; und seine göttliche Stimme drang aus dem unzerstörbaren Leibe:

Rechung, mein Sohn, du meinem Herzen nah,
Die Hymne hör, den Nachlaß meiner Wünsche:

Der große Sünder im Sangsara-Meere der drei Welten
Des Fleisches Körper ist's, der unbeständige,
Der gierig Kleid und Essen sucht,
Und ruhelos sich müht in ird'schem Tun:
Drum meide, Rechung, alles irdisch Ding.

Der große Sünder in vergänglich körperhaften Formen
Ist der nicht wirkliche Verstand,
Der aller Form aus Fleisch und Blut verfallen,
Der Wirklichkeit Natur nie finden kann:
Drum, Rechung, unterscheid' des Geistes wahres Wesen.

Der große Sünder an der Scheide von Verstand und Leib,
Das selbstgeschaff'ne Wissen ist's,
Das plötzliche Vernichtung immer fürchtend,
Der ungeschaffenen Erkenntnis wahres Wesen nie erfährt:
Drum bleibe, Rechung, in dem Schutz des Unerschaffenen.

Der große Sünder an der Scheide dieses und des künft'gen
Lebens,
Das aus sich selbst entstandene Bewußtsein ist's,
Das auf der Suche stets nach andrer Form,
Der Zeit ermangelt, Wahrheit wirklich zu erfahren:
Drum suche, Rechung, du der ew'gen Wahrheit Wesen.

Der große Sünder der sechs täuschungsreichen Daseinsbereiche
Ist Sünd' und Finsternis aus bösem Karma,
Worin das Wesen sich nach Wunsch und Neigung richtet,
Und nie zur ausgeglich'nen Ruhe finden kann:
Drum fliehe Rechung Wunsch und Neigung.

In einer jener unsichtbaren Himmelswelten
Hat Buddha, der Vollendete, in Zwiesprach wohl erfahren,
Viel feingedrechselt' Scheinwahrheit zerstört,
Und keiner kann der Wahrheit Wesen dort erfahren:
Drum meide, Rechung, kunstreich' Zwiesprach du.

Dakinis, Devas, Gurus, sie verbinde
Zu einem Ganzen und verehre sie.
Des Suchens Ziel, die Übung und Versenkung,
Verbind' zu einem Ganzen und erleb' dies Wissen.
Dies Leben und das nächste und den Zwischenzustand,
Als Eines schau' und halte fest daran.

Dies meiner Lehren letzte, auserwählte,
Der Schlüssel meines Erbes dies;
Nicht andre Wahrheit, Rechung, gibt es sonst,
In ihr, Sohn, finde tätiges Verstehen.

Nach diesen Worten versank Jetsün wieder in das reine Licht. Da nahm der Scheiterhaufen die Form eines breiten viereckigen Hauses an, mit vier Eingängen und Verzierungen. Ein strahlender Regenbogen umgab es wie ein Heiligenschein mit leuchtenden, wehenden Fahnen von buntem Licht. Dächer und Kuppeln wurden sichtbar; Banner und Fahnen, Schirme, Wimpel und verschiedene Verzierungen flatterten darauf. Die Flammen selbst nahmen zuunterst die Form von achtblättrigen Lotosblüten an, die sich kräuselten und sich in verschiedensten Zeichnungen auseinanderfalteten, wie in die acht Glückszeichen; und zuoberst bildeten sie die sieben königlichen Zeichen.[89] Selbst die Funken nahmen die Gestalt von Göttinnen an, die Opfergaben der Verehrung darbrachten. Das Knistern der Flammen klang wie das melodische Tönen von Musikinstrumenten, wie Geigen, Flöten und Tamburine. Der Rauch verbreitete den süßen Duft des Weihrauchs, und seine Wirbel nahmen Regenbogenfarben und die Form von königlichen Schirmen und Bannern an. Der Himmel über dem Scheiterhaufen war erfüllt von himmlischen Wesen, die Gefäße mit Nektar trugen und sie in Schauern herabschütteten. Andere trugen himmlische Nahrung und Getränke, Salben und Wohlgerüche, köstlichste Dinge, die die fünf Sinne erfreuen; und jeder der dort versammelten Menschen wurde damit ergötzt. Wenn auch die hier vereinten Schüler denselben Scheiterhaufen gewahrten, so erschien doch der Leichnam selbst dem einen als Hevajra, dem anderen als Cakrasamvara, dem dritten als Guhyasamaja und dem vierten als Shridevi. Und sie alle hörten die Dakini eine Hymne anstimmen.

Darob dämmerte der Abend. Das Feuer des Scheiterhaufens war niedergebrannt und das Krematorium wieder leer. Die Menge konnte von allen Seiten hindurchsehen. Als die Schüler hineinschauten, erblickten einige einen großen leuchtenden Stupa, und andere sahen Hevajra, Cakrasamvara, Guhyasamaja und Shridevi. Wieder andere sahen religiöse Zeichen wie Dorje, Glocke, heilige Wassergefäße und anderes mehr, während noch andere Buchstaben sahen, die zu Bija-mantras[90] geformt waren. Einige sahen auch einen Strahlenglanz in dem Krematorium, wie von leuchtendem Gold; dagegen gewahrten dort andere einen Wasserteich, andere brennendes Feuer, und wieder andere sahen nichts. Nun öffneten die Schüler das Krematorium, um die Asche schneller abzukühlen; und in höchster Erwartung der kostbaren Reliquien schliefen sie diese Nacht, das Haupt gegen das Verbrennungshaus gewandt. Früh am Morgen träumte Rechung, daß fünf, wie himmlische Yogini gekleidete Dakini in seidenen Gewändern, mit Knochen und kostbaren Verzierungen geschmückt, ihre Verehrung am Scheiterhaufen erwiesen und Opfergaben brachten. Sie waren von vielem Gefolge in den verschiedensten zarten Farben, in gelb, rot, grün und blau begleitet. Die fünf ersten Dakini trugen eine Lichtkugel aus dem Verbrennungshaus heraus. Einen Augenblick blendete ihn dieser Anblick, dann schien es ihm, als ob die Dakini Asche und Reliquien fortgenommen hätten, und er ging hin, um nachzusehen. Da flogen alle Dakini davon. Er rief seine Glaubensbrüder und trat in das Krematorium. Dort sahen sie, daß Asche und Knochen vollkommen fortgefegt waren. Nicht ein kleinstes Staubkörnchen oder Aschenrestchen war übriggeblieben. Da wurde Rechung sehr traurig, und er wandte sich an die Dakini und bat sie um einen Teil der Reliquien zum Segen der Menschheit. Die Dakini aber sprachen zu ihm: »Ihr, die ersten Schüler habt die schönste Reliquie empfangen; denn ihr habt die Wahrheit erhalten, durch die ihr den Dharma-Kaya in eurem eignen Innern fandet. Genügt euch dies nicht und wollt ihr noch andere, dann betet aufrichtig zu Jetsün; vielleicht gewährt er euch mehr. Die anderen Menschen aber haben Jetsün nicht stärker als einen Leuchtkäfer verehrt, obgleich er wie Sonne und Mond strahlte. Deshalb verdienen sie keine Reliquien; sie gehören uns allein.« Nach diesen Worten verharrten die Dakini unbeweglich am Himmelszelt, und die Schüler erkannten die Wahrheit ihrer Worte und beteten also:

O Herr, da du zu deines Guru Füßen,
Voll Treu und Eifer dem Befehl gehorchtest,
Empfingest aller heil'gen Lehren auserwählte Wahrheit du.
Gib deine heiligen Reliquien gnädig und,
Des Segens und des Glaubens Zeichen den Erwählten,
Zur Hilfe allen lebend Wesen in dem geist'gen Streben.

O Herr, da du allein in ferner Hügel-Einsamkeiten
Voll Eifer und Entschlossenheit dich der Versenkung weihtest,

Die wunderbaren Kräfte wuchsen dir,
Die deinen Ruhm durch alle Welt verbreitet.
Gib deine heiligen Reliquien gnädig uns,
Als Zeichen der Verehrung und des Glaubens,
Für alle, die dich kannten oder deinen Namen hörten.

O Herr, da du noch weiltest unter deinen Schülern,
Gewährtest jedem Gnade du und Segen.
Aus dir erstrahlte Wissen und der Zukunft Bild,
Und deine Schüler halfen dir in deiner allumfassend, mit-
                                        leidsvollen Güte.
Gib deine heiligen Reliquien gnädig uns,
Als Zeichen und Verehrung und des Glaubens,
All deinen Schülern, denen Karma hilft.

O Herr, da unter vielen du der Größte,
Von Lieb und Jubel warst umgeben,
Erlösung und den Weg da gabst du allen,
Und mit den Leiderfüllten hattest du Erbarmen.
Gib deine heiligen Reliquien gnädig uns,
Als Zeichen der Verehrung und des Glaubens,
All jenen, die des Eifers und des Willens bar.

O Herr, da du den trugvoll' Körper abgestreift,
Das göttlich' Sein, Vollendeter, erreichtest,
Hast du das Weltall in der Wahrheit Leib verwandelt,
Und bist zum Herrn geworden heiligster Dakini.
Gib deine heiligen Reliquien gnädig uns,
Als Zeichen der Verehrung und des Glaubens,
All deinen Schülern, die wir hier vereint.

Nach diesem trauervollen Gebet senkte sich aus einer Lichtkugel eine leuchtende Reliquie herab, die in den Händen der Dakinis lag und einem eigroßen Kreise glich. In einem Lichtstrahl schwebte sie unmittelbar über dem Scheiterhaufen. Alle Schüler streckten ihre Hände begierig aus, um sie zu fassen, und für sich zu behalten. Doch die Reliquie schwebte wieder zum Himmel zurück und ward in dem Lichtkreis aufgelöst, den die Dakini noch in Händen hielten. Dann teilte sich diese Lichtkugel selbst; ein Teil wurde zu einem von

Löwen getragenen Lotosthron, auf dessen Oberfläche eine
Sonnen- und Mondscheibe[91] lag. Der andere Teil löste sich
in einen klaren, durchsichtigen Stupa aus Kristall von etwa
einer Elle Höhe auf. Dieser Stupa sandte leuchtende, fünffarbige Strahlen aus, deren Enden von einem Bild des
Buddha aus der Reihe der tausendzwei Buddhas geschmückt
waren. Strahlen mit all diesen Buddhas umgaben den Reliquienschrein. Die vier Stufen am Ende des Schreins wurden
von Bildern der Schutzgottheiten aus den vier Klassen der
Tantras[92] geschmückt. Im Innern des Stupas war ein handhohes Bild Jetsüns von Bildern der Dakinis umgeben, die sich
in Ehrfurcht verneigten. Zwei Dakini, die den Reliquienschrein bewachten und ihn verehrten, sangen folgende
Hymne:

Ihr Söhne Deva-Kyong und Shiwa-Wöd,
Ngan-Dzong-Tönpa, ihr andern all
Im Baumwolltuch erhabenster Bestimmung Schüler,
In wahrem Glauben, tiefem frommem Eifer,
Habt eures geist'gen Vaters Namen ihr gerufen,
Und habt gebeten ihr um ein Reliquienstück,
Als Zeichen der Verehrung und des Glaubens.
Des Glaubens Kraft und eurer Bitten Eifer,
Schuf euch ein Bild, Verkörperung der Tugend des Tri-
Kaya,
Des Anblick schon vom Rad des Werdens und Vergehens
rettet,
Und Buddhaschaft bringt dem, der daran glaubt:
Den Dharma-Kaya, eine runde Kugel sein Symbol.
Als heilige Reliquie in der Form des Eis.
Ein Zeichen der Verehrung jedem lebend Wesen,
Nicht Eigentum des Einzelnen, wenn alle ihn auch suchen.
Denn wie sollt' im Besitze der Gemeinen er verharren?
Doch betet ihr noch einmal voller Inbrunst,
Soll seine Gnade und sein Segen unvermindert währen:
So aller Buddhas heiligstes Versprechen.
Cakrasamvara, geeint mit der heiligen Mutter, die Schützer
Mit Totenschmuck geziert aus Menschenknochen,
Von der Heroen und Yogini Schar umwallt,
Erfüllen alle Himmel nun in kostbarer Vereinung.

All diese Götter, Körper der Sambhoga-Kaya Weisheit,
Unmittelbar verleihen ihre Macht und Kräfte euch.
Und betet ihr voll Inbrunst nun zu ihnen,
Soll ihre Gnade und ihr Segen unvermindert währen:
Dies der Dakini heiligstes Versprechen.
Dank Buddhas Güte, der des Dharma-Kaya Selbst,
Ist voll der Gnade die Verehrung mancher Kostbarkeit;
Der Schrein, Kristall von einer Ellenlänge,
Und tausend Buddhabilder, die aus Stein ihn schmücken,
Die tantrischen Gottheiten der vier Ordnungen,
Sie alle sind voll wundertät'ger Macht.
Und betet voller Inbrunst ihr in eines Zieles Sinn,
Soll dieser Güte Tugend unvermindert währen:
Dies ist aller Schützer heiligstes Versprechen.
Der Guru, ungeteilter Leib des Tri-Kaya,
Sich offenbart in jeder Form durch überird'sche Kraft.
Kaum faßbar ist sein Offenbaren
In diesem kleinsten wundertät'gen Werk.
Erhebt zu ihm ihr tiefsten Glauben, innigst Beten
Und Flehen aus des vollsten Herzens Tiefen,
Wird seine segensvolle Gnade unvermindert währen:
Vertrauet dem Versprechen aller großen Yogi.
Und bleibt ihr stark im Glauben an dies alles,
Wird solchen Glaubens Tugend euch voll Segen sein.
Könnt ihr euch ganz der Einsamkeit ergeben,
So scharen die Matrika[93] und Dakini sich um euch.
Ist wahrhaft ernst die Übung frommen Strebens,
Des rascheren Erfolgs im Yoga seid ihr dann gewiß.
Und kennt ihr keinen Wunsch mehr nach Behagen,
Daß ihr die bösen Triebe ausgelöscht, ist dann gewiß.
Seid ihr dem Selbst und weltlich' Gut nicht mehr verhaftet,
Daß Mara ihr und böse Geister habt besiegt, ist dann gewiß.
Und gilt euch kein Unterschied mehr von Glaub und Kaste,
Daß Ziel und Einsicht dann die rechten, ist gewiß.
Ist euch Sangsara und Nirvana gleicherweise Leere,
Daß richtig die Versenkung, ist gewiß.
Entströmen eurem Herzen ganz natürlich Will' und Eifer,
Daß euer Handeln richtig, ist gewiß.
Gibt euer Guru euch prophetisch' Weisung,
Daß ihr in wahrem Glauben seid, ist dann gewiß.

Wird euch die Kraft zum Dienst an allen lebend Wesen,
Daß der Erfolg der rechte, ist gewiß.
Sind eines Herzens Guru und die Schüler,
Daß die Verbindung recht, ist dann gewiß.
Gemeinsam treuen Glauben und Erfahrung, innern Frieden,
Laßt euren Anteil sein an den Reliquien.

Nach dieser Hymne hielten die Dakini noch immer den Stupa hoch über die Erde, um den ersten Schülern seinen Anblick zu gewähren. Dann stellten sie den Schrein auf einen Thron aus kostbaren Metallen und Edelsteinen, um ihn an einen anderen Ort zu tragen. Als sie gerade entschwinden wollten, flehte Shiwa-Repa zu den Dakinis, sie mögen den Stupa in der Obhut der Schüler als Gegenstand der Verehrung für alle menschlichen Wesen zurücklassen. Und er sang zu ihnen diese Hymne:

O Vater, der in menschlicher Gestalt du kamst, der Welt zu dienen,
Du gottbegnadet Yogi der Sambhoga-Kaya Ordnung,
Der unsichtbare Sphären du durchstrahlst, der Wahrheit Quell;
Zu dir, der du allwirklich bist, geht unser Flehen:
Die heilige Reliquie sende uns aus der Dakini Händen,
Uns, deinen Schülern und Getreuen hier auf Erden.

O Herr, im Kreis der andern Yogi, die vollendet,
Ein Schrein aus reinstem Gold erstrahltest du,
Ein Yogi warst du unausdenkbar, ohne Gleichen,
O Herr du des entsagend Leben unser Flehen höre:
Die heilige Reliquie sende uns aus der Dakini Händen,
Uns, deinen Schülern und Getreuen hier auf Erden.

O Herr, im Dienste deines heil'gen Lehrers,
Der Wolle glichst du eines zarten Lamms.
Du Yogi, dienstbereit und voller Hilfe,
Herr der Barmherzigkeit, hör unser Flehen:
Die heilige Reliquie sende uns aus der Dakini Händen,
Uns, deinen Schülern und Getreuen hier auf Erden.

O Herr, da du entsagtest weltlichen Gelüsten,
War Weisheit in dir, Fürst der Weisen.
O Yogi du, unwandelbar im Wollen,
Des großen Mutes Herr, hör unser Flehen:
Die heilige Reliquie sende uns aus der Dakini Händen,
Uns, deinen Schülern und Getreuen hier auf Erden.

O Herr, da du in deinen Lehren glühend warst versunken,
Glichst du der Tigerin, die Menschenfleisch verschlingt.
Du Yogi allen Zweifeln weit entrückt,
Du Meister mächtiger Beharrlichkeit, hör unser Flehen:
Die heilige Reliquie sende uns aus der Dakini Händen,
Uns, deinen Schülern und Getreuen hier auf Erden.

O Herr, da du die Wildnis hast durchwandert,
Du glichest härtestem Gestein;
Ein Yogi warst du, der Veränderung nicht unterworfen.
Der allem Scheine du entsagst, hör unser Flehen:
Die heilige Reliquie sende uns aus der Dakini Händen.
Uns, deinen Schülern und Getreuen hier auf Erden.

O Herr, da deine Wunderkräfte du bewiesen,
Du glichst dem Löwen, glichst dem Elefanten:
Ein Yogi warst du, furchtlos, stark im Geist.
Du ohne Furcht, hör unser Flehen:
Die heilige Reliquie sende uns aus der Dakini Händen.
Uns, deinen Schülern und Getreuen hier auf Erden.

O Herr, da Lebenswärme du gewannst und wirkliches Erfahren,
Des Mondes voller Scheibe glichest du;
Die ganze Welt umfaßt dein helles Strahlen.
Der du entsagtest aller Gier, hör unser Flehen:
Die heilige Reliquie sende uns aus der Dakini Händen.
Uns, deinen Schülern und Getreuen hier auf Erden.

O Herr, da Schutz du warst den auserwählten Schülern,
Ihr glichet Feuerspiegel da und Sonnenball,
Und du, o Yogi, schufst der Siddhikräfte Meister.
Allgütiger, hör unser Flehen:

Die heilige Reliquie sende uns aus der Dakini Händen.
Uns, deinen Schülern und Getreuen hier auf Erden.

O Herr, da irdisch Gut dir wurde,
Du glichst den Tropfen flüssigen Metalls;
Und unberührt bliebst du von der gemeinen Gier.
Der du bist ohne Fehl, hör unser Flehen:
Die heilige Reliquie sende uns aus der Dakini Händen.
Uns, deinen Schülern und Getreuen hier auf Erden.

O Herr, da der Versammlung Haupt du warst,
Du glichst der Sonne, die die Welt erhellt,
Und gabst Erleuchtung allen, großer Yogi.
O Weiser, du Allwissender, hör unser Flehen:
Die heilige Reliquie sende uns aus der Dakini Händen.
Uns, deinen Schülern und Getreuen hier auf Erden.

O Herr, da diese Welt dich einst erblickt,
Es war, als ob sich Sohn und Mutter träfen;
Und alles, Yogi, tatest du zu ihrem Wohl.
Du über alles Liebender, hör unser Flehen:
Die heilige Reliquie sende uns aus der Dakini Händen,
Uns, deinen Schülern und Getreuen hier auf Erden.

O Herr in deinem Eingang zu der Götter Reich,
Du glichst der Wohltat köstlichem Gefäß;
Und alles Wünschen, Yogi, hast du da gestillt.
O du Vortrefflicher, hör unser Flehen:
Die heilige Reliquie sende uns aus der Dakini Händen,
Uns, deinen Schülern und Getreuen hier auf Erden.

O Herr, da du der Zukunft Weisung gabst,
Du glichst dem reinen makellosen Sänger;
Und nie, o Yogi, war ein Falsch in deiner Weisung.
Der die drei Zeiten du erschaust, hör unser Flehen:
Die heilige Reliquie sende uns aus der Dakini Händen,
Uns, deinen Schülern und Getreuen hier auf Erden.

O Herr, da eine Wohltat du gespendet,
Wie glichst dem Vater du, der seinen Sohn beschenkt;

Und nichts, o Yogi, hast du dir behalten.
Du voll der Gnaden, höre unser Flehen:
Die heilige Reliquie sende uns aus der Dakini Händen,
Uns, deinen Schülern und Getreuen hier auf Erden.

Nach diesem Gebet gab die Form Jetsüns, die in dem Stupa verschlossen war, die Antwort in einem Lied, das die Verschiedenheiten zwischen den scheinbar ähnlichen Dingen so darstellt:

Du, dessen ernst und tief Gebet sich zu mir wendet,
Du durch Geschick und Glauben Auserkor'ner,
In weißem Baumwolltuche bester Schüler, hör mein Wort:

Vom allumschließend Dharma-Kaya, der von mir gelebt,
Des wahres und geheimstes Wesen Leere,
Kann keiner sich Besitzes noch Verlustes rühmen.

Da in dem Raum sich aufgelöst der ird'sche Leib,
Blieb nur dies eigestaltet Heilige zurück,
Es ward zum Stupa nun, das strahlend leuchtet;
Und aller Wesen Arbeit wird darin belohnt.
In göttlichen Bereichen wird es ewig bleiben,
Bewacht von der Dakini heiligen fünf Stufen,
Von Himmelswesen und Dakinis hoch verehrt;
Doch in der Menschenwelt müßt langsam es vergehen.

Ihr geist'gen Söhne und Getreuen habet teil daran;
Das Wissen, das im eignen Geist den Dharma-Kaya euch ließ finden.
Dies ist der Aschen und Reliquien heiligste und hehrste.
Sucht ihre Verwirklichung nun dieses Wissens,
Erkennt das täuschend Ähnliche, das Irrtum zeugt,
Erkennt es tief und wahret es im Herzen.
Das Rechte sei euch heilig; alles Unrecht weiche.

Dem Guru dienen, der vollkommen –
Dem Menschen dienen, dem das Glück nur lacht:
Wie ähnlich scheint es; achte scharf, fall nicht in Trug.

Des Geistes wahre Dämmerung der Leere –
Trugvolle Täuschungsbilder, die im Denken quellen:
Wie ähnlich scheint es; achte scharf, fall nicht in Trug.

Das Wissen von dem unbefleckten, reinen Zustand der Versenkung –
Die Freude nur an Ruh', Verzücktsein nur in ihr:
Wie ähnlich scheint es; achte scharf, fall nicht in Trug.

Die Bilder aus der tiefsten Einschau Fluten –
Die feste Meinung über Recht und Wahrheit nur:
Wie ähnlich scheint es; achte scharf, fall nicht in Trug.

Das klare Bild unwandelbaren Geistes –
Der edle Drang nur zu der Nächstenliebe:
Wie ähnlich scheint es; achte scharf, fall nicht in Trug.

Der geist'ge Segen, ewiger Verknüpfung Lösung –
Das zeitliche Verdienst mit seinen ird'schen Gütern:
Wie ähnlich scheint es; achte scharf, fall nicht in Trug.

Behütender Matrikas und Dakinis geist'ge Weisung, seherisch Befehle –
Von irreführend Geistern, Elementen-Wesen die Verlockung:
Wie ähnlich scheint es; achte scharf, fall nicht in Trug.

Das gute Werk, geboten dir von schützenden Dakinis –
Verlockung, Hemmnis, die nur Mara schafft:
Wie ähnlich scheint es; achte scharf, fall nicht in Trug.

Der makellose Ring des Dharma-Kaya –
Der Umkreis der Reliquie, die aus ird'schem Stoff:
Wie ähnlich scheint es; achte scharf, fall nicht in Trug.

Die Blüte, die verkörpert die Normana-Kaya-Reiche –
Berauschend' Blütenmeer aus allen Sinnesparadiesen:
Wie ähnlich scheint es; achte scharf, fall nicht in Trug.

Ein von den Göttern wundersam gestaltet Chaitya –
Ein Schrein, der von betrügenden Dämonen hingezaubert:
Wie ähnlich scheint es; achte scharf, fall nicht in Trug.

Der Glaube, aufgeblüht aus ewig karmischer Verknüpfung –
Ein Glaube, aufgeschreckt aus künstlich Lehrgebilden:
Wie ähnlich scheint es; achte scharf, fall nicht in Trug.

Der echte Glaube aus des Herzens tiefsten Tiefen –
Der überkomm'ne Glaube nur aus Schuld und Scham:
Wie ähnlich scheint es; achte scharf, fall nicht in Trug.

Die wahre Andacht frommen Strebens –
Die falsche Andacht nur zur Freud' des Guru:
Wie ähnlich scheint es; achte scharf, fall nicht in Trug.

Der wirkliche Erfolg aus eigenem Erfahren –
Der Scheinerfolg, den das Gerücht nur kennt:
Wie ähnlich scheint es; achte scharf, fall nicht in Trug.

Dieser Stupa hier aus der Matrika und Dakini Händen,
Er ist Symbol des Buddhareichs von gestern, heut und
morgen;
Die Halle, da Heroen und Yogini sich versammeln;
Und der Versenkung Stätte deines Guru Jetsün.
Im östlichen der Paradiese Ngön-Gah wird es nun geborgen,
Da jetzt versammelt sind
Im Reich der Seligkeiten die Dakini,
Da Bhagavan Shamvara
Lokesvhara und die Göttin Tara trifft:
In diesen seligen, gesegneten Bereichen
Stehn göttliche Dakini zur Willkommensfeier jetzt.

Willst du aus Herzens Tiefen beten zu dem heil'gen Gut
Mit Tränen, Andacht und in wahrem Sinn,
Mit der Verehrung und der Ehrfurcht stillen Opfern,
Darüber breitend eifernden Verstandes Blüten,
Und heil'ge Wasser sprengend reinen Herzens,
In wankellosem Glauben wohl behütet und beschützt,
Im Sehnen nach der eig'nen Weisheit Macht,
Dann beug dein Haupt du unter diesen heil'gen Schrein.

Während dieser Hymne trugen die Dakini den Stupa durch die Himmel und hielten ihn unmittelbar über die ersten Schüler, auf die er seine Strahlen senkte und ihnen damit seine Kraft übertrug. Die meisten von ihnen sahen die Gestalt Jetsüns durch den Stupa hindurchscheinen. Am Himmel erschienen die tantrischen Gottheiten Hevajra, Cakrasamvara, Guhyasamaja und Shridevi, gefolgt von unzähligen Scharen, die die Hauptgottheit umschwebten und dann in sie eingingen.

Zuletzt löste sich die ganze Gemeinschaft in einem Lichtkreis auf, der nach Osten entschwand. Der Stupa wurde von den Dakinis in verschiedene faltenreiche Seiden eingehüllt und sorgfältig in einen Schrein von wertvollsten Metallen gelegt. Dann wurde er unter himmlischer Musik verschiedenster Instrumente gen Osten getragen. Einige erblickten Jetsün in dem Gewand eines Sambhoga-Kaya Buddhas auf einem Löwen sitzen, dessen Füße je eine Dakini von einer Farbe (weiß, gelb, rot und grün) und Ordnung hielt. Das Halfter faßte Shridevi selbst. Viele Helden, Yogini und Dakini hielten Banner, königliche Schirme und anderen Schmuck und Gegenstände der Verehrung über ihn, während himmlische Wesen verschiedene Musikinstrumente in ihren Händen trugen. Wieder andere erblickten eine weiße Dakini, die den Stupa ostwärts trug unter einem Zelt von weißer Seide. So sahen verschiedene Zuschauer verschiedene Erscheinungen.

Die Schüler und Anhänger wurden von tiefer Verzweiflung erfaßt, weil sie keinen Anteil an den Reliquien empfangen hatten, und sie weinten laut und flehten darum. Da antwortete ihnen eine Stimme aus dem Himmel, die der Stimme Jetsüns glich, wenn auch sein Körper nicht sichtbar war: »Ihr Söhne, seid nicht traurig! Als sichtbare Reliquie werdet ihr für euch auf dem Amolika-Felsblock vier wunderbar eingeprägte Zeichen finden. Betrachtet sie voll Ehrfurcht und Glauben. Geht hin und sucht unter dem Felsblock danach.«

Sie untersuchten nun den ganzen Felsblock, auf dem die Verbrennung stattgefunden hatte, und fanden die Stelle, auf der Buchstaben sichtbar waren. Da verminderte sich ihr Schmerz über ihren Verlust an den Reliquien. Noch bis heute ist der wunderbare Reliquienstein sichtbar, und wird von allen Mönchen des Lapchi-Chubar Klosters verehrt.

Die besten von Jetsüns Schülern trauerten tief über die unvermeidliche Trennung von ihrem Guru; doch fanden sie Trost in der Hoffnung und dem Glauben, daß sie in jedem Reich, in dem Jetsün sei, zu den ersten unter seinen Schülern zählen würden. Sie waren auch überzeugt, daß Jetsüns Leben und Beispiel einen neuen Geist und Antrieb in die religiöse Welt und in alle lebenden Wesen überhaupt gebracht hätte. Und zuletzt erkannten sie, daß die besonderen Lehren und Mantras, die sie empfangen hatten, und die jeder von ihnen vollkommen erfüllen sollte, ihnen selbst und anderen zum Nutzen dienen würden.

Nun kamen sie überein, auf Jetsüns Geheiß unter dem Herd zu suchen, wenn sie auch seiner Lebensweise nach dort keine Goldvorräte vermuten konnten. Da er aber ausdrücklich von Gold gesprochen hatte, beschlossen sie, nach seinen Anweisungen zu handeln.

Als sie den Herd ausgruben, fanden sie darunter ein viereckiges Baumwolltuch, das Jetsün gehört hatte. Ein Messer war darin eingewickelt. Die Spitze des Messergriffes war eine Ahle, die Rückseite aus Stahl, um Feuer zu schlagen, und die Klinge war scharf zum Schneiden. Neben dem Messer lag ein Stück brauner Zucker und ein kleines Schriftstück, das also lautete: Kleid und Zucker, die mit Messer geschnitten werden, gehen niemals aus. Schneide so viele Streifen von diesem Tuch und Stücke von diesem Zucker ab wie möglich und verteile sie unter die Leute. Alle, die von diesem Zucker kosten und dieses Tuch berühren, werden von den niederen Daseinsstufen errettet werden. Dies waren Milarepas Nahrung und Kleidung, als er im Samadhi weilte, und alle früheren Buddhas und Heiligen segneten sie. Jedes lebende Wesen, das den Namen Milarepas hört, und sei es auch nur ein einziges Mal, wird sieben Lebenszeiten lang nicht in niederen Seinsstufen wiedergeboren werden und wird sich in sieben Lebenszeiten der früheren Leben erinnern. Dies wurde von den Heiligen und den Buddhas der Vergangenheit prophezeit. Wer aber jemals behauptet, Milarepa habe verborgenes Gold besessen, der entweiht seinen Mund.

Diese letzten Worte riefen Heiterkeit im Kreis der Schüler

hervor, wenn auch ihr Gemüt von Sorgen erfüllt war. Am Ende des Schriftstückes lasen sie noch folgende Verse:

> Die Speise, die ich, der Yogi, gegessen,
> Da ich im Zustand des Samadhi war,
> Voll großen Segens ist sie zweier Tugend.
> Wer teilhaft ist des Glückes sie zu kosten,
> Verschließt zur Neugeburt im Prete-Loka
> Für immer fest das Tor.
> Ein weißes Baumwolltuch[94]
> Um Hals und um den Körper,
> Bei der Betrachtung über Lebenswärme,
> Verschließt der heißen und der kalten Hölle Pforte.
> Der gnadenreichen Speise Essen,
> Erlöst aus den drei niedern Weltbereichen.
> Die mir geeint im frommen Streben,
> Erfahren nie mehr die Geburt in niedern Formen
> Und finden stufenweise auf dem Bodhi-Pfad das Ziel.
> Die schon beim Hören meines Namens
> Zum Glauben sich gewandt, Erinnerung wird ihnen
> In sieben Leben dann der früh'ren Kast' und Namen.
> Ihr geist'gen Söhne und Getreuen, folgt meinem Wort;
> So sollt auch ihr Vollendung finden,
> Die Gnade euch und Ziel auf immer fördert.

Nun teilten sie den Zucker in zahllose Stücke, und jedes dieser Stücke war so groß wie das ursprüngliche, das niemals kleiner wurde. Desgleichen wurde das Kleid in viele viereckige Stücke zerschnitten, und unter alle Versammelten verteilt. Und alle, die an Krankheit und anderer Trübsal litten, wurden von dem Genuß des Zuckers und durch das Tragen dieses Tuches geheilt. Jene, die von böser Gesinnung, in böse Leidenschaften verstrickt waren, wurden in treue, ernste, kluge und mitleidvolle Schüler verwandelt. So fielen sie nicht mehr in die niederen Seinsformen zurück. Zucker und Tuch blieben das ganze Leben erhalten und wurden nicht aufgebraucht.

Am Tage der Bestattungszeremonie fiel ein reicher Blütenregen in den verschiedensten Farben zur Erde, und einige der Blüten waren vier- und fünffarbig. Die meisten fielen so tief herab, daß sie in die Reichweite der Menschen kamen, stiegen dann aber wieder auf und verschwanden. Jene, die zur Erde fielen, waren wunderbar anzuschauen, doch sie lösten sich auf, sowie menschliche Hände sie berührten. Einige waren drei-, andere zweifarbig und so klein und zart wie Bienenflügel. Im Chubar-Tal lagen die Blüten Fußknöchel hoch auf dem Boden, und an anderen Stellen waren sie so reichlich, daß sie der Erde neue Farbe gaben. Sobald die Bestattungsfeierlichkeiten vorüber waren, hörten die verschiedenen wunderbaren Erscheinungen auf, und die Regenbogenfarben im Himmel entschwanden allmählich.

An jedem Jahrestag des Begräbnisses erstrahlte der Himmel in herrlicher Klarheit; Regenbogen erschienen und Blütenschauer fielen herab. Die Luft wurde von himmlischem Duft erfüllt und überall erklangen himmlische Melodien, wie an dem Tage, da Jetsün dahinging.

Die wunderbaren Wohltaten, die auf der ganzen Erde daraus entsprangen, sind zu zahlreich, um beschrieben zu werden. So blühten Blumen selbst im Winter, und die Welt erfreute sich an überreicher Ernte; keine Kriege und Epidemien verheerten mehr die Erde.

Als der große Herr, der Yogi, in reinere Bereiche hinüberglitt, blieben die noch später erwähnten Schüler zurück, um diese geschriebene Geschichte seines Lebens zu bestätigen.

Dank seiner allmächtigen Gnade und seiner guten Wünsche ließ er heilige Schüler zahlreich wie die Sterne zurück. Die Zahl derer, die von der Wiedergeburt im Sangsara erlöst wurden, war so groß wie die Sandkörner auf Erden. Unzählige Männer und Frauen hatten den Pfad der Meisterschaft betreten.

So leuchtete der buddhistische Glaube strahlend wie die Sonne, und alle lebenden Wesen wurden vom Leiden befreit und für ewig glücklich gemacht.

Dies ist das zwölfte und letzte Kapitel von Jetsüns Lebensbeschreibung.

ANMERKUNGEN ZUR EINLEITUNG

[1] Laufer, Berthold: *Milaraspa*, Hagen i. W./Darmstadt 1922.
Bacot, Jacques: *Le poète tibétain Milarépa*, Paris 1925, überarbeitete Neuauflage 1971 und 1974.
Hoffmann, Helmut: *Mi-la Ras-pa – Sieben Legenden*, München 1950.
Evans-Wentz, W. Y.: *Tibet's Great Yogi Milarepa*, London 1928.

[2] Stein, Rolf A.: *Tibetan Civilization*, London 1972, S. 164–247.
Snellgrove, D. / Richardson, H.: *A Cultural History of Tibet*, London 1968, S. 76–143.

[3] Tucci, Giuseppe: *The Tombs of the Tibetan Kings*, Serie Orientale Roma I, Rom 1950.

[4] Tucci, Giuseppe: *Rin c'en bzan po e la rinascita del Buddhismo nel Tibet intorno al mille*, Indo-Tibetica II, Reale Academia d'Italia, Rom 1933.

[5] Kvaerne, Per: *An Anthology of Buddhist Tantric Songs, a Study of the Caryāgīti*, Det Norske Videnskaps-Akademi, II. Hist.-Filos. Klasse Ny Serie No. 14, Oslo 1977.

[6] Stein, Rolf A.: A. a. O., S. 103.

[7] Vgl. hierzu Bacot, Jacques: *Milarepa, ses méfaits, ses épreuves, son illumination*, Paris 1974, S. 19 ff.

[8] Stein, Rolf A.: A. a. O., S. 259 ff.

[9] Snellgrove, D. / Richardson, H.: A. a. O., S. 132 ff.

[10] Guenther, Herbert V.: *The Jewel Ornament of Liberation by sGam-po-pa*, Berkeley 1971.

ANMERKUNGEN ZUR BIOGRAPHIE

[1] Yi-dam: Eine allegorische Gestalt, deren äußere Form oft religiösen Vorstellungen der Ureinwohner Indiens entlehnt wurde, die aber im Buddhismus das »Leitmotiv« der spirituellen Entwicklung symbolisiert und insofern als »innere Gottheit« bezeichnet werden kann. Dakinis: Weibliche Wesen, zuweilen von konkreter, manchmal von allegorischer Natur, die dem Adepten zur mystischen Einsicht verhelfen.

[2] Die vier seligen Zustände, auch die »vier Freuden« genannt, sind beglückende Zustände, die im Laufe einer fortgeschrittenen Meditationspraxis entstehen.

[3] Bezeichnung für den mystischen Buddhismus.

[4] Das sind die vier Kardinalpunkte, die Zwischenhimmelsrichtungen, Nadir und Zenith.

[5] Dieser Absatz bezieht sich auf das Aufsteigen der Vitalität, wie sie im Yoga geübt wird (vgl. Eliade, Mircea: *Yoga – Unsterblichkeit und Freiheit,* Frankfurt a. M. 1977, S. 246).

[6] Die Zweiheit von objektivem und subjektivem Bezug.

[7] Bodhisattva: Lebewesen, das zum Heile aller anderen den Weg zur Erleuchtung, zur Buddhaschaft, beschritten hat.

[8] Dies sind vier Arten von Tun, die vier Arten von Ritual entsprechen: das friedvolle Ritual, das ausführliche Ritual, das machtgewährende Ritual, das Ritual der Unterwerfung.

[9] Die fünf göttlichen Weisheiten sind: 1. Die alles durchdringende Weisheit der Dharma-Dhatu oder die Weisheit, die aus der alles durchdringenden Lehre geboren ist, dargestellt im ersten der fünf Dhyani Buddhas, Vairochana, dem Offenbarer »der in Formen (das stoffliche Weltall) sichtbar macht«; 2. die spiegelklare Weisheit, dargestellt in Akshobhya dem »Unbewegten« oder in seiner Widerspiegelung Vajra-Sattva, dem »Triumphierenden« von göttlich heroischem Geist, dem zweiten der Dhyani Buddhas; 3. die Weisheit der Gleichheit, dargestellt im dritten Dhyani Buddha Ratna-Sambhava, dem »Edelsteingeborenen«, dem Verschönenden; 4. die unterscheidende Weisheit, die den Andächtigen befähigt, alle Dinge gesondert und doch als Eines zu erkennen, dargestellt im vierten Dhyani Buddha, Amitabha, dem Erleuchteten »vom grenzenlosen Licht«, und 5. die alles durchdringende Weisheit, die Ausdauer und

unbeirrbare Tatkraft in geistigen Dingen gibt, dargestellt im fünften Dhyani Buddha, Amogha-Siddhi, dem »allmächtigen Eroberer«, dem Spender göttlicher Kraft. Durch die fünf Buddhas geht der Weg, der zur Ver-ein-ung im Dharma-Kaya führt, zur vollkommenen Erleuchtung der Buddhaschaft, zum Nirvana, der geistigen Befreiung aus dem Kreislauf von Geburt und Tod durch das Erlöschen der Flamme der Begierde.

[10] Diese drei Seinsweisen sind: 1. die personale Teilhabe am wahren, absoluten Sein (dharmakaya); 2. das mitteilende Sein im gemeinsamen »Genießen« der Lehre, in dem sich das Absolute in Allegorien und Symbolgestalten äußert (sambhogakaya); 3. das wirkende Sein als die sichtbare Emanation des Absoluten in der Welt (nirmanakaya).

[11] 1. Die Welt der Götter oder Devas; 2. die Welt der Titanen oder Asuras; 3. die Welt der Menschheit; 4. die Welt der Tiere; 5. die Welt der unglückseligen Geister oder Pretas und 6. die verschiedenen Höllen.

[12] Dies sind die drei Seinsweisen, wie sie unter Anm. 10 bereits erklärt worden sind, hinzu kommt die Seinsweise des eigentlichen Wesens (svabhavakaya).

[13] Das heißt, er wurde mit dem Absoluten identisch.

[14] »Der Ehrwürdige Mila, der freudestrahlende Diamant.«

[15] Nyanam ist eine noch erhaltene Stadt an der Grenze von Nepal, einige 50 Meilen nordöstlich von Nepals Hauptstadt Katmandu. Sie liegt etwa ebensoweit südöstlich von Jetsüns Geburtsort Kyanga-Tsa, in der Nähe des heutigen Kirong. In der bauchähnlichen Höhle von Nyanam erzählte Jetsün den Hauptinhalt des folgenden Textes.

[16] Den Bergfeen ähnliche Göttinnen, die am Mount Everest hausen.

[17] Einer der sogenannten Dhyani-Buddhas.

[18] Dies sind Namen von »Feldern« der charismatischen Ausstrahlung eines Buddha. In der Kunst werden sie als allegorische Paradiese dargestellt.

[19] Die zwölf Taten des Buddha: 1. Herabkunft aus dem Tushita-Paradies, 2. Geburt, 3. Übung der weltlichen Künste, 4. Leben eines Königs, 5. Gang in die Hauslosigkeit, 6. Askese, 7. Erleuchtung, 8. das Drehen des Rades der Lehre, 9. Unterwerfung des Mara, 10. Wunderwirken, 11. Eingang ins vollkommene Nirvana, 12. Erscheinen der Reliquien.

[20] Ü ist die Zentralprovinz Tibets mit der Hauptstadt Lhasa.

[21] Mi-la kann auch als »dem Menschen« verstanden werden.

[22] Wahrscheinlich im Jahre 1052 (nach anderen 1038). Der Geburtsort Milarepas Kyanga-Tsa in der Provinz Gungthang liegt an der tibetischen Grenze von Nepal, wenige Meilen östlich vom heutigen Kirong, etwa 50 Meilen nördlich von Katmandu, der Hauptstadt von Nepal.

[23] Chhang ist ein tibetisches Gerstenbier.

[24] In Tibet war jede Art von Unterricht kostenlos, doch wurde erwartet, daß der Schüler, je nach der eigenen wirtschaftlichen Situation, dem Lehrer größere oder kleinere Geschenke, wie z. B. Lebensmittel, überreichte.

²⁵ Ü, die Zentralprovinz, und Tsang, die Westprovinz, mit den beiden wichtigsten Städten Lhasa und Shigatse.

²⁶ Ein weißer Schal wird in Tibet und in den Gebieten Innerasiens, die von der tibetisch-buddhistischen Kultur geprägt sind, bei jeder offiziellen Begrüßung überreicht.

²⁷ Der gewaltige Stierkopf des Todesgottes.

²⁸ Die totale Hingabe an den Lehrer, der dem Buddha gleich ist, da er allein dem Schüler das Tor zur Lehre öffnet, ist Bedingung aller spirituellen Entwicklung.

²⁹ Symbolische Gestalt der »inneren Gottheit«, die durch ein kleines Schweineköpfchen hinter dem rechten Ohr gekennzeichnet ist.

³⁰ Ebenfalls eine Symbolgestalt der »inneren Gottheit«. Den gleichen Namen trägt ein buddhistisches Tantra: Snellgrove, D. L.: *The Hevajra Tantra – a Critical Study,* London 1959.

³¹ Prajnaparamita, »die Vollendung der Weisheit«, ist die letzte von sechs »Vollendungen«, die den Heilsweg im Mahayana-Buddhismus markieren. Hierüber existiert eine umfangreiche Literatur, die den gleichen Namen trägt.

³² Eine philosophische Abhandlung.

³³ Die Blume Udumvara ist ein literarischer Topos, ähnlich der Blauen Blume in der europäischen Romantik.

³⁴ Eine Abgabe, um den Lebensunterhalt des »Hagelschützers« zu bestreiten.

³⁵ Zwei *mahasiddha,* vgl. Grünwedel, Albert: *Taranathas Edelsteinmine,* Bibliotheca Buddhica XVIII, Petersburg 1914, S. 171, 102.

³⁶ Brennholz ist im baumarmen Tibet eine Kostbarkeit. Man sammelt es im Sommer und schichtet es auf dem Rand des Flachdaches zum Trocknen auf.

³⁷ Ein anderer Name für Marpas Sohn, der auch Darma-Doday heißt.

³⁸ Das heißt: des Vajrayana-Pfades.

³⁹ Der Buddhismus kennt drei Arten von Gelübden: das Mönchs-Gelübde, das u. a. Ehelosigkeit und Verzicht auf Alkoholgenuß fordert; das Bodhisattva-Gelübde, die Erleuchtung zum Heile aller erringen zu wollen; das tantrische Gelübde mit der Verpflichtung, den Weg des Vajrayana in aller Strenge zu beachten. Die Verbindung von mehreren dieser Gelübden war in Tibet weithin üblich, aber durchaus nicht verpflichtend. Milarepa erhält hier das Gelübde der Zuflucht, das heißt, er wird in die Tradition des Marpa und seiner Lehrer aufgenommen. Dies zählt noch nicht zu den eigentlichen Gelübden.

⁴⁰ Eine rituelle Schale aus einem Menschenschädel, Symbol der Vergänglichkeit des menschlichen Lebens auf Erden und der Entsagung allen Sangsara-Seins.

⁴¹ Ein geometrisches Diagramm, das gewöhnlich in verschiedenen Farben

auf den Boden mit Staub oder Sand (wenn die Einweihung in einem Tempel oder Haus stattfand), oder auf einen glatten Fels oder die Erde gezeichnet wurde (wenn die Einweihung in einer Höhle oder im Freien vollzogen wurde). Dann wurden die Gottheiten, gewöhnlich durch Singen ihrer geheimen Mantras, angerufen und ihnen ein bestimmter Platz im Diagramm angewiesen. Darauf folgt die mystische Wiedergeburt und wahre Taufe im Feuer des Geistes. Dem Schüler wird der neue Name gegeben, der ihm seine vorzüglichsten geistigen Eigenschaften vermitteln soll. Milarepas Einweihung war die erhabenste. Er schaute verschiedene geistige Welten und die angerufenen Gottheiten, als überschatteten sie im Ätherraum unmittelbar das Mandala auf der Erde.

[42] Die acht Totenacker sind Stätten einer »verinnerlichten Geographie«, das heißt, sie werden einerseits mit realen Ortsnamen verbunden, stellen aber andererseits Strukturelemente im mystischen Makro- und Mikrokosmos dar. In der Literatur werden sie als Stätten des totalen Grauens geschildert. Dort zu meditieren, gehörte zu den Pflichten eines jeden Yogi.

[43] Da die Einweihung eine vollkommene Initiation in das Cakrasamvara Mandala war, wird Milarepa die esoterische Erklärung gegeben, die dem tiefsten Demchog Tantra und ähnlichen Tantras der Mantrayana Schule zu Grunde liegt. Ebenso erfährt er die geheimen Mantras oder Worte der Macht und erhält die verschiedenen ergänzenden geheimen Abhandlungen über Yogasysteme der Meditation.

[44] Die geometrischen Formen der vier Häuser können auch symbolisch so erklärt werden: Der Kreis ist Symbol des Wasserelements; der Halbmond des Luftelements; das Dreieck des Feuerelements und das Viereck des Erdelements. – Zu den vier Arten von Handlungen vgl. Anm. 8.

[45] Diese zwölffache Bedingtheit ist: 1. Unwissenheit, 2. unbewußte Bildekräfte, 3. Bewußtsein, 4. Name und Form, 5. Sinnesorgane einschließlich dem Denkvermögen, 6. Wahrnehmung, 7. Gefühl, 8. Begierde, 9. Anhaften, 10. Werden, 11. Geburt, 12. Alter und Tod.

[46] Dies sind: Buddha, Dharma, die Lehre, und Sangha, die der Lehre sich widmende Gemeinschaft.

[47] Der Bodhipfad, den der Erleuchtete lehrte: 1. rechter Glaube, 2. rechte Gesinnung, 3. rechte Rede, 4. rechtes Handeln, 5. rechtes Wandeln, 6. rechtes Mühen, 7. rechte Einsicht, 8. rechte Einigung.

[48] Shunyata – die Leere (der Gedanken), ein übersinnlicher Zustand des unveränderten oder ursprünglichen Bewußtseins. Der unbeschreibliche Zustand, in dem das begrenzte persönliche Bewußtsein nicht verloren geht, sondern eintaucht in das kosmische Allbewußtsein, wie der Regentropfen im unendlichen Meer oder das Licht der Kerze im Sonnenlicht versinkt.

[49] Maha-Mudra, das Große Siegel, eines der Hauptsysteme der Yogameditation in der Kargyüpa-Schule indischen Ursprungs.

[50] Die »sechs Lehren« des Naropa, eine wichtige Lehre innerhalb der Kagyüpa-Schule.

[51] Methode der Bewußtseinsübertragung, vgl. Dargyay, G. L., »Der Bardo-Thödol und seine Bedeutung für das religiöse Leben Tibets«, in: *Das Tibetische Buch der Toten,* übers. u. hrsg. von E. K. Dargyay, Bern/München/Wien ²1978, S. 63–72.

[52] Nach einigen unter tibetischen Lamas verbreiteten Überlieferungen soll Naropa, der ein vollendeter Yogi war, nicht gestorben, sondern durch Verwandlung des groben physischen Körpers in eine feinere Form eingegangen sein.

[53] Hier wird Milarepa mit seinen Familiennamen, nach seinem Vater Mila-Sherab-Gyaltsen genannt.

[54] Es gibt ein Yogasystem, das den Yogi lehrt, bewußt in den Traumzustand einzutreten, um seine Merkmale zu deuten und die trugvolle Natur des Traum- und Wachzustandes zu erkennen. Diese Übung ermöglicht auch dem, der sie beherrscht, ohne Verlust des Erinnerungsvermögens zu sterben und wiedergeboren zu werden.

[55] Marpa richtet sein Gebet an seinen Guru Naropa, während Milarepa zu seinem Guru Marpa betet.

[56] Dieser Vers bezieht sich auf die Mahayanalehre von den drei Körpern. Der erste, der Dharma-Kaya ist der göttliche Körper der Wahrheit (Dharma), der Körper aller Buddhas, ungeboren, ungeformt, die Leere, Nirvana. Der zweite ist der göttliche Körper vollendeter Begabung, der Sambhoga-Kaya, der Körper aller Bodhisattvas der Himmelswelten, der erste Widerschein des göttlichen Körpers der Wahrheit. Der dritte ist der göttliche Körper der Wiederverkörperung, der Nirmana-Kaya der großen Lehrer auf Erden. Der erste Körper ist übersinnlicher Bodhi; der zweite widergespiegelter Bodhi, der dritte erfahrener Bodhi.

[57] Bezieht sich auf die durch Atembeherrschung und Yogaübungen erlangte Körperwärme, durch die der Yogi unberührt von stärkster Kälte bleibt.

[58] Bezieht sich auf die Yogaübung der Meditation über den Guru, als säße er in betrachtender Haltung über der Brahma-Öffnung, aus der das Bewußtseinsprinzip dem Körper entweicht.

[59] Alle Yogi des Tantra sollen ihre Meditationen auf Leichenackern oder an Orten ausüben, an denen Leichen verbrannt oder den Vögeln zum Fraße hingeworfen werden, um jedes Gefühl des Mißfallens oder Entsetzens zu überwinden und die Vergänglichkeit weltlichen Seins zu erkennen. Jetsün übte sich in dieser Meditation, indem er ein Kissen aus den Knochen seiner Mutter machte und sieben Tage und Nächte darauf saß.

[60] Eine abgekürzte Form von Mila-Sherab-Gyaltsen.

[61] Die fünf Gifte sind: Stolz, Begierde, Haß, Neid, Verblendung.

[62] Das Meditationsband wird um den Körper und die in Yogahaltung gelegten Beine gebunden, um während der tiefen Meditation die Beine am Herunterfallen zu hindern.

[63] Während der unzähligen Stufen und Formen der Entwicklung, des Verge-

hens und der Wiedergeburten waren alle Wesen einmal unsere Verwandte.

[64] Das sind: Tiere, Hungergeister und Höllenwesen.

[65] In vielen Gegenden Tibets wird der Leichnam den Vögeln zum Fraß gegeben.

[66] Das Nervenzentrum des Nabels ist das Zentrum des Feuerelements im Körper. Darunter liegt das Zentrum des Wasserelements und unter diesem das Zentrum des Erdelements.

[67] Der Übersetzer, der verstorbene Lama Kazi Dawa-Samdup, gibt hierzu folgende Erklärung: Diese Hymne sollte eine Weihe für die Verdienste der heiligen Gaben von Zesay und Peta sein, damit sie ihnen zur ewigen Quelle des guten Karma würden. Denn sie hatten die latenten Eigenschaften in Jetsüns eigenem physischen Körper lebendig gemacht und entwickelt und hatten sein geistiges Wachstum und seine Entwicklung verstärkt. So bemißt Jetsün die Gaben nicht nach ihrem Wert, sondern nach dem Ergebnis, das sie hervorriefen.

[68] Die drei Welten sind die Bereiche der Begierde (Kama), Form (Rupa) und Formlosigkeit (Arupa).

[69] Der Berg Meru ist der große Mittelpunkt der buddhistischen wie hinduistischen Mythologie, der Mittelpunkt des Weltalls.

[70] Dieser Name kann auch esoterisch das Ajna-chakra bedeuten, in das Milarepa zeitweilig floh, das heißt in das er sein Bewußtsein im Kundalini Yoga zentrierte, wodurch er die Kraft der Levitation und des Fliegens erlangte.

[71] Vielleicht ein anderer Name für Mount Everest, in dessen Höhlen Milarepas Jünger noch heute das Kargyüpa-System der Meditation üben. Im Tibetischen heißt der Mt. Everest Lapchi-Kang, und diesen Namen benützt auch Milarepa in seinem Lied an seine Schwester.

[72] Der Geist wird metaphorisch gerne als Pferd, Büffel oder Elefant bezeichnet, je nachdem, in welchem Land der Text konzipiert wurde.

[73] Das »dunkle Zeitalter« der Menschen von heute, in dem die Religion abnimmt und die Weltbindung überhandnimmt.

[74] Die Götter der Tushita-Himmel, die mehr verstandesmäßig als geistig sind.

[75] Naga sind Schlangen-Götter, die in der Unterwelt hausen.

[76] Bequemlichkeit, Elend; Reichtum, Armut; Ruhm, Verborgenheit; Lob, Tadel.

[77] Lapchi-Kang ist der gewöhnliche tibetische Name für Mount Everest.

[78] Körper, Rede, Geist.

[79] Eine Gottheit des Kailasa Berges, eine der zwölf Schutzgottheiten Tibets.

[80] Diese Angabe entspricht dem Jahr 1134 n. Chr.

[81] Der Titel Geshe kommt einem gelehrten Lama zu.

[82] Der Tri-Kaya (die »drei Körper«): der Dharma-Kaya, Sambhoga-Kaya und Nirmana-Kaya.

[83] Der Grad der geistigen Entwicklung, der keine Wiedergeburt mehr auf Erden verlangt. Anagami bedeutet »der nicht Wiederkehrende«.

[84] Safran, Kardamom, Nelke, Muskat, Sandelholz und getrocknete Raute.

[85] S. Einleitung s. 17.

[86] Der vollendete Yogi besitzt die Kraft, seine physische Erscheinungsform in zahllosen Körpern und an vielen Orten widerzuspiegeln.

[87] Dies ist der Dharmakaya.

[88] Oder Vajra-Kaya, der »unveränderliche, unzerstörbare Leib«.

[89] Dies sind: 1. das kostbare Haus, der Palast, 2. die kostbaren königlichen Kleider, 3. die kostbar bestickten Schuhe, 4. die kostbaren Stoßzähne der Elefanten, 5. der kostbare Ohrring der Königin, 6. der kostbare Ohrring des Königs und 7. das kostbare Juwel.

[90] Die Samen- oder Grund-Mantras.

[91] Lotosthron, Sonne und Mond sind Symbol der Verherrlichung eines Buddha.

[92] Dies sind die Schutzgottheiten, die mit den vier Teilen des Vajra-Yana verbunden sind und in den vier Arten von Tantras wiedergegeben werden: 1. Kriya-Tantra, 2. Carya-Tantra, 3. Yoga-Tantra, 4. Anuttara-Tantra. Die erste Art enthält Befehle über das Ritual, die zweite über die Lebensführung des Sadhaka, die dritte bezieht sich auf den Yoga, die vierte, das Tor zum Atiyoga, beschreibt die esoterische Bedeutung aller Dinge.

[93] Niedere Göttinnen, die im tantrischen Buddhismus eine gewisse Rolle spielen.

[94] Hier wird auf die Übung der »mystischen Hitze« angespielt.